中国社会科学院创新工程学术出版资助项目

宗教学理论研究丛书　金泽／主编

尼采的启示

尼采哲学宗教研究

NIETZSCHE'S
Philosophy and Belief

赵广明 ◎ 著

社会科学文献出版社
SOCIAL SCIENCES ACADEMIC PRESS (CHINA)

还有无数朝霞
尚未点亮我们的天空

————《梨俱吠陀》

偷懒绝招之一：
教育家认为应靠宗教信仰来提高道德素质。

————木心《素履之往》

目　录

导论　精神与力量 …………………………………………… 1

卷一　查拉图斯特拉的启示

一　查拉图斯特拉的开场白………………………………… 13

二　自己的道德……………………………………………… 31
　（一）超人的起点：最诚实的存在 ……………………… 31
　（二）我，身体！…………………………………………… 39
　（三）我的道德……………………………………………… 42
　（四）馈赠的道德…………………………………………… 44

三　自己之路………………………………………………… 51
　（一）第二抹朝霞…………………………………………… 51
　（二）石头之美……………………………………………… 53
　（三）自己的敌人…………………………………………… 58
　（四）生命之歌……………………………………………… 69
　（五）美……………………………………………………… 76
　（六）时间与强力意志……………………………………… 82

· 1 ·

四 自己超越之路 … 93
（一）超越自己 … 93
（二）如何超越自己 … 98
（三）灵魂的权力 … 108
（四）命运 … 114
（五）命运的七个印章 … 120
1. 天空的信仰 … 122
2. 永恒回复 … 130

五 信仰与政治 … 140
（一）耐心 … 140
（二）信仰与政治 … 145

卷二 超善恶

一 假如真理是个女人 … 197

二 "整体"哲学 … 223

三 从精神的自然哲学到爱的宗教 … 247

结语 … 271

参考文献 … 274

后记 … 281

导论
精神与力量

尼采立足哲学，旨在一种未来哲学和基于未来哲学的信仰；尼采的哲学和宗教信仰皆在道德之中，一种超越善恶的道德，通过价值重估和创造所实现的道德。而尼采的哲学、宗教和道德，皆归于**精神**。"精神"（der Geist）概念是《查拉图斯特拉如是说》（又译《扎拉图斯特拉如是说》）的开始，是《善与恶的彼岸》的终结，是尼采始终在悉心塑造的生命形象。精神是生命的根本和全部，意味着生命的状态和力量，精神的意义在于精神的自我创造与变形。

尼采通过"重估一切价值"开启他的精神探索之路，而基督教的价值是他首要的批判对象。基督教道德，以及作为基督教哲学先驱的柏拉图主义，共同塑造了西方道德的历史命运。"对于尼采来说，基督教的信仰是粗俗和悖谬的。它通过一种任意的干预，破坏了宇宙的合理性。基督教的宗教是对贵族德性、市民义务和历代的传统没有感觉的无教养民族的颠覆性反叛。他们的上帝是寡廉鲜耻地好奇的和太人性的，是'一个所有黑暗角落的上帝'……尼采的《敌基督》是对古代的那种责难的恢复，即基督徒是人类的敌人，是教育低劣和鉴赏力低劣的粗俗民众……《查拉图斯特拉如是说》无论是在风格上还是在内容上，每一页都是一种反基督教的福音。"[①] 尼采把他的批判之火

[①] 〔德〕卡尔·洛维特：《尼采对永恒复归说的恢复》，见洛维特《世界历史与救赎历史》，李秋零、田薇译，三联书店，2002，第264～265页。

烧向"柏拉图主义－基督教道德",这种哲学与宗教的共谋,根本上背离了自然和人类的高贵命运,这种命运是以强力、健康、自然、无辜、高贵为本性的,是一种超越一般善与恶、罪与罚纠结的主人的命运。这是尼采的价值诉求,而柏拉图主义和基督教道德本质上是粗俗低劣病弱的生命意志、状态、心理和情感的表达,是奴隶怨恨的产物。奴隶们无力掌握和创造自己的命运,怨恨和复仇就成了他们最好的武器,由此导致了对高贵、自然、强健、自由生命的仇恨,从而异化出鄙弃人世、背离自然生命、异在超越的天国价值和彼岸信仰。基督教本质上是一种奴隶宗教。

尼采的批判视野不止于柏拉图主义和基督宗教,犹太教、佛教、吠檀多思想以及近代西方哲学和道德传统等也在其中。尼采要全面彻底地检讨一切对待生命的奴隶态度和卑弱生命意志,它们和基督教的哲学和信仰一样,"从一开始就是一种牺牲,牺牲了精神所拥有的一切自由、一切骄傲与一切自信;与此同时,它又是一种奴役、自嘲和自残"①。而在各种宗教中,唯有古希腊宗教与众不同,因其强健的生命力度、高贵的生命态度以及对自然和生命的敬畏之心而独得尼采的赞美②:

> 古希腊宗教生活的一个令人惊奇之处就是它所洋溢着的广阔而丰富的感激之情:只有极其高贵的那一类人才会以这样的方式来面对自然和生命。
>
> 后来,当群氓在希腊占据了优势的时候,恐惧之心也就在宗教中蔓延开来——这便为基督教的出现准备好了条件——

---

① 〔德〕尼采:《善与恶的彼岸》,梁余晶等译,光明日报出版社,2007,第71页,§46。本文所引尼采著述汉译,将依照15卷本"考订版尼采全集"(简称KSA)修改,文中不再一一注明。Friedrich Nietzsche, *Sämtliche Werke, Kritische Studienausgabe in 15 Bänden*, Herausgegeben von Giorgio Colli und Mazzino Montinari, Deutscher Taschenbuch Verlag GmbH & Co. KG, München: De Gruyter, 1999. 另见 The Nietzsche Channel (http://www.thenietzschechannel.com)。

② 〔德〕尼采:《善与恶的彼岸》,梁余晶等译,光明日报出版社,2007,第76页,§49。

低俗与高贵、奴隶与主人的区别，人们可以从不同的角度来理解，但在尼采这里却有着明确的标准，那就是人自己生命力量的力度或强度，正是这种力度决定了他的存在品格及其对待自然、对待生命、对待生活、对待人世的态度。强力意志是人和世界存在的基础性和根本性力量，而这种意志力量的直接体现，就是人的自我克服、自我超越的能力和力量。查拉图斯特拉自命为教授超人的导师，超人的根本含义，在于"人类是一种应该被超越的东西"，而人类之应该被超越，不是一种外在意义上的超越，而是内在、自我的超越，在自我克服、自我超越中显现的，是人世间真正强大的力量，凭借这种力量，人得以检视、反思、摆脱他骆驼般承负的一切价值，摆脱一切"你应该"的他在道德命令，成为自由的精神，成为可以宣称"我要"的自己的主人。在自我超越中显示出人之勇于颠覆的力量，在这种颠覆中，精神变成了狮子，人与世界万物的关系也将随之根本改变。狮子意味着精神自我超越的第一步，自由的第一步，一如庄子之"吾丧我"，抛却一个纠缠于世俗道德和经验是非的"我"，归于纯粹自由的"吾"，精神达致自在之境。但自由的真谛不止于此，自由意味着创造，创造新的生命价值才是强力意志之精神的本性。换言之，自我超越固然重要，更重要的是超越于何处？不是超越于鄙弃背离生命自身的天堂、理念、涅槃、（虚）无，而是在超越中实现对生命的评价和创造，"评价即创造"。超越根本上是创造地回归生命本身，回归本能生命的大地和自然，这种回归是自由的第二步，需要更高的强力意志以自我超越，超越到"至人无己"的境界，无己方能无待，方能真自由，这真自由才是人的真本性，最高本性，是精神和生命的自然之化境。无己而真己。此刻，强力意志的狮子变形为精神的赤子，一个自然纯洁的新生命，一个超越了骆驼的"你应该"和狮子的"我要"的仅仅说"我是"的孩子，嬉戏的孩子，"孩子无辜、健忘，是一个新的开始、一种游戏、一个自转的轮子、一种初始运动、一种神圣的肯定"①。孩子是冲破了一切目的论秩序的纯粹的偶然，是关乎自然之高贵必然命运的纯粹偶然。

作为尼采最幽深的思想，永恒回复学说一直困扰着尼采的诠释者。尼采在不同的语境中对永恒回复有不同的表述，但其最基本的含义，应该包含在精神的三种变形中，在精神的自我超越和自我回复中，回复到生命本身的价值中去，回复到生命永恒的新生与开启中去，回复到无辜的孩子以及孩子所寓言的自由、自在、自然中去。在这最核心的问题上，洛维特没能跟上尼采深邃的思路。"尼采彻底经历和思考了《圣经》的'你应该'向现代的'我要'的转变，但却未完成从'我要'到宇宙孩子的'我是'的决定性步骤……作为一个现代人，他是那样绝望地告别了任何原初的'对大地的忠诚'，和在天幕下永远安全的情感，以致他那把人类命运与宇宙宿命统一起来，并把人'改写回自然'的努力，一开始就注定要失败。"洛维特如此判定尼采的原因，在于他虽然认识到了尼采永恒回复学说含义的双重性或内外两个维度，即作为物理学数学意义上的外在客观必然性的一面，和内在自我克服与超越的意志的一面，但他没有重视意志之**精神必然性**，没有重视这种精神必然性对内外两种回复的决定性意义，没有领悟其作为精神变形的生命法则的奥义，从而导致对永恒回复内外两个维度内在关联的否定②。

正是由于这种根本性的失误，使洛维特无法理解尼采哲学的宗教意义。按照洛维特，尽管《查拉图斯特拉如是说》每一页都是一种反基督教的福音，但尼采的异教性表达并不保证其真的就是异教的，

---

① 〔德〕尼采：《扎拉图斯特拉如是说》，黄明嘉、娄林译，华东师范大学出版社，2009，第57页，"论三种变形"。
② 〔德〕卡尔·洛维特：《尼采对永恒复归说的恢复》，见洛维特《世界历史与救赎历史》，李秋零、田薇译，三联书店，2002，第267页。另见洛维特 Nietzsche's Philosophy of the Eternal Recurrence of the Same, translated by J. Harvey Lomax; foreword by Bernd Magnus, p. 156. Berkeley and Los Angeles, California: University of California Press, 1997。

"由于是反基督教的，所以在本质上还是基督教的"①。这种看似辩证的论断，无疑独断地扼杀了尼采极其重要的宗教哲学考量。

尽管尼采不遗余力地把柏拉图哲学和柏拉图主义作为其哲学批判的基本对象，但他在一点上与柏拉图是一脉相承的，即通过哲学的思考和创造，来确立生命的意义、价值和信念，并通过这种哲学来确立关于生命信念的宗教。人类需要宗教，但应该是从哲学开始的宗教，是**哲学宗教**，真正的哲人在这一点上总是一致的，差别在于确立什么样的哲学，以及随之而来的是什么样的宗教信仰。尼采对于哲学和宗教的独特理解，以及尼采的哲学宗教与其他哲学或宗教的根本区别，在"一千个目标和一个目标"② 一节中充分体现出来。

查拉图斯特拉发现，在大地上没有比善与恶更强大的力量。每一个民族都有自己的善恶标准，这是他们自己评价、创造的善恶道德，是他们根据自己面临的困难、土地、天空和邻族，为确保自己的生存而创造的价值，是其生命之强力意志的必然要求。有一千个民族，就有一千种善恶道德和价值目标。换言之，人类可以以一千种价值身份存在，他们可以分属不同的民族、道德、宗教、信仰、文化、政治，这些不同的身份之间可能针锋相对，但本质上并不根本对立，因为它们仅仅是由于民族生存的具体情形所致，都来自生存意志的创造。面对人类和个人所必然赋有的各种道德和宗教身份、角色和面具，重要的是理解其所由，理解即使它们之间可能产生冲突，也不能过分强调这种冲突。过分强调道德、宗教、信仰乃至于文明之间的冲突，实际上是在有意无意地强调某种道德、宗教、信仰和文明的绝对价值和独一霸权。没有任何宗教信仰、道德价值、文明模式、社会政治设计应该被普世独尊，人类有一千种宗教和道德，有一千种价值存在和目标，这是人类的必然和自然。重要的是要回到一千个目标之所由，回到一千种价值所由的价值创造本

---

① 〔德〕卡尔·洛维特：《尼采对永恒复归说的恢复》，见洛维特《世界历史与救赎历史》，李秋零、田薇译，三联书店，2002，第265页。
② 〔德〕尼采：《扎拉图斯特拉如是说》，黄明嘉、娄林译，华东师范大学出版社，2009，第108页，"一千个目标和一个目标"。

身，回到生命的创造力和强力意志，这一生命价值的创造力本身，不完全等同于被其创造的价值，不等同于一千个目标中的一种，也不是第一千零一个目标，而是与之不同的、另外意义上的"一个目标"，这一目标表明，善恶固然重要，固然强大，但这善恶价值**仅仅是**生命本身的身份、角色、面具而已，人可以有各种身份面具，也许这些面具可以改换甚至被某种意义上地遮蔽或剥夺，但唯有这生命本身，唯有这生命本身的尊严、力量和价值是绝对不可剥夺的，这是生命至高无上的身份，是人之为人的内在根据，是人之为人的绝对根据。一千个目标是为了生命的保存，一个目标是为了生命的提高。只有在自我提高中生命才可能。人类可以有一千种道德，但唯有获得这种生命道德，那一千种道德才真正有意义；人类可以有一千种宗教，但唯有获得这种生命宗教，那一千种宗教才真正有价值。何以如此？因为如果没有这"一个目标"，人（类）就仅仅有面具而无自己，没有了自己，人的一切目标都将失去意义，人就没有了目标，就会迷失、飘浮、消失在宇宙的无限荒漠里。

可见，尼采"重估一切价值"，不是要颠覆摧毁一切价值，而是要批判地反思界定一切价值应有的身份和地位，并把一切道德价值和宗教信仰导向生命及其创造意志本身，导向人的存在本身，就此而言，尼采的目标不是某种道德或宗教，而是一切道德的道德，一切宗教的宗教。只有确立了这种出乎、关乎生命的道德宗教，人类才能回到他自己，才能找回自己至高无上的尊严和意义。

回到了自己的人类，也就回到了自己的精神本身，完成了精神的伟大变形，成为强力意志和永恒回复的直接化身，一种纯洁无辜生生不息自然本能的创造游戏，一个无限自然中的崭新美丽的生命，他感激一切，怀抱一切，创造自己和一切，天地与我并生，万物与我为一，精神与自然相应而共生，梵我一如。

几乎很难用现在的语言准确翻译作为尼采核心词汇的德语"der Geist"一词，最好的办法是像尼采自己那样把它"译回"古希腊语的 ψυχή（psyche）。希腊语 ψυχή 一词的基本含义是"气息"、"呼吸"，可以表示"生气"、"元气"、"性命"、"生命","幽灵"、"亡灵","灵魂"、"意志"、"情感"、"心灵"、"精神"、"性灵"、"理智"、"理性",等等,指示的是生命最根本、最内在的本性存在、特质和能力,这正是尼采 der Geist 一词的基本含义,因此,当我们用"精神"一词来翻译 der Geist 时,应该明确它的古希腊谱系,乃至于明确其雅利安印欧语系血统,尼采是要用这个词语表达生命最根本的和最完整的含义。生命是一种现实、真实、自由、自然、完好的存在,不可以任何方式和理由分裂折损它的完整与完美,它是一种自我超越、自我变形、自我转化的生生不息的创造力量,没有什么可以真正阻遏它、切断它,这种创造力量可以名之为强力意志,其创化形态可以描述为永恒回复,其精神可称之为爱。爱是生命内蕴的本能意欲、情感和力量,是生命对自身的爱,是生命对创造的爱,是生命对一切生命及其创造的爱。爱是尼采哲学和尼采宗教最核心的含义,爱是爱欲,爱欲是自然的力量和生命的本原,是生命存在最高的本能、自然、本性,是对生命存在的最高肯定。而爱欲也是 ψυχή 一词的重要寓意。在古希腊神话中,作为灵魂化身的 Psyche 正是爱神 Eros 渴慕的美女。

而 ψυχή 的另一个日常含义是"蝴蝶"①。这极易引起有趣且重要的联想,跨越语言的联想,对庄子《齐物论》的联想。

  昔者庄周梦为胡蝶,栩栩然胡蝶也。自喻适志与!不知周也。俄然觉,则蘧蘧然周也。不知周之梦为胡蝶与?胡蝶之梦为周与?周与胡蝶则必有分矣。此之谓物化。

蝴蝶乃是变形的象征。梦的寓言中,庄周与蝴蝶的真实身份呈现出来,那应该是精神的不同变形,是生命自我创化的戏剧,"吾丧我"以至于"无己",以至于精神的自由,以至于精神的自然,以至于逍遥的精神游戏,以至于天地与我并生、万物与我为一之物化。

---

① 见罗念生、水建馥编《古希腊语汉语词典》,商务印书馆,2005,第1014页。

伟大的精神总是相通，但伟大精神身处或身后的文明却不尽相同。从希腊-尼采的文明中，我们感受到了一种与众不同的东西，那就是"力量"，亦即"强力"（die Macht），这是生命的力量，是现实的自由力量，是现世的批判力量，是自我创造与自我超越的力量，是征服与自我征服的力量，而不仅仅是一种审美，一种意境，更不是一种逃避现实、逃避生命本身的修行与超然。

精神即力量。尼采以自由精神为本，以自然为归宿。人只能通过自由回归自然，而不能通过自然回归自然；人只能通过强力意志回归自然，而不能通过虚无或否弃意志回归自然。通过虚无回归的是虚无，通过自由回归的是自然，这种自由的回归自然，实质上是自由对自由的自我克服与超越，这是精神变形的本质。人是不能自足的，但人是自由的，可以通过自由精神的自我超越、创造、生殖与变形，以回归自足的自然本性；在自由精神的创造与变形力量中澄显的自然，乃是新的、高贵的自然，而不是抽象虚幻或荒芜的自然。尼采的基本考量是，人类长久以来过于自恋，根本忘记了人类自己所来自、所立身、所归往的无限生机的自然。自然的无限性体现为，人可以以各种方式对待自然，并会相应得到自然不同的面相和回应，但唯有自由的精神和爱才能通向自然本身，才能期望自然最美丽的容颜和最慈爱的母性。因为自然本身即强力意志，即创造力本身，即精神。换言之，如果有自然本身，或者说自然天道、自然正义（natural right）、自然的高贵秩序，也不能从外在给定的经验事实的维度来理解；这自然本身乃是在强力意志之精神的自我创造中内在先验的给定。就此而言，"人法地-地法天-天法道-道法自然"中所澄显的"人-地-天-道-自然"，不仅仅是一伟大的上升进程，更是一条永恒回复、可以无限往返的道路。进程是单向的，道（路）是双向的，在这双向互动之道中本然显现的，是自然的创造力量和创造本性，是精神和自然无限交互、趋近、互生、自生的 Logos。人能弘道，道亦弘人。

自由精神，强力意志，自然生命，爱，尼采的这些核心词汇最终融汇于一个词汇中，一个尼采借用和创造的词汇和隐喻，这个词汇就是**狄俄尼索斯**。**哲学家狄俄尼索斯的信仰**，尼采最后用这个术语来概括他的哲学与信仰选择。作为哲学家，尼采始终不渝地坚守着希腊哲学和近代启蒙哲学的理智主义传统，但他比柏拉图－笛卡尔－康德们有更多的坚守，他让自己身处多重时空的交汇点上，不同甚至对立的哲学和思想经纬空前地交织在他的一己之身，德语内部的，欧洲各语言之间的，基督教与哲学之间的，理性与非理性之间的，苏格拉底哲学以来的，前苏格拉底的，诗与哲学之间的，西方与印度之间的，整个雅利安语系的……因此，他坚守着比传统形而上学更早、更本源、更多、更永久的东西，这些东西就隐含在狄俄尼索斯隐喻中。作为生命自然无穷生殖力和创造力象征的狄俄尼索斯，意味着比理性主义传统更本能、更强力、更性爱、更丰沛、更整全、更自然、更生命的东西，同时意味着与之相应的更高的理性与自己，这理性已不止是**自我**的**主体理性**，而是**自己**的**自然理性**。更本能且更理性、更自己，这是强力意志的本义，是尼采狄俄尼索斯隐喻之真谛。

在作为未来哲学的**狄俄尼索斯哲学**以及这种哲学所导致的**狄俄尼索斯信仰**中，一切都曾存在，一切都正存在，一切都将存在，一切永恒回复，一切都被肯定，一切都很重要，而一切之中更重要的，是精神与力量。自由精神与强力意志乃是最高贵的天赋权力，是自然和生命的奥义。

卷一
查拉图斯特拉的启示

一
查拉图斯特拉的开场白

  真正伟大的宗教或学说,首先是尊崇自己的信仰或信念,同时也应该尊重与自己不同甚至对立的其他宗教或学说的信仰、信念甚至无信仰。然而,就人类迄今的宗教经验和历史来看,似乎没有哪个宗教符合这个伟大的标准。假借神意天命或真理之名,唯我独尊,仅仅尊崇、吹嘘、宣扬、传布自己的信仰,并坚持以此彻底全面地改造世界和人性,且竭尽所能蔑视、贬低、歪曲、遮蔽、压制、打击、摧毁、取代异己,仅仅承认自己的信仰方式和存在方式是唯一合理的、自然的、高尚的、善的、天佑的,是应该成为普世性的、具有绝对价值的信仰和存在方式,这是人类信仰特别是某些强权宗教和文化的真实历史与现实。

  问题可以自由无限地提出,但不一定有意义。"真正伟大的宗教"这个提法有意义吗?它是否已经超越了人类可能的限度,超出了人性的界限,仅仅是书斋里的一种幻想?我们姑且宽容一下这种幻想吧,因为人类的所有宗教和理论,都是人性使然;人性实在是深不可测,面对人性的无底深渊,人类所能做的,就是逐渐尝试着以**某种方式、标准、视角**来面对它、理解它、解释它,并慢慢形成**某种**可以支撑自己的感觉、情感、思想,以及生存必须的价值、道德、信仰等,并视之为真理。显然,这是一种基于相对的条件性前提的合理性,但经常会被信奉者出于各种理由和目的演绎为具有绝对合理性的绝对真理。

  一切所谓的真理都是相对的,据之以偏赅全显然行不通;同时,更应该看到，它们也都有其独特的根由、视角和禀赋，不可取代，这种视角性及其意义，正是尼采倡导的透视主义（Perspektivismus, perspectivism）的基本内涵。那么，这是否意味着应该肯定与视角主义的相对性不同的绝对性视野呢？在尼采看来，由柏拉图主义和基督教共谋而成的西方的形而上学、宗教、价值传统，根本上就是这种绝对视野（角）主义的产物，善的理念或上帝，作为人的有限性和视角性的对应、对立物，意味着无限、绝对、唯一、大全和永恒的超越性。颠覆这种绝对和唯一之霸权，是尼采的使命。在尼采的眼里，那种绝对是一种远离大地和具体生命的虚假修辞或"虔诚的欺骗"（pia fraus）；应该回到生存和生存的个体本身，回到人最切近、最切身、最真实自然的事物中来。不过，不能就此认定尼采就是个纯粹的个人、个体主义或相对主义者。他拒绝把某种视角绝对化，他看中个己的价值意义，他坚持人的视角性存在……但尼采的视野不止于此，他更复杂、更矛盾、更深邃，因为他另有考量，因为他企图根本扭转、抛开、超越于传统哲学的思维方式和宗教视域之上，以新的方式和平台来开启、建构他的思想。尼采是想以自己的哲学，新的哲学，"未来的"哲学"尝试"那"真正伟大的宗教或学说"？尼采的"尝试"恰恰是对一般意义上的伟大宗教或学说的解构与否定？更高意义上的否定？我们将看到，尼采的目的，是要通过自己的哲学，重新探寻、测知人性和自然的底限和上限，以开启人类宗教和信仰理解新的可能性。《查拉图斯特拉如是说》无疑是尼采进行这种哲学和信仰革命最独特、最重要、最关键的一次"尝试"。

根据卡尔·洛维特的观点，无论从文字上还是哲学上，《查拉图斯特拉如是说》在尼采的全部著述中都占据着特殊的位置，它以深思熟虑的寓言形式包含着尼采全部的哲学。[①] 而按照尼采自己1888

---

① Löwith, Karl. *Nietzsche's Philosophy of the Eternal Recurrence of the Same*, translated by J. Harvey Lomax; foreword by Bernd Magnus, p. 60. Berkeley and Los Angeles, California: University of California Press, 1997.

年的说法,"我已经给予人类它所拥有的那本最深刻的书,我的**查拉图斯特拉**"①,可见,该书绝不仅仅如尼采自己在 1884 年 3 月 8 日致 Overbeck 的一封信中所说的那样,仅仅是其哲学的前厅(Vorhalle),而应该视为其思想的堂奥与核心。不过,该书也是尼采著述中最难准确把握的一部,理解的困难来自其思想和语言两个方面。《查拉图斯特拉如是说》不仅在哲学思想上极其独创、深邃,而且是一部天才的艺术作品,思想寓居于艺术修辞之中,语言艺术使哲学回到了自己最本然、最生动的语境之中,同时也给哲学罩上了面具,而且可能不止一副面具。只有哲学家能够理解哲学,只有诗人能够理解诗,而要理解尼采,尤其是其《查拉图斯特拉如是说》,就必须既是哲学家又是诗人。这种理解,应该是一种痛苦并快乐着的创造性诠释。

1.《查拉图斯特拉如是说》全书分四个部分,"查拉图斯特拉的开场白"被放在了第一部分的开头,实际上,应该把它看成全书的前言和序篇,因为它不仅提出了该书的基本思想,而且预示了整部作品的结局。②

查拉图斯特拉何许人也?德语的 Zarathustra 在阿维斯塔文中为 Zarathushtra,在波斯文中为 Zardosht,就是琐罗亚斯德(Zoroaster,前 628 年~前 551 年),乃是琐罗亚斯德教的创始人、教主和先知,他 20 岁时弃家隐居,30 岁时受到神的启示,改革传统的多神教,开始创立琐罗亚斯德教。琐罗亚斯德教(Zoroastrianism)是在基督教诞生之前中东最有影响的宗教,是古代波斯帝国的国教。琐罗亚斯德教作为一种主张二元论的宗教,对犹太教以及后来的基督教和伊斯兰教都产生过很大的影响。尼采为何选取这个波斯宗教创始人的名字做他最深刻著作的书名和主角,现在尚不得而知③,但尼采的意图似乎又不难理

---

① 〔德〕尼采:《偶像的黄昏》,卫茂平译,华东师范大学出版社,2007,第 179 页,"一个不合时宜者的漫游"。
② 〔美〕斯坦利·罗森:《启蒙的面具》,吴松江、陈卫斌译,辽宁教育出版社,2003,第 86 页。
③ 〔德〕尼采:《扎拉图斯特拉如是说》,黄明嘉、娄林译,华东师范大学出版社,2009,第 29 页注 2,"扎拉图斯特拉前言"。

解。一方面，作为西方希腊－基督教传统最深刻的反思者和批判者，尼采选取比犹太教基督教更本源且自古就对立于《圣经》世界并威胁着基督教一统天下之企图的异教教主为其所用，就再合适不过了；另一方面，琐罗亚斯德教对火与光明的崇拜，对生命和创造的推崇，等等，与尼采的思想有一种内在的契合。另外，尼采将自己置于一个著名的宗教创始人的传统之中，显示出他对自己"教诲"的高度自诩。①

尼采与尼采教诲的主角以及与古老宗教教主的相似性，在全书的第一句话中就意味深长地传达出来："查拉图斯特拉30岁时，他离开自己的家乡和家乡的那面湖泊，来到山间。"② 我们知道，琐罗亚斯德是30岁时得到神启开始创教，而耶稣开头传道，也是年纪约有30岁。③ 可以说，尼采的传道伟业随查拉图斯特拉的离家登山而开始，他在山里安享自己的精神与孤寂，潜心10年修道。查拉图斯特拉40岁的时候决定下山传道，而写作《查拉图斯特拉如是说》时的尼采也正值不惑之年。作为尼采之整个查拉图斯特拉教诲的序篇和前言，"查拉图斯特拉的开场白"自然应该被格外重视，其中的基本理念，其微言大义，将关乎对尼采整个教诲的理解。

2. 查拉图斯特拉的第一个动作，是离开，离开自己的故乡（Heimat）和故乡的湖泊（See）上山修道，完成第一次上升。查拉图斯特拉从10年的精神（Geist）和孤寂（Einsamkeit）中醒来的时候，他所面对的第一个事物，是那伟大的星球太阳。太阳是琐罗亚斯德的火和光明，更是柏拉图的最高意象，是那照耀万物、给予万物生命的善的理念，但柏拉图的太阳似乎永远超然于万物之上，使人望尘莫及，作为绝对者，人无法直面它，而只能享用它的影子。尼采和查拉图斯特拉的太阳与柏拉图的太阳截然不同，作为无限充沛之光、之精神、之

---

① 〔德〕尼采：《扎拉图斯特拉如是说》，黄明嘉、娄林译，华东师范大学出版社，2009，第29页注2，"扎拉图斯特拉前言"。

② 〔德〕尼采：《扎拉图斯特拉如是说》，黄明嘉、娄林译，华东师范大学出版社，2009，第29～30页，"扎拉图斯特拉前言"。

③ 《新约·路加福音》3：23。

智慧、之生命、之甜美，它要馈赠和分送，它需要它所照耀的一切，并把这种给予视为自身的幸福所在。查拉图斯特拉要追随太阳的智慧和轨迹，在上升之后下降（untergehen，untergang），像太阳在傍晚所为，降入海的背后，将光明带给下面的世界，将自己充盈流溢的智慧和爱倒空，倾注给世界和人类："看呀！这杯子又要空了，查拉图斯特拉又要变成人。"①

上升和下降，构成一种循环，一种上升和下降的循环。在上升中充盈，在下降中倒空、沉没、毁灭，并重新回到故乡和曾经出发的起点，开始新的轮回，这是太阳的轨迹，也是尼采所宣扬的生命与自然的轨迹、法则、秩序乃至于必然性的命运，这种神秘的秩序充分体现在查拉图斯特拉的动物身上。鹰代表高傲和上升，但智慧之蛇的圆环是它的项链，而且，鹰本身也在高空盘旋，画出更大的圆环，寓意着永恒轮回或永恒回复的最高法则或信仰。

一切就这样开始，开始**给予的道德**，这是尼采所标榜的最高的道德。"我需要人们伸开的手。"② 这本质上是一种强力意志的表达，是一种命令，我必须给予，你必须接受。当先知带着智慧来到人间，人类应该伸开双手去迎接、去领受。人类是空乏、卑微、不足和需要被给予、需要改造的，这似乎是尼采的潜台词，也几乎是所有宗教导师、人类智者和伟人们的"共识"。查拉图斯特拉此刻信心满满，要自降身份为人，要向人类走去，去改造、拯救他们，要像太阳那样去践行自己的伟大使命。他会成功吗？这种人类由来已久的精英权力、强者智慧和企图改变人性改造世界的政治哲学终究会成功吗？

"Incipit tragoedia（悲剧开始了）"，这是《快乐的科学》第342节开头的小标题③，而第342节几乎完整地成为查拉图斯特拉开场白的

---

① 〔德〕尼采：《扎拉图斯特拉如是说》，黄明嘉、娄林译，华东师范大学出版社，2009，第31页，"扎拉图斯特拉前言"。
② 〔德〕尼采：《扎拉图斯特拉如是说》，黄明嘉、娄林译，华东师范大学出版社，2009，第30页，"扎拉图斯特拉前言"。
③ 〔德〕尼采：《快乐的科学》，黄明嘉译，华东师范大学出版社，2007，第318页，§342。

第一节时，这个标题没有出现，但也许悲剧真的开始了。

3. 在山上和城镇之间是适合隐士生活的森林，那里居住着遁世的老年圣徒，他熟识曾经的查拉图斯特拉，因此立刻就发现了此时的查拉图斯特拉的变化，曾经枯寂如死灰者，如今满怀熊熊烈火，琐罗亚斯德或普罗米修斯的圣火，想以之照亮、点燃世界。新的查拉图斯特拉目光纯净，像个舞者，"查拉图斯特拉变了，他变成了孩子，现在，查拉图斯特拉是个觉醒的人了"①，觉醒如佛陀，含德之厚，比于赤子，常德不离，复归于婴儿。一个满怀新生之火和新的道德的复归者，回到生命和世界的新的起点，企图以自己的新生智慧照亮并唤醒沉睡的世人，自觉以觉他。

圣徒和查拉图斯特拉有着共同的理念和情怀，那就是"爱人类"，或者说太爱人类！但两个人据此走向了完全不同的方向。圣徒看到了"人类是一个太不完美的东西"②，不想因对人类这种东西的爱而葬送自己，因此他洁身自好（像上帝一样纯洁），决定只爱上帝。圣徒的话不慎泄露了天机，即上帝的秘密。上帝显然因为自己的绝对完美而与太不完美的人类有霄壤之别，代表着与人类截然不同的价值、意义，纯洁完美到了仅仅是个虚幻理念的地步，几乎与人类没什么瓜葛了。当一个人，一个所谓的圣徒绝尘而去，绝对虔诚地奉献自己给上帝这个理念的时候，查拉图斯特拉拿什么都拯救不了他！这暗示出，尼采不满足于做纯粹的洁身自好者，他"要"这个世界。因此当圣徒向查拉图斯特拉索问礼物时，得到的回答是③：

"我能给你们什么呢！还是让我快点走吧，我又不拿你们什

---

① 〔德〕尼采：《扎拉图斯特拉如是说》，黄明嘉、娄林译，华东师范大学出版社，2009，第31页，"扎拉图斯特拉前言"。
② 〔德〕尼采：《扎拉图斯特拉如是说》，黄明嘉、娄林译，华东师范大学出版社，2009，第32页，"扎拉图斯特拉前言"。
③ 〔德〕尼采：《扎拉图斯特拉如是说》，黄明嘉、娄林译，华东师范大学出版社，2009，第33页，"扎拉图斯特拉前言"。

么！"——如此这般，老者与这男人分了手，他们笑着，宛若两个孩子。

逃之唯恐不及，查拉图斯特拉只想马上逃离这种圣徒和他的上帝，他虽然自视甚高，高到神圣的高度，但他的生命、爱、理想，他的一切仅仅等于一个空幻的符号，甚至不及山林里的一个回声来得真实。查拉图斯特拉明白得很，谁，都帮不了他，谁，都拯救不了他，包括他的至高无上的上帝！因为他根本不可能知道和明白，他心爱的上帝已经死了，而且死得很冤很冤，因为正是他，正是他这类无比虔诚的信徒们亲手活活杀死了自己的上帝！

上帝死了！[①]

上帝死了，信仰上帝的人和上帝一起死了，但圣徒不知道这一切已经发生，因此和查拉图斯特拉分手时，他笑得也像个孩子，幽灵的笑！在上帝死亡的事件发生以后，一切信仰上帝者都成了幽灵。问题是，这个事件是何时发生的？当上帝如此被信仰的时候！可见，上帝之死不是个历史事件，甚至不是个宗教事件，而是哲学事件。哲学所关注的，是信仰的本性和方式，而信仰的本性和方式，来自生命存在的本性和方式。这种本性和方式的差异具有重大的哲学意义，并充分体现在查拉图斯特拉和老年圣徒身上，体现在他们对人类之爱的根本差别上。在圣徒的心目中，爱人即对太不完美的人类的同情、怜悯和施舍，而在查拉图斯特拉看来，就生命和心灵而言，施舍者和被施舍者是一样的可怜、空乏、贫穷，尽管施舍者似乎比被施舍者要高高在上，因此他说[②]：

不，我不施舍。要施舍我还不够穷呢。

[①] 〔德〕尼采：《扎拉图斯特拉如是说》，黄明嘉、娄林译，华东师范大学出版社，2009，第33页，"扎拉图斯特拉前言"。
[②] 〔德〕尼采：《扎拉图斯特拉如是说》，黄明嘉、娄林译，华东师范大学出版社，2009，第32页，"扎拉图斯特拉前言"。

尼采的启示

查拉图斯特拉以全新的方式表达他的人类之爱[①]：

关于爱，我说了些什么！我要赠送人类一个礼物！

赠送与施舍的本质区别，在于赠送者与被赠送者之间的同类，同时在于赠送者对被赠送者的尊重、友爱或亲情，而且，两方面还都应该同样的富足。可见，赠送与施舍传达的是迥异的生命态度和人性理念，一种导致了上帝之死和信仰的毁灭，那么另一种应该导致什么样的结局呢？查拉图斯特拉将给人类和世界带来什么呢？当他离开圣徒的森林，来到临近的市镇，面对市场上的人群时，他大声宣告了他的任务、使命和意义[②]：

我给你们教授超人。

超人就是查拉图斯特拉带给他所深爱的人类的礼物。

虽然尼采的查拉图斯特拉明确宣告自己只带给人类一个礼物，一个叫超人的礼物，但实际上在他公开宣示之前，他还向自己的内心自言自语不公开地说出了另一个、应该是更早的礼物，这个礼物是那句"上帝死了"！

这个礼物对人类的悲剧性意义，当尼采最初揭示这一思想主题的时候就已经表达得很清楚了[③]：

佛祖释迦牟尼死后，人们总在一个洞穴里展示佛陀的阴影，如此长达几个世纪。那阴影实在令人不寒而栗。

上帝死了。依照人的本性，人们也会构筑许多洞穴来展示上帝的阴影，说不定要绵延数千年呢。

[①] 〔德〕尼采：《扎拉图斯特拉如是说》，黄明嘉、娄林译，华东师范大学出版社，2009，第32页，"扎拉图斯特拉前言"。

[②] 〔德〕尼采：《扎拉图斯特拉如是说》，黄明嘉、娄林译，华东师范大学出版社，2009，第34页，"扎拉图斯特拉前言"。

[③] 〔德〕尼采：《快乐的科学》，黄明嘉译，华东师范大学出版社，2007，第191页，§108。

卷一 — 一 查拉图斯特拉的开场白

而我们，我们必须战胜上帝的阴影！

面对数千年令人不寒而栗的阴暗岁月，"我们必须战胜"的口号显得何其苍白无力！可怜的生命！但更可怜的是只有疯子（Der tolle Mensch，具有异常天赋者）才意识到了这些并忧患重重[①]：

上帝哪儿去了？……是我们把他杀了！……我们把地球从太阳的锁链下解放出来再怎么办呢？地球运动到哪里去呢？我们运动到哪里去呢？离开所有的阳光吗？我们会一直坠落下去吗？向后、向前、向旁侧、全方位地坠落吗？还存在一个上界和下界吗？我们是否会像穿过无穷的虚幻那样迷路呢？那个空虚的空间是否会向我们哈气呢？现在是不是变冷了？是不是一直是黑夜，更多的黑夜？

杀死上帝，上帝死了，人类的这个动作太大，人类无法承受自己这个空前绝后的丰功伟绩的后果！地球失去自己的中心和光源，世界的地基和柱石坍塌，时空瞬间迷失；必须再造乾坤，必须为生命寻找新的支撑和时空，必须有新的起点和可能性，而这一切远远超出了人这个生物、这个东西的能力。

尼采虽然知道"雷电需要时间，星球[②]需要时间，凡大事都需要时间"[③]，但尼采显然不愿意让自己，也不愿意让人类在寒冷和黑暗中等待数千年，他要带给自己和人类那可以根本解决问题的礼物，把超人的福音带给世界，虽然查拉图斯特拉不是超人，甚至也不能直接导

---

① 〔德〕尼采：《快乐的科学》，黄明嘉译，华东师范大学出版社，2007，第208～209页，§125。

② Gestirn（星球）比 Stern（星辰）更书面、更正规，该词出现在《查拉图斯特拉如是说》开篇，在那里查拉图斯特拉称呼太阳为"伟大的星球"；在此，暗示新的太阳、新的生命根基的出现为时尚早。

③ 〔德〕尼采：《快乐的科学》，黄明嘉译，华东师范大学出版社，2007，第210页。

致或产生超人,但他要做超人的教师!显然,上帝之死和超人不是两个礼物,而是同一个礼物,是一个问题的两层蕴含,是同一个人类命运的两个方面。上帝之死是人类的现实和悲剧,超人是人类的未来和希望。

4. 超人因上帝之死,因为人类自身的悲剧而来,因此超人的根据在人自身。老年圣徒因为逃离太不完美的人类而导致自己和自己的上帝的死亡,那么,查拉图斯特拉又是如何处理的呢?

我给你们教授超人。人类是一种应该被超越的东西。你们都做了些什么以便超越他呢?①

Ich lehre euch den übermenschen. Der Mensch ist Etwas, das überwunden werden soll. Was habt ihr gethan, ihn zu überwinden?

查拉图斯特拉同样看到了人的不完美,但他没有逃离,而是鼓励、鼓动、呼吁去 überwunden、überwinden(超越、克服、战胜)这种人性自身的东西,去克服超越人这个东西;而且最重要的,这种对人的超越,不是外来的、强加的、改造性的,而是来自需要被克服的人自己。人与超人(übermensch)的差异和距离,虽然被查拉图斯特拉明确等同于猿猴与人的差异和距离,但人与猿猴截然不类,而人与超人却不尽然。尽管人与超人有重大甚至是本质性的区别,但超人仅仅是人通过对自身的 über-(克服、提升、超越)而实现的新的可能性,它体现的是人的自我否定、自我克服、自我过渡、自我超越、自我创造的可能性,是人的一种应然。如果按照进化论的思路,把超人理解为不同于人类的、由人类进化而来的另一类独特的更高的实体性自然存在者,肯定会被尼采痛斥为畜生(Hornvieh)。② 这是理解超人概念的

---

① 〔德〕尼采:《扎拉图斯特拉如是说》,黄明嘉、娄林译,华东师范大学出版社,2009,第34页,"扎拉图斯特拉前言"。

② 〔德〕尼采:《瞧!这个人》,"我为何会写出如此好书"。KSA 6,第300页。

关键，超人本质上应该是人，但是意味着人的某种卓越的能力或自我过渡的可能性。

查拉图斯特拉是向人类鼓吹和教授超人的导师，是个教师，是个宣教者，是个卓越的启发者和福音传播者，只是，老师无法代替人自身的功课，师傅领进门，修行靠自身，超人的千秋伟业只能靠人自己来实现。这意味着，人应该是自由的，不是康德的自由意志者，而是具有纯粹自由精神的人，是像查拉图斯特拉那样的超越一切善恶观念的觉悟者、独立者、自我创造者。人应该自由且自我超越——这是查拉图斯特拉所要开创的新的启蒙事业的基石，是超人教诲的第一层含义。

紧接着的问题是，如何超越？或者说超越到哪里？超人是人的自我提升、上升，但这种上升恰恰不是要超越、超出、远离大地，远离大地、生命和身体，不是只去"侈谈超越大地的希望"，只去"尊崇不可测知者的内脏（die Eingeweide des Unerforschlichen，按：即神或绝对者的内涵）"，而是上升到大地[1]：

> 超人是大地（Erde）的意义（Sinn）。让你们的意志说吧：超人就是（sei）大地的意义！

超人的上升恰恰就是回复，回复到身体、生命所寓居的大地。永恒复归的思想再一次呈现，呈现为超人教诲的逻各斯。超人正是要回到人的大地、生命和身体，这一点十分重要，藉此，超人思想痛击并颠覆了由柏拉图主义和基督教所共谋的一切传统形而上学和信仰的超验的理念和价值体系。这与尼采对人的恶毒抨击并不矛盾："人之于超人也是如此：可笑之物，或痛苦的羞耻"，"人是一条肮脏的河流"[2]。这看似是对人的贬低，但却另有其微言大义。对于老年圣徒来

---

[1]〔德〕尼采：《扎拉图斯特拉如是说》，黄明嘉、娄林译，华东师范大学出版社，2009，第35页，"扎拉图斯特拉前言"。

[2]〔德〕尼采：《扎拉图斯特拉如是说》，黄明嘉、娄林译，华东师范大学出版社，2009，第35、36页，"扎拉图斯特拉前言"。

说，人是太不完美的东西，"人身上有许多东西是可爱的，但是人不可爱"①，而对于尼采或查拉图斯特拉来说可能恰恰相反：人身上有太多不可爱的东西，但是人（本身）是可爱的！河流开始总是清澈的、纯洁的，只有（被）污染的河流才会变得肮脏！因此，"人是一条肮脏的河流"这个看似贬低的说法却揭示出人本然的纯洁和可爱。如何回复人性本然的纯洁可爱呢？

> 真的，人是一条肮脏的河流。为了接纳这条脏河，人们必须是海，才能本身不受污染。
> 看呀，我给你们教授超人：超人即是海洋，你们伟大的轻蔑会在海中沉没（untergehen）。②

伟大的轻蔑（große Verachtung）是一个重要的概念，理解这一概念的前提，是把它与憎恨（Haß）区别开来。对人类的憎恨根本不属于热爱人类的查拉图斯特拉，在查拉图斯特拉的辞典中，对人类之爱的内在含义之一，正是对人类的轻蔑态度。轻蔑意味着必须与人与己保持距离，意味着热爱自然并远离人自身的世俗或太人性的气息，意味着热爱艺术以及艺术家对人对己的嘲讽和对世人的逃避③……可见，轻蔑之重要，在于它是人自我克服、自我过渡、自我超越的前提，没有这种反思、批判和自觉的态度，人的超越将无从谈起。

轻蔑什么？轻蔑自身的污染和肮脏！正是在这伟大轻蔑的时刻，人得以从人、从自身转身而去，抽身而出，转向更高、更深的生命可能性，用**自己**无限深邃和宽广的纯洁的生命海洋来接纳而非拒斥、净化而

---

① 〔德〕尼采：《扎拉图斯特拉如是说》，黄明嘉、娄林译，华东师范大学出版社，2009，第32页注2，"扎拉图斯特拉前言"。
② 〔德〕尼采：《扎拉图斯特拉如是说》，黄明嘉、娄林译，华东师范大学出版社，2009，第36页，"扎拉图斯特拉前言"。
③ 〔德〕尼采：《快乐的科学》，黄明嘉译，华东师范大学出版社，2007，第389～390页，§379。

非毁灭人类这条污染的河流。这是一种对生命真正宽容和肯定的态度，也是超人的又一层重要含义：在自我否定中寻求更高的自我肯定。这是超越的方式和路径，以这种方式人类得以自我净化和自我深入。在这伟大轻蔑的时刻，人类看清了自己生存（Dasein）的真实状况，找到了自我解放的出口：在这一时刻，"我的幸福算得了什么！""我的美德算得了什么！""我的正义算得了什么！""我的同情算得了什么！"……总之，我的一切道德和知识都不算什么，都不足惜，都是应该且可以被超越的，但是，只有一样东西不能否定，不能轻蔑，不能被超越，而是应该无条件地得到肯定和辩护，在这种对比和对立的修辞中，这种东西在尼采思想中的地位格外突显①：

>在这一时刻，你们说："我的幸福算得了什么？它是贫乏、龌龊、一种可怜巴巴的舒适。我的幸福应为生存本身辩护（mein Glück sollte das Dasein selber rechtfertigen）！"

人的生存是最根本的，是人和超人共同的本钱和大地，这是超人思想的第三层基本含义。人和超人的一切努力，都仅仅是为了对人的生存的肯定和辩护。

5. 超人如何为生存进行辩护和肯定呢？

>人的生存是阴森可怕的（unheimlich），且总无意义：一个小丑可能成为它的厄运。②

这是人类生存的现实。面对生存的阴森可怕和无意义，存在着两种选择，变与不变的不同选择，超人与末人（der letzte Mensch）的不

---

① 〔德〕尼采：《扎拉图斯特拉如是说》，黄明嘉、娄林译，华东师范大学出版社，2009，第37页，"扎拉图斯特拉前言"。
② 〔德〕尼采：《扎拉图斯特拉如是说》，黄明嘉、娄林译，华东师范大学出版社，2009，第46页，"扎拉图斯特拉前言"。

同选择。尼采把末人比作某种类型的中国人①,自己发明了幸福②,并安享这幸福和快乐,颐养天年,寿比南山,人人齐一雷同,安卧在生命的表层,永远不变,不再有爱欲,不再有渴望,不再懂得和进行创造,更不知何为过渡和超越。末人是作为超人的对立面被造出来的概念,却也道出了人类的某种特性,尤其适合中国人庸庸碌碌的一面。超人则不然,超人看透了生存的本质,并把生存主动置于极度的不稳定和深渊之上,在危险中寻找变革和希望③:

> 人类是一根绳索,连接在动物和超人之间——绳索悬于深渊上方。
>
> 越过去是危险的,路经此途是危险的,向后回顾是危险的、发抖和站立不动都是危险的。

人别无选择,只能选择伟大,选择把自己作为过渡和桥梁,而非目的,尤其是现代人文主义、启蒙运动和康德主义的目的。**人必须穿越自己,才能成就自己（于超人）！**穿越自己的生存,才是生存的本性,就像雨水穿越深渊,到深渊的另一边（nach dem andern Ufer）,但不是星辰的彼岸（hinter）,而是让自己坠落于大地,为大地而牺牲,让自己生存的希望坠落为大地上的种子,使大地终为超人的大地④:

> 我爱那一类人,他活着为了求知,并为求知而让超人有朝一日得以生存（leben）。于是他情愿自己坠落（Untergang）。

---

① 〔德〕尼采:《扎拉图斯特拉如是说》,黄明嘉、娄林译,华东师范大学出版社,2009,第42页注2,"扎拉图斯特拉前言"。
② 〔德〕尼采:《扎拉图斯特拉如是说》,黄明嘉、娄林译,华东师范大学出版社,2009,第43页,"扎拉图斯特拉前言"。
③ 〔德〕尼采:《扎拉图斯特拉如是说》,黄明嘉、娄林译,华东师范大学出版社,2009,第38页,"扎拉图斯特拉前言"。
④ 〔德〕尼采:《扎拉图斯特拉如是说》,黄明嘉、娄林译,华东师范大学出版社,2009,第39页,"扎拉图斯特拉前言"。

卷一 | 一 查拉图斯特拉的开场白

我爱那样的人，他的工作和发明是为超人建造屋宇，为超人准备大地、动物和植物：于是他情愿自己坠落。

超人是人努力的结果，超人的诞生不取决于超人自己，不是超人自律或自我创造的产物，而是人自我创造、自我超越的结果，但伟大的超人又不可能是他律或他因所致，因此超人本质上与人是一不是二，是自我对立中的同一性。换言之，超人意味着人的坠落、毁灭和牺牲，但这种毁灭是乌云化为沉重雨滴的自我毁灭和转化，是万物皆备于我的富足、成熟后的坠落，意在宣告闪电的来临，这闪电即超人①，是生命涅槃中的新生。

超人是大地的意义，是存在（Sein）的意义，是人的意义，是乌云里的闪电。②闪电这个意象寓意深长。闪电不是一切，不是最高的东西，最高的意象应该是星辰，一颗新生的舞蹈的星辰（乃至于更高的伟大的星球）③，舞蹈的星辰意味着新的生命、大地和秩序。闪电只能是星辰诞生的序幕，它首要的意义是暗示满际的乌云和黑暗，那是混沌（Chaos）的意象。混沌是人自我超越、过渡的终点，是人坠落、沉没之处，是人回归自然之处，是人的最本己的自然，是人除尽一切粉饰铅华之人性后的真纯和赤裸，也是新的可能性必需的虚无、前提、舞台和质料，不倒空浊水则不能倾注清泉④：

我告诉你们：人们自身须混沌，方能诞生一颗跳舞的星辰。
我告诉你们：你们自己要混沌。

---

① 〔德〕尼采：《扎拉图斯特拉如是说》，黄明嘉、娄林译，华东师范大学出版社，2009，第41页，"扎拉图斯特拉前言"。
② 〔德〕尼采：《扎拉图斯特拉如是说》，黄明嘉、娄林译，华东师范大学出版社，2009，第47页，"扎拉图斯特拉前言"。
③ 〔德〕尼采：《扎拉图斯特拉如是说》，黄明嘉、娄林译，华东师范大学出版社，2009，第42页，"扎拉图斯特拉前言"。
④ 〔德〕尼采：《扎拉图斯特拉如是说》，黄明嘉、娄林译，华东师范大学出版社，2009，第42页，"扎拉图斯特拉前言"。

尼采的启示

  Ich sage euch: man muß noch Chaos in sich haben, um einen tanzenden Stern gebären zu können. Ich sage euch: ihr habt noch Chaos in euch.

  混沌是对被神圣目的、理念、秩序们矫饰歪曲的世界和人性的伟大蔑视和超越，意味着向大地真理的前进，意味着更本真的存在或更本真存在的可能性。作为视角主义的倡导者，尼采此刻要求消解一切视角，绝圣弃智，复归于混沌和虚无。这是一种勇气，也是一种创造必需的策略，有了这个前提，尼采和查拉图斯特拉就有了创造新世界的可能。这个可能是人坠落的终点，也是人上升的起点，这新的起点体现为超人的闪电。闪电是瞬间划过天地的光，是混沌绽开的裂痕，是新的视野、新的秩序的发轫。

  6. 如此这般，尼采向市场上的人群宣示他的超人教诲并企图做他们的超人导师，然而他得到了怎样的回应？

  "所有的人嘲笑查拉图斯特拉"①，这就是热爱人类的超人导师得到的回应！群众乐意并满足于做末人，而非超人。查拉图斯特拉备感悲哀，他对自己内心如是说："他们不理解我：我的口不是为了这些耳朵而备。"②

  但尽管如此，经过10年山上静修，查拉图斯特拉已经具备极其成熟和卓越的灵魂，面对众人的嘲笑和不理解，他既不恼怒，也不怨恨，更没逃避，他对自己说道："我的灵魂平静而明亮，宛似清晨的群山。"③ 凭借其卓越的灵魂，查拉图斯特拉很快调整了自己的政治策略。这种调整意义重大，使超人找到了切实的根基，使尼采的超人政

---

① 〔德〕尼采：《扎拉图斯特拉如是说》，黄明嘉、娄林译，华东师范大学出版社，2009，第38页，"扎拉图斯特拉前言"。
② 〔德〕尼采：《扎拉图斯特拉如是说》，黄明嘉、娄林译，华东师范大学出版社，2009，第44页，"扎拉图斯特拉前言"。
③ 〔德〕尼采：《扎拉图斯特拉如是说》，黄明嘉、娄林译，华东师范大学出版社，2009，第44页，"扎拉图斯特拉前言"。

治哲学成为可能。

这是查拉图斯特拉在经历挫折后新发现的真理①：

我突然明白了：我需要伴侣（Gefährte）、活的伴侣——而不是死去的同伴，不是我可以随意背走的尸体。

我需要活的伴侣，他们跟随我，只因他们愿意跟随自己（die mir folgen, weil sie sich selber folgen wollen）——到我要去的地方。

我明白了：扎拉图斯特拉不愿对大众（Volk）说话而愿对伴侣说话！扎拉图斯特拉不应成为乌合之众的牧人和牧羊狗！

把许多羊从牧群中诱开——我就为此而来。让大众和群氓（Volk und Herde）怨恨我吧：扎拉图斯特拉愿被牧人称为强盗。

伴侣与民众、人群、群氓的区别，是理解查拉图斯特拉教诲与一切其他宗教之根本不同的关键。所有的宗教，无论其先知或导师是否有意，最终的结果或目的，都是要把自己的信徒变成群氓，变成没有个体自由和个性的羊群，变成具有奴隶性质的追随者、信从者、盲从者，他们靠群体而生活，相互摩擦取暖，发明群体的幸福，借此愚人自乐、颐养天年，甘心世世代代过着**末人**的生活。而查拉图斯特拉与伴侣的关系，不是主人和奴隶的关系，不是牧人和羊群的关系，而是志同道合的朋友、夫妻、知己，是具有共同理想和创造精神的自由者，是作为纯粹自由精神（der freie Geist）的个体，他（们）跟随查拉图斯特拉就是跟随他（们）自己。无论尼采对近代理性精神和启蒙思想有怎样的反思和批判，在这一点上他无疑很好地继承了他们尤其是康德关于人之纯粹自由的思考，把它作为自己教义的根基。查拉图斯特拉的工作，根本上是启蒙，是唤醒，是想方设法把牧群中的羊诱骗出来，把他们变成一个一个单独的、孤独的羊，并进而帮助他们脱离羊

---

① 〔德〕尼采：《扎拉图斯特拉如是说》，黄明嘉、娄林译，华东师范大学出版社，2009，第49页，"扎拉图斯特拉前言"。

尼采的启示

籍,成为一个一个独立、自由、自在的人,并最终变成自己的伴侣、爱人、爱侣。这是伟大的爱的创造,是查拉图斯特拉人类之爱的精髓所在①:

  请你们牢记这句话:所有伟大的爱高于爱的同情:因为爱还要创造——所爱者。

同情一如老年圣徒的施舍,是强者怜悯弱者的不平等待遇,是让奴隶永远做奴隶的权利,是一切宗教和生命终将归于灭亡的标志或原因:"上帝死了;其死因就是他对人类的同情。"② 查拉图斯特拉之爱,是自由者彼此之间才有的情感,是生命之间最自然最宝贵的纽带,其本质是创造,创造自己同时也创造对方的生命力量。尼采教诲所预示的,是不同于一切传统宗教的全新的信仰方式,是基于康德们的伟大工作之上的新的突破,是真正基于生命和自由的信仰,是真正人的而非羊群的信仰。这是超人思想的关键,是通向超人唯一的阶梯和彩虹③,超人的闪电将因此而绽放于乌云滚滚的黑暗,而这道惊世骇俗的闪电必将导致对一切旧有价值的重估和颠覆,一种基于生命自然和自由的全新的价值标牌(Tafel)④必将被创造出来,被作为爱之创造者的查拉图斯特拉和他的伴侣们创造出来。

---

① 〔德〕尼采:《扎拉图斯特拉如是说》,黄明嘉、娄林译,华东师范大学出版社,2009,第160页,"论同情者"。
② 〔德〕尼采:《扎拉图斯特拉如是说》,黄明嘉、娄林译,华东师范大学出版社,2009,第160页,"论同情者"。
③ 〔德〕尼采:《扎拉图斯特拉如是说》,黄明嘉、娄林译,华东师范大学出版社,2009,第51页,"扎拉图斯特拉前言"。
④ 〔德〕尼采:《扎拉图斯特拉如是说》,黄明嘉、娄林译,华东师范大学出版社,2009,第50页。路德用 die Tafeln des Zeugnis 翻译摩西的法版,尼采用该词,暗示其强烈的信仰关切。

二
自己的道德

（一）超人的起点：最诚实的存在

"论三种变形"是《查拉图斯特拉如是说》正文的开始，也是最常为人们乐道的章节。三种变形是指精神（der Geist）的三种变形，可以看成尼采对自己学说基本思想的精到概括，也可以理解为尼采对西方哲学与信仰之精神历程的概论。任何精神、生命、存在，都不可能不像骆驼那样去承荷负担和压力，但过于沉重的负荷将使人无法前行，更不要说去创造。而在一切负荷中最难以承受的是这样一种宗教、道德、哲学的绝对命令，这种命令体现了自柏拉图主义和基督教道德以来的西方精神价值的最核心诉求，并通过康德的道德学说鲜明地体现出来，这种绝对命令就是"你应该（Du sollst）"，这命令可能来自上帝，可能来自所谓的理性或真理，可能来自国家、民族、传统、家庭人伦之爱，可能来自别的什么人或神……但无论来自什么，对于生命都可能成为一种压抑、阻碍、摧残的他在他律力量，可能成为人类自由的天敌。精神必须克服骆驼而变身为以自由为本的"我要（Ich will）"的狮子[1]：

---

[1] 〔德〕尼采：《扎拉图斯特拉如是说》，黄明嘉、娄林译，华东师范大学出版社，2009，第56页，"论三种变形"。

尼采的启示

"你应该"躺在狮子的路上，它是带鳞甲的动物，金光灿灿，每片鳞甲上闪耀着金灿灿的"你应该"！

千百年的种种价值在这些鳞甲上闪耀，龙中之最有力者如是说："事物的一切价值——全在我身上闪光。"

"一切价值均已创立，而一切已创立的价值——便是我。真的，不再存在'我要'！"巨龙如是说。

一切已经创立的价值都可以涵盖在"你应该"之中，而狮子就是要颠覆这一切，对义务说出神圣的"不"（Nein）字，从而获得自由，获得"我"（Ich），这个自由之我乃是创造新价值的起点，虽然狮子并不具备创造新价值的能力。

尼采把重新评估一切价值视为自己哲学的使命，并以超人学说体现他对创造新价值的思考。新价值的创造意味着精神的第三次变形，即从狮子变形为孩子。狮子是一个否定，对"你应该"的否定；狮子又是一个肯定，对"自我"和"我要"的肯定，把自己彻底从一切价值束缚中解放出来，获得自由，可以创造的自由，但这种自我的自由仅仅是个开始，还远不足以完成新价值的创造，于是一种基于狮子的自我肯定之上的更高的否定势在必行，在这种自我否定中，精神将经历一场分娩的痛苦，以产生全新的、纯洁的生命，使生命回复本源，回复新的起点，这种新生将使新价值创造成为可能[①]：

孩子无辜、健忘，是一个新的开始、一种游戏、一个自转的轮子、一种初始运动、一种神圣的肯定（Ja-sagen）。

这表明，一个新的星辰正从混沌中诞生。

一个问题油然而生：一个新宇宙的诞生必然以旧宇宙的彻底清空

[①] 〔德〕尼采：《扎拉图斯特拉如是说》，黄明嘉、娄林译，华东师范大学出版社，2009，第57页，"论三种变形"。

为条件吗？必须打碎旧世界才能建立新世界吗？作为在马克思主义和共产主义理想教育下成长起来的人，对这种虚无主义革命逻辑再熟悉不过了。要搞清这个问题，我们得从头开始，看看尼采要彻底否定的"你应该"所代表的旧价值的真实含义。

尼采像他那个时代的许多思想家一样，比如费尔巴哈，比如马克思，把基督教的上帝视为人类自我异化和投射的产物，是人类苦难和自我欺骗、自我迷失的产物，然后把它置于世界之后（Hinterweltern），置于遥远而永恒的彼岸①：

> 我创造的这个上帝，实则为人造物和愚妄的观念，一切神明莫不如此！

一切神明都是病弱的身体和精神的产物，由于不可救药的疾病和虚弱，神明这类幽灵就自然降临，而对于康复者，对于健康的身体，"相信这类幽灵便是痛苦和折磨"。虚弱的生命和神明互为因果，成就了西方宗教信仰和道德价值的本质，奴隶的道德，弱者的信仰，这种信仰和价值使人类的目光远离大地和真实的生命，投向虚幻的彼岸、另一个世界，并视之为真实的存在（Sein）。"但'彼岸世界'对人类深藏不露，那无人的非人世界，是一片苍天的虚无；存在之腹根本不对人类讲话，除非存在之腹是人。一切存在都很难证明，亦难以言说，真的。你们这些弟兄们，请告诉我，事物中最神奇之事不是已经最好地被确证吗？"②

存在（Sein）问题自巴门尼德开始，就一直处于西方哲学的核心地位，存在意味着世界的真理、本质、本原、根据、归宿或最可靠的基础、支点，是哲学思考的焦点。柏拉图的理念和基督教的上帝实际

---

① 〔德〕尼采：《扎拉图斯特拉如是说》，黄明嘉、娄林译，华东师范大学出版社，2009，第64页，"论信仰彼岸世界"。
② 〔德〕尼采：《扎拉图斯特拉如是说》，黄明嘉、娄林译，华东师范大学出版社，2009，第65页，"论信仰彼岸世界"。

上长期占据着存在的位置,并把存在置于与生存、自然、现实世界截然不同甚至对立的另一个彼岸世界中。在新的时代语境中,尼采根本否定了这种存在论传统,彻底否弃对世界之后、之外、之上的彼岸天国的任何期望、幻想,把生命的视野和全部可能性统统收回大地,回归真实自然的土壤。不过,尼采否弃的,乃是对存在概念的传统理解,而非这个概念本身,实际上他在尝试对其重新界定。尼采找到了他所企求的存在,找到了被确证无疑的、作为事物中最神奇之事的存在,最诚实最可靠的存在(das redlichste Sein)[①]:

> 是的,这个"我"(Ich)以及"我"的矛盾和混乱,最诚实地叙说它的存在,这个富于创意、有意志、作评价的"我",乃是事物的标尺和价值。

"我"就是尼采所认定的最可靠、最诚实的存在。尼采再次使用了西方近现代哲学传统中最经典的一个概念,这个概念从笛卡尔的 Cogito, ergo sum(我思,我在)到康德的 die reine Apperzeption(纯粹统觉)都是最根基、最可靠的概念,没有这个"我"的概念,欧洲近现代哲学将无从谈起。从这个概念成为哲学的基本概念起,西方唯心主义和理性主义者就一直努力把人的命运和生存从虚幻的天国拉回现实的大地,还人生一个本来面目,为人的存在重新定位、奠基。而这个概念在不同哲人中的不同表达,呈现出西方哲学的心路历程。对于怀疑一切的笛卡尔来说,思想这一事实是绝对无法怀疑的,而思想必然使思想着的主体之我呈现出来,这是怀疑者所必须不容置疑地认定的唯一存在,是被绝对怀疑所清空了的空无世界中唯一的剩余和支点。Cogito, ergo sum 表达的不是思与我之存在之间的因果关系,不是要以思来证明、认定我之存在,而是思与我的

[①] 〔德〕尼采:《扎拉图斯特拉如是说》,黄明嘉、娄林译,华东师范大学出版社,2009,第65页,"论信仰彼岸世界"。

存在同一性，是把我界定为思中、思着的我，而且仅仅是这个意义上的我；通向我或存在的路只有一条，那就是思想、理性，即使是世界荡然无存，这唯一确定、可靠且是直观自明的我也将依然存在，作为思和理性而存在①：

> 我只是一个在思想的东西，这就是说，一个心灵，一个灵魂，一个理智，一个理性。

笛卡尔以此为其全部哲学的第一原理，显然，他不是在身体、生理的意义上来界定我和存在的，他确立的是理性的绝对原则和存在论。

康德伟大的批判哲学始于纯粹理性批判，纯粹理性批判的基本问题，即先验演绎问题的最终解决，取决于先验的、源始的统觉，即对"我"的意识，即我们先天地意识到的我们自己一贯的同一性（A116）②：

> 就能够在某时属于我们的知识的所有表象而言，我们先天地意识到我们自己一贯的同一性，它是一切表象的可能性的一个必要条件。这条原则是先天地确定的，可以叫做我们的表象的一切杂多的统一性的先验原则。现在，杂多在一个主体中的统一性是综合的，因此，纯粹统觉提供了一切可能的直观中杂多的综合统一性的原则。

康德在此作了一个重要而详细的注释：

> 人们要留意这个极为重要的命题。一切表象都与一个可能的

---

① 〔法〕伽桑狄：《对笛卡尔〈沉思〉的诘难》，庞景仁译，商务印书馆，1963，第9页。
② 〔德〕康德：《纯粹理性批判》，李秋零译，中国人民大学出版社，2004，第151~152页。

经验性意识有一种必然的关系；因为如果它们不具备这一点，而且如果完全不能意识到它们，那就等于是说它们根本不实存。但是一切经验性的意识都与一个先验的（先行于一切特殊的经验的）意识，亦即与作为源始统觉的对我自己的意识有一种必然的关系。因此，在我的知识中一切意识都属于一个（对我自己的）意识，这是绝对必要的。在这里，就有了杂多（意识）的一种综合统一，这种统一是先天地被认识的，并且提供了涉及纯思维的先天综合命题的根据，就像空间和时间为涉及纯然直观的形式的这样一些命题提供了根据一样。一切不同的经验性意识都必须结合在一个惟一的自我意识之中，这个综合命题是我们的一般思维的绝对第一的和综合的原理。但千万不要忽视，"我"这个纯然的表象在与所有其它表象（前者使后者的集合统一成为可能）的关系中乃是先验的意识。无论这个表象是清晰的（经验性的意识）还是模糊的，在这里都毫不相干，甚至就连这种意识的现实性也毫不相干；相反，一切知识的逻辑形式的可能性必然以与作为一种能力的这种统觉的关系为依托。

在纯粹理性批判第二版中，作为先验自我意识的统觉的地位得到更直接的肯定，"统觉的综合统一就是人们必须把一切知性应用，甚至把全部逻辑以及按照逻辑把先验哲学附着于其上的最高的点，这种能力也就是知性本身"（B134注），而第17节的标题干脆就是"统觉的综合统一的原理是一切知性应用的至上原则"[①]。可以说这个先验的东西，不仅是一切经验意识和知识所以可能的根据，而且是一切存在的根据，它不可消解，是全部心灵和心灵能力以及整个生命世界的存在根基，因为知性正是康德所谓人为自然立法的那个立法者，是显象世界的根据。

但尼采对"我"的存在论理解，显然不会止于笛卡尔和康德们的

---

① 〔德〕康德：《纯粹理性批判》，李秋零译，中国人民大学出版社，2004，第119、120页。

理性知识层面，他要做的，是再一次扭转西方哲学兴趣的枢纽，但不是把存在从"我"变成非我的什么东西，而是要革命性地重新界定作为存在的"我"。那么，什么样的"我"才能成为事物的标尺和价值，才能算得上存在，而且是最诚实的存在？①

　　这个最诚实的存在，"我"——它说着关于身体（Leib）之事，即使在虚构、幻想、鼓振折断之翅而飞翔时，它也仍要身体。
　　这个"我"越来越诚实地学习说话：它学得越多，为身体和大地找到的话语和荣誉就越多。

德语的 der Leib 一词有身体、躯干、肉体的意思，但它同时与生活、生命、情感相关，实际上兼具身心含义于一体，而尼采恰恰是利用并格外强调了它的这种含义，因此不能用肉体译之。尼采的 der Leib，是对柏拉图－基督教灵肉二分和扬精神贬肉体的反动，也是对单纯理性主义的纠正，是对身心一体之完整生命的回复和强调。尼采所为，是将我拉回身体，拉回大地，拉回灵肉一体的真实的生命，仅仅让我言说身体和大地的话语，这是我的价值所在，是我的骄傲所在，是只有健康的身体和生命才有的，健康的我不会像病人和濒死者那样蔑视身体和大地，把自己虚弱幻乱的头颅"埋进天堂这类沙堆"，因为压根就没有彼岸，没有世界之后、之外、之上的另一个世界，只有身体和身体寓居的大地，因此我所能做的就是要"使头自由，使这颗大地的头颅为大地创造意义"②。

何为诚实（Redlichkeit）？诚实就是不欺骗，不欺骗也不被欺骗，而且更重要的是不自欺。尼采把这种诚实视为西方最年轻也最被仇恨的道德，因为数千年来西方一直在超验和天堂的欺骗中无法诚实。揭

---

① 〔德〕尼采：《扎拉图斯特拉如是说》，黄明嘉、娄林译，华东师范大学出版社，2009，第65页，"论信仰彼岸世界"。
② 〔德〕尼采：《扎拉图斯特拉如是说》，黄明嘉、娄林译，华东师范大学出版社，2009，第65页，"论信仰彼岸世界"。

开欺骗的层层面纱，露出的是真实，真相，人自身和人的大地自身的真相。诚实就是听从健康的身体的声音，那是诚实、纯洁的声音，"健康的身体在更诚实更纯洁地说话，这完美而端正的身体，它说着大地的意义"①。

我–身体–存在–大地，这是一个历程，更是一个同一体，是狮子清空世界摧毁旧价值的剩余，狮子的彻底否定，不是消极的虚无主义，而是意味着对人之异化的颠覆，意味着对人之自然、自身的回复，意味着自由，和新的诚实而纯洁的开端，因此，狮子的否定实为人回复自身真实完整存在的关键一步。一个自由的我，应该是大地的头颅，是大地意义的创造者，是大地的意义本身。大地是个以"我"为头颅、为意义的世界整体或身体，同样的思想在康德那里以另外的方式被表达过。在康德的目的论判断力批判中，康德把人的自由或自由之人作为目的，并以此为根基设想出一个自由者之间、自由者与社会与自然之间的有机的系统整体，自由者实际上就是世界的目的，也是世界及其意义的根据和创造者。而且，康德的目的论判断力批判中的这种构想，是以其审美判断力批判为前提和根基的，在审美考察中，康德找到了他对人的存在的最终解释。② 在审美中，或者说借助审美，人意识到真正回到自己的自由和自然本性，回到自己最纯粹最真实的生命，回到自己作为自由和自然最终同一的存在的可能性。康德通过他在《判断力批判》中的上述工作，最终完成了他在纯粹理性批判中以至于在实践理性批判中关于人的存在，关于"我"的思考：一个回到自己的自由和自然的存在，一个因这存在而愉悦的人，乃是一个完整而真实的人，是一个作为目的和意义的人。虽然康德对尼采的影响极其深刻，这深刻不亚于柏拉图对尼采的影响，但不清楚尼采在他的康德理解中是否明确意识到了这一点。正是这种洞见，使他们跻身于

---

① 〔德〕尼采：《扎拉图斯特拉如是说》，黄明嘉、娄林译，华东师范大学出版社，2009，第67页，"论信仰彼岸世界"。
② 参看赵广明《论康德批判哲学的根基与归宿》，《哲学研究》2009年第9期。

人类最伟大的哲学家之列。不过，即使尼采意识到了，他还是要与众不同，因为他要最彻底，最诚实，老康德对他来说常常显得太传统、太保守、太迂腐了点儿。

那么，意义如何创造？"我"的创造之路如何开始？凭什么创造？

（二）我，身体！

我，身体！哲学与宗教的伟大革命由此开始。

"我是身体，也是灵魂（Seele）。"——小孩这样说。这也许是人关于"我"能说出的最真实也是最完美的话。但很少有人像孩子一样真实、完美。

"但醒者和知者说：我完全是身体，而再非其他；灵魂只是身体上某个东西的代名词罢了。"这是觉醒如尼采者的洞见，是对身体与灵魂关系全新的界定，与童言相比，深刻的思想批判者常常故意通过矫枉过正来解决问题。于是，曾几何时占据"我"之绝对主导权且风光无限的灵魂，如今被正本清源，仅仅成了身体上某个东西的符号，灵魂不再是伟大主体性或理性的主宰，真正的理性另有所属，和灵魂及其所代表的东西一样属于真正的、唯一的"主人"——身体：

> 身体是一种伟大的理性，是具有一种意义的一个复合体，是一场战争与一次和平，是一个畜群和一位牧人。①

身体是一，是一个多元之一，诸多自成一种存在、一种意义，一个身体的意义，没有什么东西可以和它分开、分离，可以超越其外，没有什么不在其之内，没有什么不在其自身。就连那不可一世的"精神"，也仅仅是身体这一伟大理性中的一个小理性，是身体这一伟大

---

① 〔德〕尼采：《扎拉图斯特拉如是说》，黄明嘉、娄林译，华东师范大学出版社，2009，第68页，"论蔑视身体者"。

理性的小工具、小玩具或器官（Werkzeug）。西方传统的灵魂概念和理性主义，从来没有被如此革命性地阐释过。不过尼采的创造天赋还不止于此，他似乎要颠覆他的"我"①：

> 你说"我"这个词并以此自豪。然而比这更伟大的是你的身体以及身体的伟大理性，虽然你不愿相信：这理性不说"我"，但做"我"（die sagt nicht Ich, aber thut Ich）。

"我"被超越，被穿越。被谁？被"我"之"自己"（das Selbst）。显现出来的、被意识到的"我"，需要回归那无言但一直行动和创造着的、站在后面的"自己"，那才是真正的主人②：

> 感觉和精神是工具和玩具：它们后面站着自己（Selbst）。自己也用感觉的眼睛寻找，也用精神的耳朵听闻。
> 自己总是在听、在寻找：它比较、强逼、征服、破坏。它统治着，也是"我"的统治者。
> 我的兄弟呀，在你的思想和感觉后面，站着一个强力的（mächtiger）统治者，一个不知名的智慧者——他名叫自己。他住在你的体内，他就是你的身体。

"我"总是为自己的智慧而沾沾自喜，但人的智慧相比于身体"自己"的伟大理性总是微不足道的，生命或身体自身的智慧和理性，是人的意识和思想永远取之不竭的本源，而且人引以为豪的思想理性的跳跃与飞翔；只不过是一条通到生命、身体"自己"之目的地的弯路。"自己"作为"我"的父母、导师，"是'我'的襻带，是教给

---

① 〔德〕尼采：《扎拉图斯特拉如是说》，黄明嘉、娄林译，华东师范大学出版社，2009，第68页，"论蔑视身体者"。
② 〔德〕尼采：《扎拉图斯特拉如是说》，黄明嘉、娄林译，华东师范大学出版社，2009，第69页，"论蔑视身体者"。

'我'各种概念的人"①。我所做的，是让我的"我"具有最纯洁、最诚实的道德，即大地的道德，永远走在大地之路，而不要试图进行任何超越大地的跳跃，那对人类乃是永恒的弯路。

何谓"自己"？"自己"是身体，是身体的大地，是生命本身，是人的本然、自然，是自然的意义。这生命的自然，作为最伟大的理性，是人的一切思想、意志、理性、情感的父母和导师，是人最终的主导者、立法者，是终极的力量和秩序。康德通过判断力批判所传达出的"自然为人立法"的伟大思想②，被尼采更生动、更直接地表达出来。尼采（和康德一样）为西方近代以来的启蒙和理性找到了**自然**这一根基和归宿，这显然不是一般意义上的自然，而是**理念的自然**，因为它是对一般肉体（自然）和一般理性（自由）的分离或合一自我超越之后所实现的真正身心合一，意味着人、自由了的人或自由的精神，向更高自我存在和本性的创造性自我超越和自我回归。**自由**、**创造**和**自我超越**是一个东西，是大地道德的内在要求，是尼采对人或**自然**的基本设想和理解。"自己"，即**自然**，**理念的自然**，所最愿意做的事情是"超越自己而创造"，"富于创造性的自己为自己创造尊敬和蔑视，快乐和痛苦。富于创造性的身体作为它的意志之手为自己创造了精神"③。

尼采明确把理性和主体性引向更高的自然，以此扭转西方思想的走向，并如此阐释自然，其意义之大，需要慢慢体会。这不仅是对柏拉图－基督教超验主义思想道德的反动，也是对西方近代理性唯心主义的纠偏，同时也是对经验自然主义的批判和超越，总之，尼采由此使西方思想上升到一个新的高度。哲学、道德、宗教由此获得新的前提、平台和视域，而目的只有一个，那就是肯定、回归

---

① 〔德〕尼采：《扎拉图斯特拉如是说》，黄明嘉、娄林译，华东师范大学出版社，2009，第69页，"论蔑视身体者"。
② 参看赵广明《论康德批判哲学的根基与归宿》，《哲学研究》2009年第9期。
③ 〔德〕尼采：《扎拉图斯特拉如是说》，黄明嘉、娄林译，华东师范大学出版社，2009，第70页，"论蔑视身体者"。

生命自身的力量、强力,这种力量表现为对生命自身的尊重、热爱、追求,表现为自由的、自我超越的永恒创造,创造自己的价值和意义,创造"自己"。**"自己"创造"自己"**,这一命题,包含了人和自然的最基本、最高的逻辑和法则,包含了大地道德的全部内涵,以及人和人的道德的全部意义。尼采的存在论也因此而前进了一步:从最诚实的存在"我"深入到本源的存在"自己",但"自己"似乎不是存在的终点,因为人仅仅是通向超人的桥梁。

(三) 我的道德

人应该拥有自己的道德,这道德仅仅属于你自己,它不属于众人,不属于上帝,"这是**我的**善,我爱它,它完全使我满意,我要独自拥有它。我无意把它当成一个上帝的法规,也无意把它当成人们的准则和必需:它不是引导我超越大地和到达天堂的指路牌"[1]。要拥有这种仅仅属于自己的亦即大地的道德,人有许多障碍和敌人要克服,在战胜人类古老的上帝信仰之后,人面临许多新偶像。对群体、族类、他人的依赖和迷恋,是人要获得自由由来已久的障碍,而外在的克服并不意味着其对身心内在流毒的克服也同时完成。可见人的自由之路,亦即人的自我启蒙之路之艰辛与漫长。而在现代,人类自由与启蒙的最大敌人——**国家**实际上比古老的上帝更加强大、顽固、可怕。**国家是一个纯粹的、彻头彻尾的谎言**[2]:

> 国家在说善与恶时全是一派胡言,它无论说什么都是撒谎——它拥有的一切都是它偷窃而来。

---

[1] 〔德〕尼采:《扎拉图斯特拉如是说》,黄明嘉、娄林译,华东师范大学出版社,2009,第71页,"论快乐和痛苦的激情"。
[2] 〔德〕尼采:《扎拉图斯特拉如是说》,黄明嘉、娄林译,华东师范大学出版社,2009,第93页,"论新偶像"。

国家是所有冷酷怪物中最冷酷者，**国家是只虚伪的狗**[①]，它宣称自己代表上帝、天道、正义，甚至常常厚颜无耻地宣称自己代表人民或民意，宣称自己就是民族、传统的化身，宣称自己就是意义所在，并通过自己的强权和国家机器攫取人们的信仰和爱，把爱国主义变成国家宗教。启蒙和自由，必须要做的，是打碎国家的谎言，因为国家意味着人的自由和自我的彻底丧失，因而意味着最大的罪恶[②]：

> 我把那地方称为国家：所有的人不论善恶，全是饮鸩者；我把那地方称为国家：所有的人不论善恶全都迷失自我；我把那地方称为国家：人人慢性自戕——这便被称为"生命"。

自由的灵魂出现在国家消亡的地方。要获得自己的道德，需要彻底的逃脱，从牧群及其喧嚣的市场，从上帝，从国家，从对一切偶像的崇拜或依赖中逃离！逃向何方？逃向孤独，逃向自己。一切人类的道德，一切社群的道德，都视孤独为罪过，而**我的**道德则以孤独为开始。孤独是新生命的开始，也是空前的考验。孤独可能成为魔鬼，压垮还没有完全康复的生命，因为一个不健全的灵魂无法容忍孤独和虚无的刺骨寒风。当一个解脱者面对空无却不能自立的时候，他会轰然倒塌，跌入深谷。孤独也可能成为天使，这取决于他能否坚守自己最高的理想和希望，取决于他意志的牙齿是否足够坚硬。孤独者真正要战胜的，不是外在的虚无，而是自身中的争斗，能否在自身的激情和欲望之恶斗中使自己脱颖而出，使自己战胜沉重的精灵。要摆脱沉重的精灵，需要把曾被称为恶的激情作为营养以养育出新的道德，一种轻松的道德，**我的**道德，这道德没有逃避我的身体和激情，而是独辟

[①] 〔德〕尼采：《扎拉图斯特拉如是说》，黄明嘉、娄林译，华东师范大学出版社，2009，第229页，"论伟大的事件"。
[②] 〔德〕尼采：《扎拉图斯特拉如是说》，黄明嘉、娄林译，华东师范大学出版社，2009，第94页，"论新偶像"。

蹊径，从中生长出新的可能，变成我的创造意志和力量，据此创造**我的**道德。

创造是孤独的真正内涵。自由固然不易，但更难的是：**你的自由是为了什么**（frei wozu）？[①] 柏拉图给心灵的自由以理念，康德用绝对的道德律令来满足或规范意志自由，尼采呢？尼采自然要另辟蹊径[②]：

> 你能给自己创造善与恶，在头顶高悬你的意志，如同高悬一种法律吗？你能当自己的法官，当你的法律的复仇者吗？与本人法律的法官和复仇者独处，这很可怕。这就像一颗星辰被扔进荒凉的太空，孤独而冰冷地呼吸。

人自己乃是自己最大的敌人，当自由者面对无边的孤独与夺命的寒冷时，他所能做的，只能是战胜自己，成为自己的主人。这是人的命运。创造自己，创造自己的道德。创造自己的道德和信仰，不再把自己从属于、依赖于任何外在的、外来的、给定的道德和信仰。"怀着你的爱和你的创造，走进你的孤寂吧，我的兄弟；以后正义将随你跛行。带着我的泪水走进你的孤寂吧，我的兄弟。我爱那超越自己而创造，而毁灭的人。"[③] 尼采把自由引向人的自我超越，引向不同于1000个目标的那"一个目标"，引向馈赠的道德。

（四）馈赠的道德

实际上，人类的创造一直都在进行。最先的创造者是民族，最后

[①] 〔德〕尼采：《扎拉图斯特拉如是说》，黄明嘉、娄林译，华东师范大学出版社，2009，第117页，"论创造者的道路"。
[②] 〔德〕尼采：《扎拉图斯特拉如是说》，黄明嘉、娄林译，华东师范大学出版社，2009，第117页，"论创造者的道路"。
[③] 〔德〕尼采：《扎拉图斯特拉如是说》，黄明嘉、娄林译，华东师范大学出版社，2009，第119页，"论创造者的道路"。

才是个人。何谓创造？**评价即创造**(Schätzen ist Schaffen)①。评价即善恶评价，即为自己确立何谓善，何谓恶，即创造出属于自己民族的道德规范和价值标准。"查拉图斯特拉发现，在大地上没有比善与恶更强大的力量。一个民族若没有能力先行评价价值，就不可能生存；一个民族要自我保存，就不能依傍邻族评价的价值"②，确立自己的善恶价值，是生存的根基，是其强力意志的要求。凡是能使其达致统治、胜利和荣耀，并使邻族惊惧和嫉妒的，就是善、崇高、神圣，是衡量的尺度和万物的意义。"这〔一切善与恶〕不是他们取来的，或是发现的，也不是自天而降的声音"③，这是人类为自身民族独特创造的道德，一个民族生存的意义和生命的厚度，取决于这种价值创造的意志和力量。从一个民族的道德特点和评价能力，我们可以发现这个民族的本质和底蕴，发现这个民族爱的意志和创造的意志。每一个民族都创造出自己的道德，都创造出自己的目标，迄今已有1000个目标，因为已有1000个民族。但唯一还缺少套住千颈巨兽的锁链，缺少那"一个目标"。那至今阙如的1000个目标之后的一个目标是什么呢？是对那1000种评价的权力进行评价的更高的权力、强力，是可以评估一切价值的强力意志，是超越一切善恶的、更高的、创造新道德的强力意志。尼采所要求的，不是第1001个目标，而是1000个目标之外的全新的目标，是与1000个目标截然不类的独一无二的、第一个目标，人类还没有这样的目标。因为这样的目标，意味着人须扬弃人所创造的一切价值，回复到价值所由的根基，回复到创造本身④：

---

① 〔德〕尼采：《扎拉图斯特拉如是说》，黄明嘉、娄林译，华东师范大学出版社，2009，第110页，"论一千个和一个目标"。
② 〔德〕尼采：《扎拉图斯特拉如是说》，黄明嘉、娄林译，华东师范大学出版社，2009，第108页，"论一千个和一个目标"。
③ 〔德〕尼采：《扎拉图斯特拉如是说》，黄明嘉、娄林译，华东师范大学出版社，2009，第110页，"论一千个和一个目标"。
④ 〔德〕尼采：《扎拉图斯特拉如是说》，黄明嘉、娄林译，华东师范大学出版社，2009，第111页，"论一千个和一个目标"。

尼采的启示

> 人类还没有目标。但是，请告诉我，我的兄弟们：假如人类还没有这个目标，那么是否也没有——他们自己呢？——

人类虽然一直在尽力创造，但人类一直都没有真正开始创造。这是尼采的逻辑。尼采显然认定人类之不足，认定人还在迷途之中。而一切宗教都通过认定人之不足或原罪，来宣扬通过信仰把人引导到新人或正道，尼采何异？一切导师都通过把人变成学生来成就自己的导师身份，尼采的查拉图斯特拉亦然？

尼采提供的是一种新的尝试，尝试一种新的、基于身体哲学的馈赠的道德，或者说一种不同以往的新的宗教信仰的可能性。这种道德或宗教的前提，是无限地丰富、强健自己的生命，以海纳万类，使万物皆备于我，但不是要"一切为我"，而是在这种丰富中使身体得以提升和超越，在自我丰富中提升、上升，不是精神超越身体的上升，而是身体自身在超越同类和自我超越中的提升，而道德乃是这种提升的写照、象征、比喻，是身体之强力意志的表达[①]：

> 身体如是穿行于历史，它是变化成长者、战斗者。而精神——精神对于身体是什么呢？它是身体的战斗和胜利的宣告者、伴侣和回响。

身体是时间中唯一的"体"，是时间的开创者和承载者，它生生不息地创造着自己，宣示着自己永恒的强力意志，这是精神的主体，是道德的根由，是善恶的源泉，是创造最生动、最本源、最质朴的表达。在这种上升的景象中，精神以象征的方式言说，言说这种身体的上升或生长，这生长就是道德的根源，"这时你们的身体提升

[①] 〔德〕尼采：《扎拉图斯特拉如是说》，黄明嘉、娄林译，华东师范大学出版社，2009，第139页，"论馈赠的道德"。

了，复活了；它用狂喜带动精神狂喜，于是它成了创造者、评价者、博爱者和万物的恩主"①。一种道德被创造，身体的道德；一个世界被创造，身体的世界。身体在自我创造中提升、复活，成就自己并成就一切，以自己的无限的奉献之爱和创造意志，把自己变成馈赠的礼品，这是因过于丰富而流溢的奉献，是丰硕的枝头在金色秋风中完满的奉献，是一种在上升、成长和成熟中实现的坠落。

这是馈赠的道德的第一层也是最基本的含义，表达的是尼采强力的生命哲学思想。"它是一种新的善与恶，是一种新的深沉的陶醉，一种新的源泉之妙音！"②尼采对自己的新道德充满感情。

需要再次强调的是，礼品或赠品与施舍的不同，前者基于平等之爱，爱本质上意味着强者或健康者相互的平等，是友爱，而施舍意味着怜悯、同情以及潜在的高下不平等。因此，馈赠的道德，虽然基于馈赠者的强力意志，但对被馈赠者的影响，不是强迫性改造、改变对方，而是对同等者的呼唤与寻找。这一点体现了查拉图斯特拉最核心的思想。因此，查拉图斯特拉的道德或信仰明显与众不同。

上升不是飞离，上升是身体的道德，但道德和精神所最爱做的，却是脱离身体和身体的大地而独自上升，脱离人间，用翅膀撞击虚幻的永恒之墙。这是人类永恒的迷误，而这种数千年的迷误早已化为我们的身体。必须脱胎换骨，必须"把飞逝的道德引回人间"。当然，人类的偶像不仅仅在永恒之墙的彼岸，人类不仅仅迷失在天堂，人间同样有无数可以让人膜拜和迷失的东西，重要的是"引回到身体和生命：让它赋予大地以意义，人的意义"③。迄今，统治人类的依旧是荒谬和无意义，新的道德意味着人类将开始创造意义。大地

---

① 〔德〕尼采：《扎拉图斯特拉如是说》，黄明嘉、娄林译，华东师范大学出版社，2009，第139页，"论馈赠的道德"。
② 〔德〕尼采：《扎拉图斯特拉如是说》，黄明嘉、娄林译，华东师范大学出版社，2009，第140页，"论馈赠的道德"。
③ 〔德〕尼采：《扎拉图斯特拉如是说》，黄明嘉、娄林译，华东师范大学出版社，2009，第140页，"论馈赠的道德"。

的意义是超人，超人正是人的意义。这表明，超人不是人的外在目标，而是内在目标，是人自我提升的可能性设想。身体的提升不仅仅是精神、意识、心理意义上的，更是知识的，知识对于生命的自我超越意义重大："身体要自觉清洗；要竭力用知识提升；对于求知者来说，一切本能欲望均是自我圣化；对于提升者来说，灵魂将变得快乐。"① 知识（蛇）成为创造的工具，它帮助人清洗自身以提升（鹰），帮助人在提升中回归大地和身体，回归远离市场和一切偶像崇拜的孤独之中，回归每一个人的自己，这是回归每一个人的"自己"的开始，而这也是查拉图斯特拉教诲的精髓所在。查拉图斯特拉要求的不是学生、门徒、信徒，不是崇拜者以及诸如此类的自我迷失者（selbstloser）②，他需要的是朋友和伙伴。自由者或孤独者最艰难的任务或使命，除了创造自我，更要创造自己的伙伴、伴侣、朋友，志同道合的朋友，这意味着每一个人都会像自己一样追求孤独，并在孤独中创造**自己的**道德，成为一个纯粹的"自己"。这种创造，不是强迫，不是外在强迫地改造他人、人性和社会，而是宣扬一种每个人都追求自我启蒙、自我提升、自我超越和创造的道德和信念，是一种启发性教诲，其精神是自救以救他，每个人只能自我拯救，从来、永远没有救世主③：

> 医生，你医救自己：便也医救了你的病人。医生最大的医救，是亲眼看见病人自愈。

这是迄今最伟大的哲学和信仰宣示，也是最深刻的政治哲学洞见。它的宗旨是唤醒，是最深刻的爱和启蒙，是创造一种道德以唤醒

---

① 〔德〕尼采：《扎拉图斯特拉如是说》，黄明嘉、娄林译，华东师范大学出版社，2009，第141页，"论馈赠的道德"。
② 〔德〕尼采：《善与恶的彼岸》，梁余晶等译，光明日报出版社，2007，第167页，§207。
③ 〔德〕尼采：《扎拉图斯特拉如是说》，黄明嘉、娄林译，华东师范大学出版社，2009，第141页，"论馈赠的道德"。

每个人回到他的自由和"自己"[①]：

> 你们尚未找到自我：于是就找到了我。所有的信徒都是这种做法；以此观之，一切信仰皆微不足道。
>
> 现在我叫你们丢弃我，寻觅你们自己；当你们把我全盘否定之后，我才会重来你们这里。
>
> 是呀，我的兄弟们，我将用另一双眼睛寻找我失去的人们；我将以另一种爱来爱你们。
>
> 有朝一日，你们还应成为我的朋友，成为一种希望之子：那时我会第三次来到你们这里，同你们共庆那个伟大的正午。

人要否定自我，要否定上帝、国家……要否定自己的导师，如此才有自由，才能真正回到一个可以自我提升、超越和创造的纯粹自己，才能置身于从动物到超人之路的中途和伟大的正午。只有此刻，强力意志才能理直气壮地宣告[②]：

> 所有的神明皆死：现在，我们希望超人活着。

当"自己"降临之时，一切神明必死，因为一切神明信仰的圣殿必将瞬间倒塌。"自己"只信仰自己和自己的大地，并自己创造自己大地的意义，开启自己世界和宇宙的时间和空间。这是开天辟地的大事，只有一个强健、丰裕、流溢、赋有创造力的身体或生命或精神才能胜任，任何虚弱、病态、不足、自失、奴性的生命都无法理解这一点。这种"自己的"道德、馈赠的道德的生命意志将超越自身，创造大地的意义，大地的意义即超人。因此，"超人"是"人"这一存在

[①] 〔德〕尼采：《扎拉图斯特拉如是说》，黄明嘉、娄林译，华东师范大学出版社，2009，第143页，"论馈赠的道德"。
[②] 〔德〕尼采：《扎拉图斯特拉如是说》，黄明嘉、娄林译，华东师范大学出版社，2009，第144页，"论馈赠的道德"。

尼采的启示

生生不息的创造和意义,是"人""自己"。当人回到"自己"时,他已渡过、超越、强健了自己,成为"'超'——'人'"。"我""自己"的复活,意味着超人的降生。

可以说,尼采的教诲,使一切已有的宗教信仰显得微不足道,因为他并不是像通常宗教那样,认为人是有罪和迷途的,而是认为离弃了自己的人才是有罪和迷途的。

三
自己之路

（一）第二抹朝霞

　　超人的理想，自我创造，自我超越，回到自己，这是查拉图斯特拉第一次降临时所宣讲的教诲。第一卷的结尾处，查拉图斯特拉厌倦了导师的身份，要求自己的信徒们也厌倦自己的信徒身份，去寻找自己。"现在我叫你们丢弃我，寻觅你们自己；当你们把我全盘否定之后，我才会重来你们这里……"。这段话成为第二卷开篇的题词。于是，像一个播完种子等待收获的人，查拉图斯特拉满怀期待地重新退回山中，享受他的孤寂，并在数年的孤寂中任由他的爱和智慧滋长。爱智是希腊人对哲学的理解，哲学是厄若斯（Eros）的化身，体现着对生命智慧永恒的追求。在尼采的查拉图斯特拉身上，爱，智慧，似乎就是一个东西，不是存在于遥不可及的永恒世界，而是存在于他自身之中，在他身体之中，就是他的身体，就是他的生命本身。越是孤独寂寞中，这种爱的智慧就越发强烈，一如无穷无竭的性欲，会因寂寞独处中的充盈和强烈而渴望发泄；刚播下的种子还未萌发，已经急不可耐地要再次播撒！多么强盛的生命欲望啊！这种性的隐喻对于理解尼采的创造和生命哲学极其重要。

　　查拉图斯特拉要求门徒们离弃自己，当他从寂寞春梦中醒来时，他发现门徒们确实离弃了他，但这种离弃并非他所愿。他们并没有通过离弃，通过否定查拉图斯特拉而找到自己，而是歪曲查拉图斯特拉，并因此而更加迷失自己。查拉图斯特拉满怀爱意和信心的教诲换来的是嘲讽和被妖魔化，以至于查拉图斯特拉几乎要自我迷失了。"我的教诲陷入危机，稗草要称为麦子。"[1]

哲人的教诲有理想和现实之分。理想的教诲和说辞代表哲学智慧的理想境界，但它往往是山巅孤寂中最纯粹的梦想，是一个曲高和寡的神圣或诗意的理念，离山下芸芸众生过于遥远。要让天国的种子直接在尘世的泥土中生根发芽，需要的条件过于苛刻，几无可能。哲人必须改变策略，甚至修正教义，方有现实收获的可能。如何既不丧失理想的智慧又能有现实的效果，这是政治哲学的任务，是伟大哲学能否真正伟大的关键，因此哲学的现实教诲也许更加困难：要么困窘于现实，要么实践于现实。这是考验哲人的自我超越和创造力的关键。

查拉图斯特拉的意义在于，他永远在自我超越中。当他意识到困境的时刻，也就是他行动的时刻[2]：

"我失掉了我的朋友；寻找失落之友的时刻来到了！"查拉图斯特拉说完这些话，便一跃而起，但他并不像气喘吁吁的受惊者，倒像受到灵感激励的观察者和歌唱者。他的鹰和他的蛇惊奇地瞅着他，因为他脸上呈现一种未来的幸福，犹如一抹朝霞。

这抹幸福的朝霞来自查拉图斯特拉瞬间发生的改变，这改变意味着其生命新的强烈欲望和汹涌之爱，意味着新的智慧，不，应该是智慧新的表达方式，这种方式将奔腾翻滚，但其中蕴含着、裹挟着查拉图斯特拉山巅独居时呈现出来的宁静、自足、隐匿的纯粹智慧，智慧

---

[1] 〔德〕尼采：《扎拉图斯特拉如是说》，黄明嘉、娄林译，华东师范大学出版社，2009，第148页，"持镜的小孩"。
[2] 〔德〕尼采：《扎拉图斯特拉如是说》，黄明嘉、娄林译，华东师范大学出版社，2009，第148页，"持镜的小孩"。

找到了新的语言①：

> 我走着新路，一种新的语言来到我这里；像所有的创造者一样，我对旧的语言已感厌倦。我的思想不愿再拖着磨损的鞋底走路。

查拉图斯特拉在落寞群山中经年滋生的、狂野冲动的爱欲智慧渴望播撒，渴望生产，渴望新的生命，渴望新的开始，它急不可耐地寻觅适合自己的土壤或子宫，寻找朋友心灵中柔软、富于生机的草地！欲不可挡的强力的野性智慧和性爱需要温柔的心灵，而且它意识到要达致那温柔的受精体，自己也得学会柔声叫唤，学会柔情似水，学会阴阳融于一身。

自我改变了的查拉图斯特拉，再次出发，要去改变、改造世界，改造心灵。这种企图改造世界的哲学，其真实含义是什么？是否背离了尼采立足于"自己"的伟大信仰？另外，虽然查拉图斯特拉已经作出调整，已经改变了自己和自己传教的方式，但这种改变都是在山上而非人间做出的，是否真的适合人间？这第二抹朝霞是否真的能够通向那伟大的正午？

（二）石头之美

而现实是，"我那诚挚的意志一再推动我面向人群；犹如推动锤子面对石头"②。以柔声的呼唤所期待的柔软的心灵草地，实际上是石头。不仅你，而且我，都是石头，人都是最丑陋最坚硬的石头。不过，对于雕塑家而言，需要的正是石头。石头在富于创造性的艺

---

① 〔德〕尼采：《扎拉图斯特拉如是说》，黄明嘉、娄林译，华东师范大学出版社，2009，第149页，"持镜的小孩"。
② 〔德〕尼采：《扎拉图斯特拉如是说》，黄明嘉、娄林译，华东师范大学出版社，2009，第156页，"在幸福岛上"。

术家手里，乃是浑金璞玉，因为其中有象，"这石头中沉睡着我的一个形象（im Steine schläft mir ein Bild），众形象中的形象。呵，这形象必然沉睡在这最丑陋、最坚硬的石头里"①。是"我的形象"，还是"属于我的形象"，还是"我自己的形象"？尼采的用辞有点儿含糊，也许是有意的含糊。重要的是要敲碎我们这些丑陋坚硬的石头，让其中沉睡的高贵形象苏醒过来、解脱出来、显现出来。我的锤子砸向你们，也是砸向我自己，但更重要的是"你们也应该为我砸向你们自己"②。

"砸向"如何可能？因为意志，因为创造意志而可能。是意志，我的意志，你的意志，自我打凿、自我超越、自我创造的意志，要把锤子对准自己这块顽石，砸碎我们丑陋的自然，唤醒其中沉睡着的、禁锢着的更高贵的自然，在自我敲打和摧毁中一个影子从中闪现，"万物中最宁静、最轻盈者终于朝我走来了！向我走来的影子就是超人之美"③。

超人是意志的目标。意志的本质是创造。在西方传统语境中，创造首先且本质上是上帝的特权。但尼采根本上颠覆了创造的上帝含义④：

倘若诸神存在，还有什么创造可言！

诸神，尤其是基督教的上帝，把无欲、一元化、完满、静止、饱和、不朽的理论和价值带给世界，其本质是仇视人类，是一种违背人

---

① 〔德〕尼采：《扎拉图斯特拉如是说》，黄明嘉、娄林译，华东师范大学出版社，2009，第156页，"在幸福岛上"。
② 〔德〕尼采：《扎拉图斯特拉如是说》，黄明嘉、娄林译，华东师范大学出版社，2009，第156页注1，"在幸福岛上"。
③ 〔德〕尼采：《扎拉图斯特拉如是说》，黄明嘉、娄林译，华东师范大学出版社，2009，第156页注1，"在幸福岛上"。
④ 〔德〕尼采：《扎拉图斯特拉如是说》，黄明嘉、娄林译，华东师范大学出版社，2009，第155页，"在幸福岛上"。

性的恶。① 上帝的本质是人类自我仇视的一种表达，因为上帝是人类的一种想法、思想（Gedanke），是一种假想、猜想（Muthmaßung），上帝的思想、假想是人的一种创造物，一如整个世界都是人的创造一样，"世界本身应当变成你们的理性、你们的形象、你们的意志、你们的爱"②，这是近代理性主义和唯心主义的共识，但尼采和康德一样，把上帝局限于"可思"的层面，而上帝"本身"则无从谈起，人类能创造上帝这个思想、假想、假设、设定，但不可能创造一位神灵，尼采以独特的深邃驳斥了神的存在，摈弃关于神的任何人化色彩和可能性，截断人神之间任何的关联③：

假如存在诸神，我怎能熬得住不做神呢！所以，诸神并不存在！

换言之，神必须被清除出人的创造和世界之外，神与人根本无关，人可以与自己的对手或敌人对抗、较劲，但没必要、不应该也不可能与和自己没有任何关系的东西较劲。④ 人真正的敌人是人自己，是人关于神或上帝的观念、思想，是对上帝观念的诠释、理解，是其一元化、完满、静止、饱和、不朽的理论，是其对欲望意志的扼杀和消解，这是最根本的仇视人类，是天底下对生命最大的恶，因为"不-再-意愿、不-再-评价、不-再-创造"意味着对生命的根本厌倦和否定。

创造意志，才是生命的自然、本性。作为赫拉克利特的现代传人，

---

① 〔德〕尼采：《扎拉图斯特拉如是说》，黄明嘉、娄林译，华东师范大学出版社，2009，第154页，"在幸福岛上"。
② 〔德〕尼采：《扎拉图斯特拉如是说》，黄明嘉、娄林译，华东师范大学出版社，2009，第153页，"在幸福岛上"。
③ 〔德〕尼采：《扎拉图斯特拉如是说》，黄明嘉、娄林译，华东师范大学出版社，2009，第153页，"在幸福岛上"。
④ 〔德〕尼采：《扎拉图斯特拉如是说》，黄明嘉、娄林译，华东师范大学出版社，2009，第156页注1，"在幸福岛上"。

尼采的启示

尼采把基督教的永恒不朽思想狠狠踏在脚下，把时间和生成变化的大旗高高举起，誓做一切非永恒之物的代言人和辩护者。而生成、变化正是创造和意志的本质。永恒的生成变化取代了永恒的不朽和完满静止，但问题是，这生成变化的创造意志，是一种自然的力量，还是人的力量？这种区别在尼采的思想中常常不太明确。"意愿得到自由：这就是意志与自由的真正教诲——查拉图斯特拉如是教导你们。"[①] 自由意志是尼采无情抨击的概念，而自由的含义在尼采思想中也是最关键的，但同样是指人的自由，尼采不用自由意志，而用自由精神。作为自由意志思想的最重要鼓吹者，康德把他的意志自由和绝对的道德律令及义务先天结合在一起，这是尼采不能接受他的原因之一。对于尼采，自由即意志本身，其本质是对外在的义务说不，它拒绝任何绝对，拒绝一切束缚和规范，因为生成、变化、自我超越和创造是它自己的本性，也是它自己唯一的法则。自由、意志、创造是一个意思，创造即摆脱、解放、自由，"是摆脱痛苦的伟大解救，是生命的缓解安逸"[②]，但自由的摆脱同时意味着自我的死亡和毁灭，意味着创造是一种痛苦：痛苦－摆脱，上升－沉落，遮蔽－澄明，这是无穷无尽的时间的循环游戏，对于自然是一种过程，而对于人则意味着无尽的生离死别。这是创造的伟大悲剧，也是创造的魅力所在。人创造世界，但人的创造应该接近、分有、参与、融入自然的造化，人的世界应该以某种方式被敲打、被雕琢、被超越，以呈现人自身中美的可能性。这是人最艰难的抉择，即必须超越自己，唤醒自己之中沉睡的高贵形象[③]：

---

① 〔德〕尼采：《扎拉图斯特拉如是说》，黄明嘉、娄林译，华东师范大学出版社，2009，第155页，"在幸福岛上"。
② 〔德〕尼采：《扎拉图斯特拉如是说》，黄明嘉、娄林译，华东师范大学出版社，2009，第154页，"在幸福岛上"。
③ 〔德〕尼采：《扎拉图斯特拉如是说》，黄明嘉、娄林译，华东师范大学出版社，2009，第153页，"在幸福岛上"。

卷一 | 三 自己之路

> 你们能**创造**一位上帝吗？——那么，请你们免谈任何神明！你们可以创造超人。

人仅仅存在于人的意志范围之内，因此对于人而言上帝的存在乃是不可知的。人只能拥有自己创造的一切，人只能在自己的创造中、通过自己的创造来设定自己的理想与全部可能性。超人就是人之所能的、人的最高可能性。因此，超人对于人不是外在的实体性存在，而仅仅是人自己之中的可能性，是人自身的可能性。超人之美，被封存在人的丑陋顽石中，是人通过创造意志可以达致的理想，虽然这创造之路极不平坦。一般而言，顽石之人，存有之身，几无可能通过自己的自由、强力意志和创造力把自己直接变成超人，"但你们可以把自己改创为超人的父辈和先驱：这便是你们最佳的创造"[1]。人虽然不能把自己直接创造成超人，但超人只能来自人自己的创造。超人不是由超人自己创造的，而是"被"人创造的，或者说是被人生产、生殖出来的，生殖成为创造的基本含义，更重要的是，这种生殖是自我生殖[2]：

> 人不仅必须是孩子，还必须是分娩者：即创造者。

这是一种生命难以承受的分娩之痛，是包含着自我死亡的诞生，是不可能实现的对自然的超越，而这自然本来是以时间为形式的。当自我完成这精神的三种变形中的最终变形时，意味着人对时间的克服。人是石头的隐喻，其深藏的寓意就是**时间**问题，最丑陋、最坚硬、最难以超越和克服的，正是时间之石、之墙、之囚牢，人能否重新成为赤子，关键在于能否把自己从时间中破壁拯救出来，自由或自由意

---

[1] 〔德〕尼采：《扎拉图斯特拉如是说》，黄明嘉、娄林译，华东师范大学出版社，2009，第153页，"在幸福岛上"。
[2] 〔德〕尼采：《扎拉图斯特拉如是说》，黄明嘉、娄林译，华东师范大学出版社，2009，第154页注5，"在幸福岛上"。

志、自由精神的核心，就是从时间中的解脱和自由，而这种解脱既非传统意义上的解脱于超时间的天国的永恒，也非解脱于死亡，而是新生，而且是时间中的新生。这是尼采思想的复杂之处，也是最精彩之处。一方面，时间即生成，即时时刻刻的摆脱和超越，即自由，即创造的无限可能性；另一方面，真正的自由和创造，必然要征服时间。只有在这克服时间的时间中，在这作为革命性契机的瞬间（Augen-blick），人才可能把自我创造的最高含义创造出来，使自己在一切时间（过去－现在－未来）之上的高度理解时间，理解生命的本意，回复生命本身，回复自然本身，聆听到生命中最崇高、最美的声音——超人的声音。此刻，人的意志和自然的意志成为一个意志，创造新的时间的意志，这是人的最高天命，是人的自由和创造意志的**可能**、**应然**、**本然**。

如果人能把自己变成婴儿，那么人就能从自身中分娩出超人，从石头中唤醒美。

（三）自己的敌人

通向自己之路，超人之路，就是新生之路，这注定是一条知其不可而为之的坎坷之路，因为有无数的障碍、险阻和敌人挡在路上。尼采将其一一道来。

1. 同情。对同情的反思和批判是尼采著作中反复出现的主题之一。同情是通向自己之路上最隐蔽也是最难以克服的敌人，因为它总是以爱的名义出现。但同情中所体现出的爱，只是基督教或一般道德意义上的爱，而非真正的爱。同情之爱，于同情者，于被同情者，都是无益且有害。同情意味着双方的不对等。尽管尼采把平等主义视为人类的敌人，高呼"人是不平等的。人也不应平等"[①]，但他抨击同情

[①] 〔德〕尼采：《扎拉图斯特拉如是说》，黄明嘉、娄林译，华东师范大学出版社，2009，第178页，"论毒蜘蛛"。

的理由之一，就是同情中同情者较之于被同情者的道德和情感优势，一种尊贵较之于卑劣的傲慢和优势。这种优势意味着同情者对被同情者痛苦情形的利用、享用、认可、欣赏甚至是加重或促成，换言之，同情者把自己的道德建立在被同情者的痛苦之上，这首先对同情者有害，因为沉溺于这种情感，将使其无法固守在自己的道路上。人固守、回到自己之所以艰难，是因为引诱人背离自己的机会太多太多，"我知道，把我引入歧途的方式方法不下百十种，而且都是冠冕堂皇的，最高级的要数'道德'方法了！是啊，怀有同情心的道学家甚至认为，恰恰这个、而且只有这个才是符合道德的：离开自己的路，赶快去帮助邻人"①。于是，舍己为人的同情几乎成为道德的化身。然而，没有自己，如何利他？因而，必须先确立起"我""自己"的道德，才有爱的道德的可能性。人常常以助人利他为借口，以逃避自身，逃离自己的道路和真正的责任义务，立己而立人的最高义务和道德。只有每个人都能够走在自己的生命之路上，才可能建立起"自己"之间的爱的关系，那是朋友与朋友之间的关系，不是同情的施舍，而是友谊的馈赠、礼物，是彼此之间的互在、互补。②

同情能扼杀一切，包括上帝，"上帝也有自己的地狱，那便是他对人类的爱"，"上帝死了；其死因就是他对人类的同情"③。虽然这是魔鬼的话，但却道出了真理。基督教道德的同情之爱，其真正本质，是使人离弃、遗忘、逃避自身而陷于对邻人苦难的认同和同情，而这种同情导致的是被同情者的羞愧、痛苦甚至仇恨，是损人不利己之恶。造成这种局面的上帝，带来的不是爱，而是罪与恶；上帝的同情以及上帝导致的同情，铁定了人类的无能、无力和苦难；同情封杀了被同情者（甚至同情者）的自由和尊严的空间。上帝不死，此恶

---

① 〔德〕尼采：《快乐的科学》，黄明嘉译，华东师范大学出版社，2007，第313页，§338。
② 〔德〕尼采：《善与恶的彼岸》，梁余晶等译，光明日报出版社，2007，第167页，§207。
③ 〔德〕尼采：《扎拉图斯特拉如是说》，黄明嘉、娄林译，华东师范大学出版社，2009，第160页，"论同情者"。

尼采的启示

不除。Mitleiden（同情）一词，意味着 mit（同）-Leiden（苦）[①]，是基于痛苦并加重痛苦的情感，而人、生命的本性本来不是这样，也不应该是这样，生命本是快乐而非痛苦[②]：

> 但愿我的命运引导像你们一样的无痛苦者上路，也引导那些我可以与其共享希望、美食和蜂蜜的人！
>
> 真的，我为受苦者做这做那；但我一直以为，更好的作为是学会让自己更加快乐。
>
> 自从成为人类以来，人的快乐一直太少：我的兄弟们，这就是我们的原罪！
>
> 如果我们快乐，就会全然忘却给他人制造痛苦，忘却挖空心思地制造痛苦。
>
> 所以，我洗净那双帮助受苦者的双手，我也由此而洗涤我的灵魂。

纯洁的灵魂是快乐的灵魂，制造自己的快乐，带来他人的快乐。生命是无辜、纯洁的，这是尼采一再强调的观念。生命本身无所谓善恶，它是一种无辜、健康、强力的自然，当它表现为人的道德的时候，它是远离罪与恶的。而基督教的道德所宣扬的爱与同情，根本上是立于生命的苦难，是对苦难的认同与宣扬，是对生命病态的否定，是原罪的捍卫者。尼采的道德针锋相对，他拒绝以任何借口逃避健康纯洁快乐的生命自身，人必须回到这种快乐的自然、自身、自己，那些借口包括了天堂和地狱，包括了人类、国家、民族、家庭、（博）爱、时代、历史、革命、理想等等[③]：

[①]〔德〕尼采：《善与恶的彼岸》，梁余晶等译，光明日报出版社，2007，第189页，§222。

[②]〔德〕尼采：《扎拉图斯特拉如是说》，黄明嘉、娄林译，华东师范大学出版社，2009，第158页，"论同情者"。

[③]〔德〕尼采：《快乐的科学》，黄明嘉译，华东师范大学出版社，2007，第314页，§338。

我就公开说出我的道德吧：隐居起来吧，这样使你能活下去！**不必了解**那些被时代认为是至关重要的事情！把三百年的悠长岁月横亘在你与当代之间吧！将当今的喧嚣，即战争和革命的喧嚣，当做是对你喃喃低语吧！你也会帮助别人的，不过只帮助你完全了解其痛苦的那些人，因为他们与你有同样的希望，也就是说你帮助的是朋友，而且是以你自己帮助自己的方式去帮助的。我要使他们更勇敢、坚韧、单纯、愉快！我要教给他们时下很少有人懂得的东西，也是鼓吹同情的人最不懂的东西：同乐！

Die Mitfreude（同乐）一词的使用是尼采的独创，以 mit（同）- freude（快乐）取代 das Mitleid（同情、同苦，mit-leid［悲苦］），以快乐的生命姿态和价值取代痛苦的生命状态和价值，以快乐健康之爱取代痛苦病态之爱，这是爱与道德观念的颠覆，是伟大的创造，"所有伟大的爱都高于其同情：因为爱还要创造——所爱者"①！快乐之爱是一种创造，创造作为自由者的自己的生命、情感、道德，同时以自己的生命、情感、道德助益被爱者，助其回复自己的自由、自己之生命情感；自由者之爱，其创造性体现在，把自由和创造的机会、空间和可能性留给自己，也留给别人。快乐之爱，即共同参与、分享、成就快乐健康的生命本身，**爱即爱与被爱共同分有和创造的生命理念**②：

我把自己呈献给我的爱，呈献给像我一样的邻人。

我自己、我的爱、邻人以各自的自己和自己之爱，成就共同的快乐之爱。尼采以快乐的宗教取代同情、同苦的宗教。这种快乐宗教不需要一个高高在上俯视人间痛苦的上帝，只需要快乐，自己的、自己

---

① ［德］尼采：《扎拉图斯特拉如是说》，黄明嘉、娄林译，华东师范大学出版社，2009，第160页，"论同情者"。
② ［德］尼采：《扎拉图斯特拉如是说》，黄明嘉、娄林译，华东师范大学出版社，2009，第160页，"论同情者"。

生命的快乐和爱，这种爱充分体现对自己和他人生命的敬意，体现生命之间相互的友谊和共同的创造。尼采在基督教道德的废墟上高唱自己的生命信仰之歌。

2. **教士**。教士的本质是什么？深陷虚伪的价值和虚妄的言辞，为自己创造一个救世主。当人需要救世主并顶礼膜拜之时，就是他失去自己之时。此刻，他把自己生命和存在的意义和价值贬低、抛弃，把自己变成有罪、羞愧、忏悔之身，建造起侍奉救世主的教堂，借以隐藏自己丑陋、腐朽的身躯。谁能拯救失去自己、没有自己的人？

虽然教士们与查拉图斯特拉有血缘关系[①]，但趣味或审美鉴赏力的敌对使他们判若异类。说有血缘关系，表明两者都是有信仰的人，但趣味的差异表明其信仰的根本不同，或者说所信仰的救世主根本不同[②]：

真的，他们的救世主不是来自自由和七重天的自由！真的，这救世主从未漫步于知识的地毯！

尼采思想的两个基本点在这句话里都呈现出来。

关于自由和自己，尼采在《快乐的科学》第99节有一段经典的表达[③]：

自由的人可能为善，也可能为恶，然而，不自由的人则是对本性的玷辱，因此不能分享天上和人间的安慰。总之，**谁要做自由人，必须完全成为他自己**。自由不会像神赐之物落在人的怀里。

---

① 〔德〕尼采：《扎拉图斯特拉如是说》，黄明嘉、娄林译，华东师范大学出版社，2009，第162页，"论牧师"。
② 〔德〕尼采：《扎拉图斯特拉如是说》，黄明嘉、娄林译，华东师范大学出版社，2009，第164页，"论牧师"。
③ 〔德〕尼采：《快乐的科学》，黄明嘉译，华东师范大学出版社，2007，第180页，§99。

卷一 | 三 自己之路

　　自由意味着成为自己，这是尼采教诲最基本也是第一位的含义。自由是人的自然、本性，是人至高无上的尊严，它来自人对自己的尊重、坚守、创造。自弃者天弃，自助者天助，这是为人最基本的道理，但教士们、信徒们忘记了或者说不愿承认这一点。对于自由者，生命存在是一种纯洁、无辜的**自然**，自由者的天空是纯净无比的，被教士和信徒们充满死亡气息的虚伪价值和虚幻言辞所玷污遮蔽的天花板破碎了，"洁净的苍天透过残破的天花板向下俯视，俯视断壁残垣上的绿草和红罂粟"①，此刻，生命得以轻松、优美地呼吸，自然之美真正呈现出来，新的信仰得以开始，"我才愿意再把我的内心转向上帝的处所"，转向自然美丽的天空。不过，那不是救世主的天空，而是自己的天空。从来就没有救世主，从来只能靠我自己。"我查拉图斯特拉生活在自由的七重天上。"②

　　对自由和自己的坚持，与对知识的坚持是内在一致的。"救世主的思想由许多缺口组成；但他们在每个缺口填塞他们的幻想，充当填补空缺者，他们遂称之为上帝。"③ 对知识（die Erkenntnis）的强调，是尼采思想的核心，这决定了尼采思想的理智主义本质。对知识理性的推崇，是苏格拉底的遗产，是西方哲学的精髓，更被西方近代理性和启蒙思想奉为神圣，即使是在俗谓之非理性主义、存在主义、诗人哲学家宗师的尼采思想中，知识同样具有不可动摇的崇高地位，由此可见西方哲学之为哲学的真谛。哲学本是智慧之爱，这智慧常常被理解为技术性知识和真理。各人有各人的真理观，教徒的真理，科学家的真理，木匠的真理，等等，真理成为各自渴望和需求的符号，但唯独哲学的真理意味着智慧，因为它不是抽象

---

① 〔德〕尼采：《扎拉图斯特拉如是说》，黄明嘉、娄林译，华东师范大学出版社，2009，第164页，"论牧师"。
② 〔德〕尼采：《扎拉图斯特拉如是说》，黄明嘉、娄林译，华东师范大学出版社，2009，第164页注2，"论牧师"。
③ 〔德〕尼采：《扎拉图斯特拉如是说》，黄明嘉、娄林译，华东师范大学出版社，2009，第164页注2，"论牧师"。

的、外在的、技术的,而是关于生命自身的;同时它又是知识的,所谓知识的,是说必须是有理由的,而且是理智的理由;所谓理智的理由,是说既是推理所致,又符合生命自身的逻辑;而生命必须是自然、真实的生命。把知识和生命内在合一,是哲学的本意,也是尼采的深刻之处。理论是灰色的,但生命之树常青,生命的智慧才是真知识。

一如康德所论,人的知识虽可无限追溯但有其界限;人除了坚持、坚守在自己有界限的知识之内,别无选择。人一旦僭越这个界限就会陷入谬误,就会深陷虚伪价值和虚妄言辞,就会编造各种东西、包括救世主来自我沦陷其中,就会导致生命的无穷悲剧。哲学的意义就在于此,它总是在警醒世人:**人得坚守自己,自己的自由和知识**。所谓自己的知识,即关于自己、关于生命的知识。

尼采有一个著名的说法,"**生命是知识的途径**"(Das Leben[①] ein Mittel der Erkenntniss),乍看起来,似乎太理智主义了,因为生命似乎成了知识的工具。这是一种有害的误读。尼采恰恰是要以此强调生命和知识的内在关系。知识是生命的知识,知识应该永远走在生命之路上,合于生命之道;而生命之道上永远伴随着知识,生命之道即知识之道。生命是知识之母、之本、之目的,而知识意味着永远不会以各种借口跳跃、超越于生命之外、之上,知识一步一个脚印坚实地寻求生命的理由,不会中断,不会用知识和生命之外的东西填补思想的任何缺口和漏洞,更不会动辄以鲜血、献身、牺牲生命去证明生命之外的所谓真理,去殉道、殉教。"鲜血是真理最恶劣的证人"[②],因为真理只能用生命的知识去证明,真理是为了生命,而非颠倒过来。生命才是真理[③]:

[①] Das Leben 是尼采著作中一个核心概念,一般译为"生命",有时据情译为"生活",本文在对中译的引用时会酌情修改。
[②] 〔德〕尼采:《扎拉图斯特拉如是说》,黄明嘉、娄林译,华东师范大学出版社,2009,第165页,"论牧师"。
[③] 〔德〕尼采:《快乐的科学》,黄明嘉译,华东师范大学出版社,2007,第299页,§324。

In media vita！（在庸碌的生命中）。——生命没有让我失望，绝没有！年复一年，我觉得生命愈益实在、愈益值得贪恋和神秘了。这感觉始于这一思想（Gedanke）：生命是求知者的试验，并非义务、灾难和欺骗！这思想是伟大的解放者！

知识对他人也许意味着别的什么，比如是歇息的床笫，或达到歇息的途径，或消遣，或无聊的玩意儿；在我，知识则是一个既充满危险又充满胜利的世界。在这里，英雄也有用武之地。

"生命是知识的途径"，心里有了这一原则，人就不仅勇敢，而且也活的快乐、笑得开怀！而善于笑和生活（命）的人，难道不是首先善于战斗并夺取胜利吗？

总之，自由和知识，这就是生命的两大支柱，能够置身于**自由的**七重天，且漫步于**知识的**地毯者，才是真正的拯救者，是比一切救世主、上帝都要伟大得多的拯救者，是超人。再伟大的人也是人，不是神。超人不是生命之外的救世主，而是伟大的生命本身，是自由和知识所支撑的生命自我超越、自我创造的道路，是我自己的道路。

3. 人民与平等。社会主义思想一直是尼采无情抨击的对象。人民（民众、乌合之众、贱民）和平等思想是尼采思想的敌人，而这两者被认为是社会主义思想的基本要素。Von Gesindel（贱民、乌合之众）一节，充分体现了尼采的精英意识，对庸庸众生及其道德的厌恶几乎使查拉图斯特拉痛不欲生[1]：

最让我呛噎的食物，并不是要明白，生命本身不可能没有敌意、死亡和折磨人的十字架：——
而是我曾发的疑问，且这个问题几乎令我窒息：什么？生命

---

[1] 〔德〕尼采：《扎拉图斯特拉如是说》，黄明嘉、娄林译，华东师范大学出版社，2009，第173页，"论乌合之众"。

尼采的启示

也必需乌合之众吗?

为此,他情愿走进荒漠,与猛兽同受干渴之苦,也不愿在水槽边与肮脏的骆驼客共坐同饮。为什么?因为"生命是快乐的源泉;可是,乌合之众在哪里与人共饮,就会毒化哪里的水井。我喜爱一切纯洁之物,而不愿看狞笑的嘴脸和不洁之徒的焦渴"①。为了纯洁,为了生命和快乐,查拉图斯特拉要上升到乌合之众不可企及的高处,而且决定②:

> 我们要如烈风生活在他们之上,我们是鹰、雪和太阳的邻人:如此生命的烈风啊!
> 我要像风在他们之中劲吹,用我的精神剥夺他们精神的呼吸:我的未来要我如此。

尼采的道德是拒绝仇恨的,但这里的杀气有点让人不寒而栗!虽然尼采要扼杀的不是人的生命而是人的卑污精神。

尼采的真实意图,不是针对人民或乌合之众的生命、存在,而是针对其道德和价值。把握这一点非常重要。生命的道德应该是纯洁的,"不能被这些字眼玷污:复仇、惩罚、报酬、报仇"③。而民众的道德恰恰是这些字眼的完美代表。民众的道德是功利性的,民众的道德家们想替道德要报酬,替人间要天国,替现在要永恒,总之善恶必有报应,善者得福,罪恶得罚,于是天堂和地狱被发明出来,并成为道德家们的工具。道德成为工具,成为借口,成为民众伸张所谓正义的借

---

① 〔德〕尼采:《扎拉图斯特拉如是说》,黄明嘉、娄林译,华东师范大学出版社,2009,第172页,"论乌合之众"。
② 〔德〕尼采:《扎拉图斯特拉如是说》,黄明嘉、娄林译,华东师范大学出版社,2009,第175页,"论乌合之众"。
③ 〔德〕尼采:《扎拉图斯特拉如是说》,黄明嘉、娄林译,华东师范大学出版社,2009,第168页,"论道德家"。

口，成为仇恨的依据。人民正义的敌人或仇恨的对象是什么？是**平等**教义的反对者。

平等教义是人民大众存在的根基，平等、雷同的观念和价值，是民众道德的本质，而这种本质中充满了如毒蜘蛛般恶毒的仇恨，其宣言如下[①]：

"我们要复仇，咒骂所有不同于我们的人。"——毒蜘蛛们的内心相互起誓。

"'平等意志'——这将成为道德的名号；我们要高声反对一切有权力的人！"

平等、同一、雷同、平庸、狭隘，这是人民的道德、价值和理念，是人民的善，是人民的上帝与天堂的绝对命令，任何有违平等原则者都应该受到最无情的惩罚，都应该接受仇恨的怒火，都是应该被焚杀的异教徒！人民的世界里的本体论是"平等意志"（Wille zur Gleichheit），平等意志不共戴天的敌人和魔鬼正是查拉图斯特拉所宣扬的"强力意志"（Wille zur Macht）。强力的本性，就是要打破平等，回复自然的差异等级秩序。强力意志作为自然和生命最高、最神圣的法则，乃是正义的真正化身，它至高无上的宣言是：**人是不平等的。人也不应该平等！**换言之，人的起点可以说是平等的，或者说，人的起点无所谓平等不平等，但生命的本性追求就是强力意志的超越，是生命的自我克服和超越，是等级、梯级的不同的攀登、攀爬和高度，"用石头往高处垒砌自己思想的人，就像最睿智的人一样，洞悉了一切生命的奥秘"[②]！攀登中不同的高度，是生命力度和高度的差异所在，是尼采不平等诉求的本意，是生命的本然和应然之奥秘。而人民大众对平等的追求，是庸庸碌

[①] 〔德〕尼采：《扎拉图斯特拉如是说》，黄明嘉、娄林译，华东师范大学出版社，2009，第177页，"论毒蜘蛛"。

[②] 〔德〕尼采：《扎拉图斯特拉如是说》，黄明嘉、娄林译，华东师范大学出版社，2009，第179页，"论毒蜘蛛"。

碌和反生命的，是生命道德的反面，是邪恶，因为它要用一种庸常的道德尺度来削平、戕害生命五彩缤纷的个性差异。生命在于攀登、超越和创造，在于生命力的挣扎、奋斗和强力，在于对生命之外一切偶像的破除，在于对平等之奴隶心态的克服，在于远离众人之喧嚣而置身于精神的绝对孤独和自由中，在于只坚守并信奉自己的生命意志和力量，只靠自己纯洁、无辜的生命道德活命并挣扎。真理，生命的真理，不在人民大众之中，上帝的声音也不来自人民那里，真理只在生命的强力意志之中，只在坚守生命本身的远离人民的自由精神那里，**自由的精神**（der freie Geist）在人民和人民的道德所掌控的世界上是最艰难、最痛苦也是最危险的选择①：

> 民众仇恨谁呢？就像众狗仇恨野狼那样：是自由的精神、是桎梏的敌人、是不敬拜者，是栖居森林的人。

做人民的代言人，还是做自由精神的代言人，这是一切智者或知识分子必须的选择；做人民的奴仆，还是做真理的主人，这是一个问题，更是一个痛苦、艰难的抉择，因为这不仅意味着要触犯不知精神为何物的邪恶民众，更意味着要在孤独和痛苦中挣扎②：

> 精神是生命，是切伤自己生命的生命；由于自己的痛苦，才能增长自己的知识……
> 精神的幸福便是：涂上膏油，成为祭品，用眼泪净化敬奉……
> 你们只知精神的火花：但不知精神即是那铁砧，也不知铁砧之铁锤的残酷！

---

① 〔德〕尼采：《扎拉图斯特拉如是说》，黄明嘉、娄林译，华东师范大学出版社，2009，第181页，"论著名的智慧者"。
② 〔德〕尼采：《扎拉图斯特拉如是说》，黄明嘉、娄林译，华东师范大学出版社，2009，第183页，"论著名的智慧者"。

人是应该被超越的，因为人总是且一直是在人民大众中存在，总是在平等的道德中存身；人应该回到自己的孤寂中来，领受自己的自由精神，把自己变成强力意志的祭品和主人，在挣扎和自我毁灭中开启自己新的命运和道德，朝向不平等和超人的自己之路。

（四）生命之歌

生命之歌首先是黑夜之歌，在无边的黑夜中，生命之爱如泉水无法抑制自己，喷涌而出，要表达自己、言说自己，要大声说话；这是一种孤独，有如黑暗中孤独的光体，"我生活在自己的光里，我把自己爆发出的火焰又吞饮进体内"，渴望把自己的生命力量和强度倾泻出去，倾泻给被爱者，创造一个被爱者，但赠与的快乐却拌以赠与的苦恼，因为，爱者的爱之馈赠根本无法真正传达给被爱者，爱找不到对象和归宿，"他们从我这儿取拿：但，我触及到他们的灵魂了吗？在给予和接受之间有一道鸿沟"，而且是不可跨越的鸿沟。生命力饱满而强盛的查拉图斯特拉在反思中决定调整自己的爱的方式："我在馈赠中感到的幸福，又在馈赠中死去，我的道德因其丰富而自感倦怠。"[1] 他要缩回他的馈赠之手，以免它变成施舍之手，以免爱被亵渎。

但这样一来，如勃勃性欲般汹涌的生命和爱如何处置呢？如何面对自己的强力生命呢？如何面对、理解生命这千古之谜？

在"夜歌"之后，尼采开始"舞蹈之歌"，把对生命之谜的追问置于美丽少女们的舞蹈之中，置于爱神丘比特与青春少女们共舞之际[2]：

---

[1] 〔德〕尼采：《扎拉图斯特拉如是说》，黄明嘉、娄林译，华东师范大学出版社，2009，第186页，"夜歌"。

[2] 〔德〕尼采：《扎拉图斯特拉如是说》，黄明嘉、娄林译，华东师范大学出版社，2009，第190页，"舞蹈之歌"。

> 哦，生命呀，我最近凝视你的眼睛！当时我觉得自己沉入深不可测里。
>
> 但你用黄金钓竿将我拉出；你讥笑我说你深不可测：
>
> "所有的鱼都这么说，"你道，"凡它们无力探究者，便是深不可测。
>
> 但我变幻无定，狂野，完全是个女人，但不讲道德……"

查拉图斯特拉挚爱的生命是个女人，是个不太有道德的妇人，她变幻无定、虚伪而执拗，甚至老是自己反驳自己，以致让人难以探测、难以捉摸。生命的深不可测不同于不可知，人们会以某种方式，会以自己的方式来试图理解和把握她，"你们男人叫我'深渊'，或叫我'忠实'、'永恒'或'神秘'，但你们男人总是把自己的道德赠给我们"[1]。实际上，查拉图斯特拉或者说人们是按照自己的意志来诠释生命[2]，仅仅因为意志，因为意志的渴求和生生不息的爱，生命才得以呈现出来。意志是人通达生命的路径，是生命展现的场域，而人的智慧正是这种生命意志之意欲、渴求的表达。智慧和生命一样变幻莫测、执拗，而且同样时常自我违背和否定。为何智慧与生命如此相像？因为生命意志仅仅追随着无限而生灭变化的生命，随着她的自我否定、自我超越而深入生命，而融入生命，生命的智慧不是求生命中之稳固定在，而是任随生命不测之生变造化，借生命之造化成己之创造。柔韧而强力，生生而不息，由此生命、意志、智慧为一；柔韧而强力者[3]，乃舞蹈之本质，轻盈而跳跃的舞蹈，是生命摆脱重力之精神（der Geist der Schwere，使万物沉落、陨落的精神）的写照，是自我超

---

[1] 〔德〕尼采：《扎拉图斯特拉如是说》，黄明嘉、娄林译，华东师范大学出版社，2009，第190页，"舞蹈之歌"。

[2] 〔德〕尼采：《扎拉图斯特拉如是说》，黄明嘉、娄林译，华东师范大学出版社，2009，第191页，"舞蹈之歌"。

[3] 参看尼采《快乐的科学》第381节"一个优秀的舞蹈家向营养索要的不是脂肪，而是最大的柔韧性和力量"，黄明嘉译，华东师范大学出版社，2007，第393页。

越的寓言，是生命提升的标示。

生命意志、生命的智慧是走进生命之谜的路径，但问题是生命的意义和美好并不总是能够呈现出来，生命的美好属于爱，属于舞蹈的生命，属于青春的律动，当舞蹈终了，爱神和少女们散去之时，情况便不一样，查拉图斯特拉不禁悲从中来，清凉夜色中他面对着这样的问题[①]：

> 为什么？为何目的？向何处？在何地？怎样活？仍旧活着，这岂不愚蠢？

当爱情和青春的盛宴散去，查拉图斯特拉竟然发出如此哀伤深重的感叹和疑问，颇有人生无常和黛玉葬花的味道。在接下来的"坟墓之歌"中，尼采深化了这一问题。

"坟墓之歌"实际上是"青春挽歌"。人生最美莫过于青春时光，青春的道德是野性的、野生的、自然的，不同于任何世俗的道德，青春的目光神圣而短暂，是快乐精神的化身。青春目光的魔力，在于它能照亮一切[②]：

> 我的纯洁曾在美好的时光里说："在我看来，一切存在（alle Wesen）都应是神圣的。"
> ……
> "于我，每一天都应当神圣。"——我青春的智慧曾这样说：真的，这是一种快乐、智慧的言语！

Wesen 是个内涵丰富的词，可以指万事万物，可以指行为、活

[①] 〔德〕尼采：《扎拉图斯特拉如是说》，黄明嘉、娄林译，华东师范大学出版社，2009，第192页，"舞蹈之歌"。
[②] 〔德〕尼采：《扎拉图斯特拉如是说》，黄明嘉、娄林译，华东师范大学出版社，2009，第195页，"坟墓之歌"。

动，可以指存在、本性、本质，而这一切在平常的目光中总是是是非非，而在青春的神圣目光中，无不显得神圣而美好，一切都是好的，一切都是善的，一切都是美的。这是青春独特的审美鉴赏能力和品味，但在第三卷的"论重力精神"中我们又看到尼采截然不同的表达①：

> 真的，我不喜欢那些人，他们说万物皆好，甚至说这世界最好。我把他们称为完全知足的人。

尝遍一切滋味并且完全知足，这并不是最佳的品味，最佳品味会说"是"，也会说"不"。不过，在是与否的辩证法之上，还有一种超辩证法，那是在骆驼（是）和狮子（否）之后的更高的肯定，是赤子的世界，是新的生命气象和境界的起始，是一种朝霞映照下的新的时空存在的绽开，在这新的生命之光中，一切都显得神圣而美好。青春的岁月，青春的视野中所展现的一切也是如此。青春是人生中特异的一种存在方式和时光，它短暂但永恒，因为它以超凡独具的力度、光芒和逻辑开启出平常岁月所无缘触及的生命的另外一种卓异高迈的情景和风范，虽然它转瞬即逝，但更像一个寓言，一个标示，一个路标，时刻暗示、指示着通向生命的另外一种存在方式（而非生命之外）的可能性。青春挽歌的真正意义正在于此，不是哀叹扼腕岁月无情和生命易逝，而是思考如何完成生命的转化，如何让现实生命，让时间中流逝的生命找到可以克服时间，可以安顿生命，可以葆有生命永恒之美的方式与可能性。青春所展示的并没有随时间消失，也永远不会消失，虽然甘甜芬芳令人无比销魂的青春时代的面容和慰藉都已随风而去，但青春的寓言同时把最美好的东西和最崇高的希望永远封存在了我的身体、我的生命之中，等

---

① 〔德〕尼采：《扎拉图斯特拉如是说》，黄明嘉、娄林译，华东师范大学出版社，2009，第323页，"论重力精神"。

待着解救、自由、绽开、显现的契机，等待着被道出、被言说，这正是在黑夜之歌中"这是黑夜：我心中爆发一种渴望，宛如泉水奔涌——我要说话"① 的缘由。

那么，如何说出？谁能说出？谁能让死去的复活？谁能笑傲时光、战胜时间的无情？

> 我的灵魂如何从墓中复活？
> 是的，我自有一种不可毁伤、不可掩埋、却可炸毁岩壁之物：这就是我的意志。它缓缓前行，默然无声，度过悠长的岁月。
> 我的古老意志啊，它要以我的脚行它的路；它的感官和心肠坚硬似铁，不可毁伤。
> 至于我，只有脚踵不可毁伤。最坚忍者啊，你一直仍活在这里！一直穿行于一切坟墓！
> 我青年时代那未被解救的东西，依然活在你的身上；你是生者，是青年，坐在黄色坟茔的废墟上，希望满怀。
> 是的，你是一切坟墓的摧毁者：我的意志啊，祝你幸运！哪里有坟墓，哪里就有新生。②

意志！**我的**意志，是尼采宗教的救世主，行着耶稣或上帝所行之事。它不仅能让死去的青春复活，而且能让最神圣生命的内涵绽现出来，成就我的生命的新的境界。

从知识论的角度来讲，这叫意志直观。康德反对纯粹理性中理智直观的可能性，物自身不会被直观、被显现；但在实践理性中，事物的本身可以显现，因为人在自己的自由中达致自己的自然的时候，上帝就会降临，而上帝降临将确保人能够理智直观，能够与事物本身相

---

① 〔德〕尼采：《扎拉图斯特拉如是说》，黄明嘉、娄林译，华东师范大学出版社，2009，第187页，"夜歌"。
② 〔德〕尼采：《扎拉图斯特拉如是说》，黄明嘉、娄林译，华东师范大学出版社，2009，第197页，"坟墓之歌"。

尼采的启示

遇，那意味着生命的崭新境界，地上的天国。尼采要通过他的意志达到同样的目的，要创造生命别样的生存方式。他和康德一样，不靠外在的上帝，而靠自己；康德指望人的自由和实践理性的道德律令，尼采嫌康德还不够"自己"，他只指望人自己的意志。而要达到同样的目的，中国人有自己的方式[①]：

> 中国人认为有良知、本心或自性清净心就足够了，在此之外，不需要另外肯定一个上帝的存在。依佛教的教义，自性清净心所缘生的一切法，也就等于上帝所创造的一切法；如此一来，一心开二门的义理就很容易了解。所以，就中国哲学的立场而言，在良知、本心或自性清净心之前，一切事事物物均是物自身的身份。
>
> ……
>
> 这种思想在道家中，表现得更显明，如"逍遥"、"自在"、"独化"等，均是指精神境界；既是逍遥自在，自然是物之在其自己。

中国人更重心灵的修养和主观的心境，落脚在一个心态上。西方人显然不会这么"唯心"、"主观"，尼采的意志是"我的"意志，但不是主观的意志，而是生命的浑然力量，是改造、创造世界的力量，是起死回生的力量，看来西方哲人的野心比东方哲人要大得多。东方至多是个圣人心态，而尼采们则是个救世主心态，要靠自己的意志创造自己的生命、生活、世界。

那么，意志何以能、如何能？

在接下来的一节"论自我超越"中，我们看到**我的**意志正是强力意志，而且这种强力意志不仅是**我的**意志，而且是一切有生命者的意志和本质，于是，强力意志不仅是人的，而且是一切生命的本质，具

[①] 牟宗三：《中国哲学十九讲》，上海古籍出版社，2007，第288页。

有本体论色彩。这种意志本质表现为①：1）一切有生命者都是顺从者；2）不听命于自己就要听命于别人；3）命令比顺从更难，因为一切命令都是尝试和冒险，是以自己的生命为赌注。强力意志就是永远要做主人、做强者的意志，做他人的主人，并最终做自己的主人。生生不息，则生产、生殖、创造、超越、提升不止②：

　　生命亲自对我诉说的秘密："你瞧，"它说，"我就是必须永远超越的自我。

　　诚然，你们把生命称为生产（殖）意志（Wille zur Zeugung），或达到目的的本能欲望，达到更高、更远、更多样的本能欲望：但所有这一切都是同一个东西、一个秘密。

　　我宁肯毁灭，也不愿拒绝这个唯一；真的，哪里有毁灭，哪里有树叶飘落，瞧，哪里就有生命的牺牲——为了强力！"

一个一个的肉体终将毁灭，但求强力的意志却是永恒，这种永恒本身就建立在对一切已有和现有强力及其成果的毁灭和超越中，不断的自我否定和倒梳其发本来是深不可测、变幻莫测的生命的写照，而意志实际上就是这生命本身，一种绝对的创造一切同时摧毁一切的强力，一种无情的力量和洪流，人只能随着创造的意志洪流随波滚滚向前，不能停歇驻足，因为一切停止都意味着永远的死亡和沉落，意味着生命舞蹈的停止和重力精神的得逞。这是无情的生命，更是无情的道德③："不管我创造什么，不管我如何喜欢这创造物，——但不久我就必然成为它的敌手和我的爱的敌手：我的意志

---

① 〔德〕尼采：《扎拉图斯特拉如是说》，黄明嘉、娄林译，华东师范大学出版社，2009，第199页，"论自我超越"。
② 〔德〕尼采：《扎拉图斯特拉如是说》，黄明嘉、娄林译，华东师范大学出版社，2009，第200页，"论自我超越"。
③ 〔德〕尼采：《扎拉图斯特拉如是说》，黄明嘉、娄林译，华东师范大学出版社，2009，第201页，"论自我超越"。

希望这样"。因此，没有永恒不变的善与恶，"善与恶必然会自动地一再超越自己"。道德不是生命洪流之外、之上的东西，而是生命本身的颤栗、光芒、情绪之写照和象征，是以毁灭之恶为内核的永恒创造和提升中的至高的善。毁灭即毁灭的自我超越，即新生，即永生，即善。

至此，我们似乎可以感受到尼采思想中的张力或明显的矛盾。一方面要克服时间的流逝，以重回或永葆青春，唤起青春中那最崇高的生命的希望，开启永远的新生，一方面却只能任随意志之流无情地永恒毁灭和超越，如此一来，青春如何葆有？没有什么东西可以葆有！

在看似矛盾中，也许尼采有更深的思考。也许那无情的强力意志本身就是青春寓言的内涵。不过，虽然生命之流奔流不息，现实却是，没有什么可以永远向前，永远上升，永远自我超越！如此，强力之生命意志又如何可能？

美，是尼采给出的答案：因美而可能。或者说，美揭示了生命更深邃、更高的本质。

（五）美

鉴赏（Geschmack）是康德哲学中至关重要的概念，是理解康德批判哲学最重要的契机（Moment）[①]。正是通过鉴赏力批判，康德展示出其思想的奥秘。在审美鉴赏中，人意识到自己的自由、自己的生命存在本身，以及这种生命的愉悦本性，并以此为契机，使自己的自由与自己的本性、自然，进而与自然本身之间，达致某种协调、和谐关系，而通过审美鉴赏所实现的这种自由与自然的关系，为康德的道德和宗教理解奠定了基础。

[①] 参看〔德〕康德《判断力批判》第一章"美者的分析论"，见《康德著作全集》第5卷，李秋零译，中国人民大学出版社，2007，第210页。

我们看到，尼采同样对鉴赏概念格外重视①：

> 朋友们，你们对我说，关于鉴赏和品味（Geschmack und Schmecken）没有什么好争议的，是吗？可是，所有的生命，不过就是因鉴赏和品味而起的纷争！

尼采一下子就把审美鉴赏置于一切生命最核心的位置上。可以这样理解，文化与文化的差异，民族与民族的差异，人与人的差异，根本上表现为审美鉴赏能力和品味的差异。或者说，审美鉴赏和品味，最能传达出人的天赋、本性和素质，最能展现出人之为人最根本、最本原的东西。鉴赏何以有如此神力？且看他对 Geschmack 的解释②：

> 鉴赏：既是重量（按：Gewicht 也可译为砝码），也是天平和称量者；不想为重量、天平和称量而争执的一切生命，都是多么不幸啊！

鉴赏既是分量，又是砝码、量器和衡量者，当然就是争执的制造者。一切纠纷岂不皆因衡量和评价的差异而起？鉴赏即衡量，即评价，而评价、评估即价值本身，即创造本身。作为**评价**和**创造**的鉴赏自然就是生命最重要、最本己的东西，永恒的鉴赏、衡量、评价、创造，是生命不断提升和超越的强力意志的表达，而这被尼采定义为美③：

---

① 〔德〕尼采：《扎拉图斯特拉如是说》，黄明嘉、娄林译，华东师范大学出版社，2009，第 204 页，"论高尚者"。
② 〔德〕尼采：《扎拉图斯特拉如是说》，黄明嘉、娄林译，华东师范大学出版社，2009，第 204 页，"论高尚者"。
③ 〔德〕尼采：《扎拉图斯特拉如是说》，黄明嘉、娄林译，华东师范大学出版社，2009，第 212 页，"论没有瑕疵的知识"。

尼采的启示

> 美在何处？在我必须以全部意志去意欲(wollen) 的地方……

鉴赏之评价、创造，乃是强力意志的意欲和行动，是世界的意志本原得以呈现的地方，这种意志本原在鉴赏活动中呈现出来，在现实中被意志的审美鉴赏意欲、践行出来，这种呈现即是美，美真正体现了世界本身与世界之间的距离，更体现了这种距离的消失，美即有（世界）与无（世界本身）的最短距离，零距离[①]：

> 当强力变得宽容友善，屈尊下到可见的事物中：我把这种下降称为美。

美或艺术意味着存在之内蕴的显现、显象、闪现，这一思想在尼采早期作品《悲剧的诞生》中已经得到经典表述。在《悲剧的诞生》中，尼采明确将苏格拉底定位为理论之人，或思辨知识之人，他代表一种知识主义的深刻妄想[②]：

> 这种妄想首先体现为苏格拉底，他坚定不移地相信，思想在因果律的引导下，可以抵达存在的最深处；思想不仅能认识存在，而且甚至能纠正存在。这种崇高的形而上妄想是作为知识本能而附加在知识边上的，把知识一而再，再而三地引向它的极限，到达这个极限，**知识必然转化为艺术：这个必然过程的目的原本就在于艺术。**

理论知识不足于对世界本质的认识，但苏格拉底所开创的知识主义秘教通过西方形而上学传统得以延续，一直到查拉图斯特拉所

[①] 〔德〕尼采：《扎拉图斯特拉如是说》，黄明嘉、娄林译，华东师范大学出版社，2009，第206页，"论高尚者"。
[②] 〔德〕尼采：《悲剧的诞生》，杨恒达译，凤凰出版传媒集团，译林出版社，2007，第90页。

嘲讽的以"贞洁的知识"（unbefleckte Erkenntniss）为目标的虚伪的"纯洁的求知者"（Rein-Erkennenden）[1]，这些人仅仅满足于追求丧失了生命意志和生育能力的静观的反映性知识。在尼采看来，知识必须上升、转化为艺术，而尼采所谓的艺术，作为苏格拉底的对立范型，乃是本体意义上的，体现于悲剧精神或酒神艺术的音乐中。尼采明确指出他的这一思想来自他所认为的"唯一一位伟大的思想家"叔本华[2]：

> 音乐不像所有那些艺术，是对现象的写照，而直接是意志自身的写照，所以对世界上一切形而下的事物来说，音乐表现着形而上的，对一切现象来说，音乐表现着自在之物。（叔本华：《作为意志和表象的世界》第一卷，第310页[3]）这种对于全部美学的最重要认识，从更认真的意义上讲，就是美学的开始。

按照叔本华的理解，意志本身有两种表现，一是表现为显现着的世界或大自然，一是表现为音乐艺术，而音乐乃是普遍程度最高的语言，最能传达出世界之自在本体的普遍必然的形式性，总是只按自在本体而不按现象来表现，好比是现象的最内在的灵魂而不具肉体，音乐成为意志本原最高、最完美的体现，而且是以最普遍、最形式性的方式，**最直观**而非抽象地体现，这意味着音乐与显现着的世界万物之间内在而亲和的血缘关系，音乐奏响的是现象世界的灵魂，万物在音乐中凸显出更高、更本真的意义。

在叔本华那里，音乐成为世界本质和世界意义的呈现者、揭示者，美是世界之意志本体之最普遍、最形式同时又最直观、最具体的显象，

---

[1] 〔德〕尼采：《扎拉图斯特拉如是说》，黄明嘉、娄林译，华东师范大学出版社，2009，第212页，"论没有瑕疵的知识"。
[2] 〔德〕尼采：《悲剧的诞生》，杨恒达译，凤凰出版传媒集团、译林出版社，2007，第95页。
[3] 参见叔本华《作为意志和表象的世界》，石冲白译，商务印书馆，1994，第363～364页。

尼采的启示

无限性在有限性中闪耀，这是康德乃至于黑格尔审美思想的继续，而尼采继续着这种继续，让强力意志屈尊下降到可见事物中，下降为美。从这个角度，可以说，世界万物是美的，因为一切都是强力意志之本原的成就和显现。

对于叔本华，世界之美，在于音乐，或者说在于你能否通过音乐意识到本原，以及意识到现象之本质直观，美与不美，取决于你是否有一种艺术的视野和态度，问题在于你是否有一双审美的眼睛，一双可以理智直观的眼睛。尼采的美学不止于艺术，他以艺术，以美所传达的远远超过了一般艺术，甚至一般艺术本体论的境界。尼采的美学，就是他的强力意志本体论，他继承了叔本华的美学本体论逻辑，但内容和灵魂发生了质变，他超越了表现和观照的美学，把美的思辨理性变成了美的实践理性，美学对于尼采就是实践，就是意志的意欲、行动和创造。世界之美不取决于音乐艺术的表现，不取决于或者说不首先取决于你的心灵态度，而仅仅取决于你的意志，你的不断自我超越、自我克服、自我创造的意志；世界如果有一个自在的本原，那么这个本原对现象世界的决定或本体关系，取决于是否通过你的意志创造**被**创造出来，换言之，这个世界只有一个主人，就是**你的**意志，就是**你自己**；美是你的意志创造和爱，是你的自我毁灭和沉没，是你沉没中的新生，是你砸碎自我之石以唤醒其中沉睡的自己的也是超人的美的形象[①]：

> 美在何处？在我必须以全部意志去意欲的地方，在我要爱、要沉没、以使形象（Bild）不仅仅是形象的地方。

尼采真正完成了美学的革命，把理论变成了或者说融入了实践，不过，他的美学理解不止于此。

[①]〔德〕尼采：《扎拉图斯特拉如是说》，黄明嘉、娄林译，华东师范大学出版社，2009，第212页，"论没有瑕疵的知识"。

在"论崇高者"一节中,耶稣形象代表精神的忏悔者,他是理论之人的化身,苦苦追求知识,虽然是强烈意志的英雄主义化身,但只能代表丑陋的真理,生活在阴影中,缺乏快乐和生命的品味,远离美[1]:

> 美,对英雄而言恰是万物中最难之事。并非一切强烈意志都能获取美。

没有强力意志就没有美,就没有鉴赏力和品味,但仅仅强力绝对不够。美仅仅发生在强力之自我克服之际,此刻,"肌肉放松,卸下意志的羁轭,如是挺立:这对你们是最难之事,崇高的人啊"[2]。这意味着强力意志的真正自我克服,在克服中完成精神最重要的变形,从强力之狮之自我征服中宁静下来,紧张的神经在剧变后趋于安静、宽怀、慈爱和优雅,此刻,他背离了自己,跳出了阴影,厌倦了自己的崇高,知识学会微笑,消除了褊狭和嫉妒,犹如汹涌湍急之江河融入无边宽广平静的海洋,奔腾的激情在美中得到安静。强力意志在自我超越中沉没,这是最终的自我超越,是对强力之克服的克服,是自我沉没中的新生[3]:

> 他已征服了怪兽,揭开了谜底:但他还应解救他的怪兽和谜语,使之成为天上的孩子。

当英雄在征服中最终征服自己,强力意志完成自我征服和自我

---

[1] 〔德〕尼采:《扎拉图斯特拉如是说》,黄明嘉、娄林译,华东师范大学出版社,2009,第205页,"论高尚者"。
[2] 〔德〕尼采:《扎拉图斯特拉如是说》,黄明嘉、娄林译,华东师范大学出版社,2009,第206页,"论高尚者"。
[3] 〔德〕尼采:《扎拉图斯特拉如是说》,黄明嘉、娄林译,华东师范大学出版社,2009,第205页,"论高尚者"。

驯服之时，强力意志方能超越自己的崇高，方能达致优雅，方能活出趣味和品味，安享宁静的生命之美。美，是生命创造的真正目的和境界，是世界的真正意义所在，而美的获得又是最困难的。当生命能够欣赏世界之美的时候，也是生命的奋斗、挣扎、创造最艰辛之时、之后。

美不是一般的静观，不是对世界和他者的静观，而是对自身生命和自我创造的静观、鉴赏、评价和品味，是强力生命之意欲、行动、痛苦和创造，是对这创造之颤栗、旋律、色彩和光芒的揽镜自照，是生命意志对自我超度之伟大力量与无限气度的自我观照和评价，是赤子洋溢着新生的安详、宁静和无限希望的天使般的微笑。

总之，与其说**美是美者**，不如说**美是所以美者**，是**对所以美者的沉没与新生的自我评价与品味**。这种评价根本超越了一般美学理论的范畴，成为最高本质、本性的写照。因为评价即创造，创造生命自身，创造生命和世界的新价值，创造世界本身。因此，鉴赏和美，体现的是生命和世界本身的最高价值和品味，美就是生命自身的最高象征和风格。美意味着生命走在真正属于**自己的**道路上，意味着生命正在创造真正属于**自己的**价值和道德，意味着人在自我创造中与世界、与自身、与生命的无限和解与和谐的可能性。

（六）时间与强力意志

古往今来哲学家们所做的工作，就是要不断地把我们的理解力置于混乱之中，他们各执一词，使我们无所适从。世界是真实可靠的，还是个虚幻的影子？是存在，还是非存在？有没有真理？人生有没有意义？意义何在？哲人们莫衷一是，哲人不止，争吵不休！柏拉图痛感我们面对和身处的这个生成流变世界的虚幻性，企图树立理念这一永恒不易的典范，作为世界存在和生命意义的范本、秩序和理想。他要为虚无、混沌的世界立法，他是在解释世界，同时也是在改造世界，再造一个柏拉图意义上的新的理想世界。但何以就断定世界的虚无与混沌与无意义?生成流变无物常驻的这个可感的世界何以就不可靠、不真实,不是真理和意义的目标?是世界有错,还是解释世界者有错?何以这个世界必须有个看不见、摸不着的根基、根据、本原、理念?这种独断论连康德都难以忍受,更不要说尼采了。

康德是个思想谨慎的人,他不轻易断言什么,尤其是关于世界本身的各种判断,他只本本分分地考察一个东西,那就是我们的能力,认知的能力,思想的能力,理解与判断的能力。对于康德,唯一可以言说的,是我们的认知能力,包括这种能力的所能与不能,他只在认知能力的界限内言说,而把别的哲人轻易断言的东西仅仅作为有待考察或难以考察的东西。世界本身在我们的理解力之外,不置可否,我们所知所及,仅仅限于我们以自己的能力、视野、认知工具和方式所达致的范围和领域,那是我们全部的时间和空间。实际上,世界对康德而言同样是黑暗、混沌、虚无,生命有如一盏无星无月无边黑夜中缓慢移动的孤灯,它和它虚弱的烛光所照亮的那片时空就是生命的全部。生命就是来自生命自己的创造、照耀,此外无他,没有柏拉图所说、所期望的更好、更高的另外的世界,世界就是世界,就是这个世界。

尼采首先是个康德主义者,他压根儿反对柏拉图对另外世界的梦想,他像康德一样清醒理智,意识到除了自己、除了这个世界、除了这个自己的生命,什么也没有。但尼采又是个柏拉图主义者,因为他有本体论的断定。他断定世界本身乃是虚无混沌的自然,这混沌的自然乃是强力意志,强力意志乃是世界的本原和生命力量,但他同时否定了这混沌自然是另外一个超感性、超自然的世界。混沌正是我们的世界本身;存在是强力意志,作为存在者的现实世界也是强力意志,是强力意志的显现或创造。虚无混沌是意志创造的前提、条件、基础和可能性,同时也是意志本身;强力意志乃是虚无的创造力量和本原。**意志**成为**存在**,是德国古典哲学对柏拉图形而上学传统的创造性继

尼采的启示

承。谢林对此有经典的表述[①]：

> 那时我们肯定，在后者（即自由）中才有最终升级的行动，通过这一阶次的行动，整个自然才在感觉、理智和最后在意志中自身得以荣升。在这一最终和最高当局中除了意志活动外没有其他什么存在。意志活动是原存在，意志的所有谓语，如无根据性、永恒性、独立于时间、自我肯定，都仅仅同原存在相关。整个哲学所企求的仅仅在于找到这一最高表达。

"作为意志和表象的世界"，后来叔本华用这个名称作为他最重要著作的标题，这个标题展示了西方形而上学新的高度，存在和存在者被内在连接起来，意志和它的表象构成唯一的世界。有了谢林和叔本华的工作，尼采得以更深入地诠释意志思想。一方面，强力意志是整个世界的存在或本原、本性，一方面，强力意志是人自己的本原、意志；意志首先是一种虚无混沌的力量，从而使创造成为可能；创造是意志的欲望、冲动和行动，它要在虚无中有所作为，有所创造，创造某种价值、秩序的自己的生命，要在荒野中走出自己的路，留下自己生命的痕迹；生命、意志、创造是一个意思，但意志根据什么创造？如何创造？《蒂迈欧》中的造物神德穆格是按照、根据理念来说服混沌或潜质创造出世界万物，那是柏拉图对创造的理解，尼采的意志如何创造生命和世界呢？作为世界本原的意志如何自我创造，这种创造如何将自己嵌入或显现于作为意志的混沌自然，这种创造中是否呈现出自然自己的意志，而这种意志恰恰不是一种混沌而是秩序？作为人的意志如何创造自己的生命、价值，这种创造是否是整体虚无和混沌中的一个短暂的片段或一闪而过的火花，来自虚无归于虚无？人自己的意志创造与世界整体的意志创造如何相关，人的本性自然与自然本身如何相关，人的命运当如何理解，

[①] 〔德〕谢林：《对人类自由的本质及与之相关联的对象的哲学探讨》，见海德格尔《谢林论人类自由的本质》，薛华译，辽宁教育出版社，1999，第271页。

人的命运与混沌、自然的命运如何相关？尼采以看似不太思辨的修辞，为我们开列出一个个需要深思的根本性的哲学问题。

当我们苦思难解的时候，我们发现，尼采除了一再强调生命即意志即创造即自我创造外，从没有明确告诉我们意志根据什么、按照什么、如何创造。这是尼采的根本疏漏，还是他另有所思？

尼采以另外的方式回答着我们的疑问。问题的解决不在于意志如何创造，而在于**意志与时间的关系**。当海德格尔把他最重要的著作定名为《存在与时间》时，我们可以断言，他在最根本的意义上思考并追随着尼采。谢林认为意志或存在乃是"独立于时间"的，这种看法本质上似乎没有走出柏拉图理念主义的怪圈，在尼采那里肯定会成为问题。尼采对意志（存在）与时间关系的思考，关涉他最深邃、最核心的思想，代表着西方哲学与思想空前的高度。

"论拯救"应该是第二卷中最关键的章节，尼采于此再次深思意志与时间的关系。在这一节，查拉图斯特拉将面对三种不同的对象，残疾人或民众，他的门徒或朋友，他自己，针对不同的对象他有不同的说辞和教诲。

面对众人，他不需要宣扬超人学说，仅仅宣扬"人"这个思想就够了，因为对众人群氓而言，超人太过遥远和奢侈，"人"，健全之人才是他们的理想和政治目标[①]：

> 真的，我的朋友们，我在人群之中漫游，就如同在人的断肢残体里行走！
>
> 这对我的眼睛真是可怖：我发现人体支离破碎，仿佛残肢断体，散落于战场和屠场。
>
> 我的眼睛从现今观望过去：所见的总是同一个东西：残肢断体和可怕的偶然——唯独没有看见人！

---

① 〔德〕尼采：《扎拉图斯特拉如是说》，黄明嘉、娄林译，华东师范大学出版社，2009，第239~240页，"论拯救"。

尼采的启示

当初疯子大白天打着灯笼满大街找上帝，而今查拉图斯特拉在人群里找人。像柏拉图一样，人的现实存在被否定，尼采树立起人的某种本性、理念，按此理念、本性来衡量，众人皆非健全之人，天下残疾，而且甚至查拉图斯特拉自己也是残疾之人。何以如此？因为可怕的偶然！在偶然统治的世界，生命表现为碎片、谜，表现为无序、凌乱、混乱、荒芜，没有谁能够从中站立起来，没有谁能够从中走出一条路。偶然不是别的，乃是过去了的一切，是被贪婪的时间俘获、霸占和永远禁锢的过往的一切，以及即将过往的一切。而意志要成为拯救者，要征服时间，解救偶然中的一切，以某种必然要来的东西改造偶然，创造新生①：

> 我的全部创作和努力，便是组合碎片、谜和可怕的偶然，使之成为"一"。
>
> 倘若人不是创造者，不是猜谜者和拯救偶然的人，那么，我如何能忍心为人！
>
> 拯救过往，把一切"过去如此"（Es war）改造成"我要它如此！"（So wollte ich es）——我以为这才叫拯救。

但意志有心无力，因为它本身仍是个囚徒，它被某种枷锁套牢："'过去如此'：这便是意志的切齿之恨和最孤独的忧伤。意志对于一切完成之事无能为力——对于过往之物，意志只能怒目而视。意志不能意愿后退；它不能打破时间和时间的贪欲——这便是意志的忧伤，最孤独的忧伤……时光不能倒流，这便是意志的怨恨；'事既如此'——意志推不动的石头便如此称呼。"② 意志被时间挡在门外，它无法让时间倒流，也无法置身过去。无奈、懊恼、愤怒以致生出复仇

---

① 〔德〕尼采：《扎拉图斯特拉如是说》，黄明嘉、娄林译，华东师范大学出版社，2009，第240页，"论拯救"。
② 〔德〕尼采：《扎拉图斯特拉如是说》，黄明嘉、娄林译，华东师范大学出版社，2009，第241页，"论拯救"。

和惩罚的精神，生命也因此充满复仇和惩罚，成为牺牲品，而这一切都来自意志**无法倒退**，**无法回归、回复过去**，并因而爆发"意志对时间的反感、对时间的'过去如此'的憎恶"①。

意志如何解决时间？意志的枷锁是谁套上去的？意志的枷锁只能是自己套上去的，因为意志只能自我拯救！怎么拯救？靠意志的创造！"意志是一个创造者"（der Wille ist ein Schaffender），意志只能靠自己的创造拯救自己。如何创造并自我拯救？

> 所有的"过去如此"都是碎片、谜、可怕的偶然——直到创造意志补充说："我要它如此！"
>
> ——直到创造意志说："我要它如此！我一定要它如此！"②

明明已经过去，已成事实，铁案如山，与意志无关，为何偏偏要说是自己干的？但这不是阿Q精神，而是意志新的姿态，是意志的自我蜕变，因为能如此言说的不是一般的意志，而是大能之意志，是创造之意志，是强力意志。强力意志足以改变、改造、创造一切，这创造首先体现为意志对自身的创造，是意志的新生和强大，强大到能够接受时间的统治事实，能够尊重时间对一切的占领，尊重时间中发生的一切，与时间和解，而在这种和解中，强力意志在不触动"过去如此"的情况下，已经根本上改变了过去的一切，过去的事实被重新照亮、编辑、超度为脱去偶然幻象披上必然新衣的新的价值存在。换言之，足够强大的强力意志，足以重新**解释**过去的一切，足以与时间修好。此刻，强力意志实际上已经可以超越时光，可以让时光倒流，可以回归、回复到过去，因此，尼采之同一物的永恒复归，指的正是与时间和解、可以回复过去的强力意志，这意志的全部创作和努力，

---

① 〔德〕尼采：《扎拉图斯特拉如是说》，黄明嘉、娄林译，华东师范大学出版社，2009，第241页，"论拯救"。
② 〔德〕尼采：《扎拉图斯特拉如是说》，黄明嘉、娄林译，华东师范大学出版社，2009，第243页，"论拯救"。

"便是组合碎片、谜和可怕的偶然,使之成为'一'",这一,即强力意志本身,是其创造本性。当意志自我晋身为强力意志之时,意志就卸去了羁轭和枷锁,成为自由创造者,成为自己,成为可以永恒回复的同一者,成为必然性。

至此查拉图斯特拉的三种说辞都已展示:要成为人,是说给包括自己在内的残疾众生的;要成为创造意志并与时间和解,是说给门徒或朋友们的;要成为永恒回复的强力意志,是仅仅说给自己听的,或者说是只能沉默不能说出的。

为何不能说出?为何正要说出永恒回复之教诲时查拉图斯特拉惊骇地戛然而止并坚决要保持沉默?

"意志成为自身的拯救者了吗?成为带来快乐的人吗?它忘记了复仇的精神和所有切齿痛恨的事吗?

谁教它与时间和解、教给它高于一切和解的东西?

意志必须要求高于一切和解的东西:此即强力意志——:但怎样做到这点呢?谁教导它也意欲回复(das Zurückwollen)呢?"

——说到此处,扎拉图斯特拉顿住,像一个极度惊骇的人。[①]

查拉图斯特拉以 das Zurückwollen 暗示,但却欲言又止,恰是他最重要也是最隐微的教诲(Esoterik)——永恒回复思想。他所以仅仅暗示而不明言,是因为这种隐微教诲不但不适合民众,甚至不适合他的门徒,而且对他自己也是个巨大、痛苦的挑战。何以言此?因为意志要与时间和解才能自我拯救,要自我拯救必须要求更高的东西,即强力意志,而强力意志首先意味着意志之"非-意志"、"无-意志",意味着当意志无法命令过去之山移动之时,要屈尊自己向过去之山走去,意味

[①] 〔德〕尼采:《扎拉图斯特拉如是说》,黄明嘉、娄林译,华东师范大学出版社,2009,第243页,"论拯救"。

着虚己以盛纳一度为自己所反感、所憎恨的过往；意志的自我放弃是意志自我超升至强力意志之必须，而这种来自强力意志的命令必须就是来自意志自身的命令，这种自我牺牲的痛苦不是一般人所能承受，就连先知查拉图斯特拉都禁不住哀求"免我如此吧！这非我力所能"[1]！

这是一种最高、也是最无情的意志命令，它要求意志在自我牺牲中自我超越，超越到比"自己"，比"我"更高贵的人。我们清楚地记得，第二卷开始时的题词已经道出了本卷的主旨，题词引自第一卷的最后一节"论馈赠的道德"，完整的表达是"你们尚未找到自我：于是就找到了我。所有的信徒都是这种做法：以此观之，一切信仰皆微不足道。现在我叫你们丢掉我，寻觅你们自己；当你们把我全盘否定之后，我才会重来你们这里"[2]。查拉图斯特拉教导门徒们要去寻觅自己、找到自己、回复自己，而结果却是要丢掉自己、破碎自己，把自己上升到另外一个全新的生命。这是查拉图斯特拉面临的困境，一方面，弟子门徒们能从这看似自相矛盾的说辞中领悟其中的隐微奥义吗？另一方面，查拉图斯特拉能直面并接受自我否弃并自我新生为另外一个生命的分娩之痛楚吗？

当意志自我晋身为强力意志时，查拉图斯特拉将不复存在！这是事实，这是时光的倒流，是意志的回复，变得年轻、再年轻，甚至在《坟墓之歌》中查拉图斯特拉最怀念、最珍爱的纯洁的青春时光也要在回复中舍弃，最美好的东西也要舍弃，一直到查拉图斯特拉回复为一个孩子[3]：

你必须变成孩子，孩子不知何谓羞愧。

---

[1] 〔德〕尼采：《扎拉图斯特拉如是说》，黄明嘉、娄林译，华东师范大学出版社，2009，第250页，"最寂静的时刻"。

[2] 〔德〕尼采：《扎拉图斯特拉如是说》，黄明嘉、娄林译，华东师范大学出版社，2009，第143页，"论馈赠的道德"。

[3] 〔德〕尼采：《扎拉图斯特拉如是说》，黄明嘉、娄林译，华东师范大学出版社，2009，第252页，"最寂静的时刻"。

尼采的启示

你身上尚存青春的高傲,你最近已变得年轻:谁要成为孩子,谁就必须越过青春。

在查拉图斯特拉与孩子之间有一道门槛,这门槛的分量不亚于生死之间的那道门槛。谁能肯定在死亡之后还会有存在,不管它是何种意义上的存在?谁能像苏格拉底那样慨然赴死?谁愿意舍弃自己?谁能轻易放弃一切现成的存在和价值改天换地地去创造全新的存在和价值?此刻,我们完全能够理解查拉图斯特拉对此至高命令的回答①:

我沉思良久,颤抖着。我最终重复了我最先说过的话:"我不愿意"(Ich will nicht)。

查拉图斯特拉选择了不舍弃青春的美好,不舍弃自己,不步入永恒回复,不归属强力意志,不与时间和解吗?这好像只是一个戏剧场面,用以生动、深刻地传达意志自我超越的艰难不易,因为查拉图斯特拉不会止步,意志必然要自我扬弃和新生,强力意志和永恒回复是生命必然的法则和命运。此刻的查拉图斯特拉作为果实已经成熟,挂满深秋灿烂的枝头,难度在于得查拉图斯特拉亲自把自己摘下②:

扎拉图斯特拉,你的果实业已成熟,然而,要收获你的果实,你却还不成熟啊!

看来真的没有什么救世主,拯救永远得靠自己,否弃自己得靠自己,在否弃中新生也得靠自己,也许这才是真正的自己,才是"自

---

① 〔德〕尼采:《扎拉图斯特拉如是说》,黄明嘉、娄林译,华东师范大学出版社,2009,第252页,"最寂静的时刻"。
② 〔德〕尼采:《扎拉图斯特拉如是说》,黄明嘉、娄林译,华东师范大学出版社,2009,第252页,"最寂静的时刻"。

己"的真正含义之所在。

自我超越，自我创造，自我拯救，自我新生，成为纯洁无辜的孩子，"一个新的开始、一种游戏、一个自转的轮子、一种初始运动、一种神圣的肯定"①，一个具有新价值、代表新秩序的高贵的生命，时间的顽石被化解、被克服，外在于意志的时间在意志的强力与回复中被融化，偶然的时间碎片被重铸为新的生命的内在节奏、律动和秩序，成为一种新生命自身开启并内蕴的时间，一种创造自身的必然性，一种意志自由的时间和必然性，一种命运，这命运属于意志"自己"，属于回复、提升于强力意志之本原的意志自身。那么，意志据何、如何创造的问题似乎有了答案：意志按照**自己**来创造，这种自己通过其与时间的内在关系而得以呈现，这意志自己应该就是生成流变的自然本身纯洁无辜的体现者和承载者，当意志回复自身即强力意志时，意志也就回复到了自然本身及其纯洁、无辜的秩序，成就了自己的命运和生命时间之自由的必然性，否则，意志将与时间为敌，将与时间之顽石外在对立，从而将背离自然，那时的自然对于意志就是虚无、混沌、偶然和苦难。这里的关键，在于意志与强力意志的关系，当自己的意志融入强力意志时，发生的不是从个体向绝对和普遍必然性的归属，不是自己的消失，而是**我的**、**我自己**的强力意志的诞生，是意志自己再生、新生为**我自己**的孩子这一永恒回复的伟大事件（Ereignis）。不是个体命运融入本体命运，而是自然本身在个体中实现自己、呈现自己。**自然为人立法，或者说，人因自然为自己立法，人为自己立自然之法**。这是把握尼采哲学的关键点。永远不存在**自己**的消亡，永远只有**自己**的新生。

这是对尼采的解释，也许是一种正确的解释，也许本来就不存在什么正确的解释，只是解释，这样理解也许更符合尼采自己的理论。换言之，"世界是虚无混沌"的表达本身并不重要，重要的是如何解释它。尼采追随叔本华，以意志来解释世界，当他（们）这样做的时

---

① 〔德〕尼采：《扎拉图斯特拉如是说》，黄明嘉、娄林译，华东师范大学出版社，2009，第57页，"论三种变形"。

候，实际上也就"先验地"把意志和世界、和自然内在地关联起来，而且同时设定了自然本身的某种本原的、终极的秩序性。**自然有道，道在意志，我的意志，我的强力意志**。尼采拒绝苏格拉底式理论化的哲学，拒绝知识本体论，但他有自己的本体论，只不过这种本体被他意志化为意志本身，一切都被纳入意志之内，通过意志得到解释。而意志也需要解释，尼采的解释是，意志乃是自我创造、自我超越、自我回复于高贵纯洁之自然的永恒生命力量，世界乃是通过意志永远自我生成的艺术品。这是尼采的选择，面对虚无、混沌、荒芜的世界，还有比这更好的选择吗？不管它是一个"正确的"的选择，还是一个高贵的谎言（noble lie）！

在第二卷开始，查拉图斯特拉意识到自己的教诲被歪曲误解、陷入危机之中，他要调整和改变；到了第二卷结尾，我们看到了他的调整，他因人而教，展示显白（exoterisch, exoteric）与隐微（esoterisch, esoteric）的不同教诲，但效果如何？结果是"我的话不能移山，我所说的话，还没有传到人类；我确已向人类走去，但尚未到达"[1]。不仅是尚未到达，而且可能是永远不能到达。如果说意志要提升自己于强力意志，才能永恒回复于过去去化解时间的顽石，那么查拉图斯特拉要达到并置身人类去获取柔软的心灵草地而播种，同样需要这种质的跃升。但查拉图斯特拉被认为有这种权力、强力，却不愿意去发布命令、去统治，为什么？也许因为他深知，他的教诲的最终目的和意义，在于让人能够回复自己或自己回复，能够自己立法、自己统治、自己服从、自己创造和超越自己，任何外在的命令都是有违其教诲都是徒劳且有害的。那么，查拉图斯特拉如何克服横在自己和人类之间这无限的鸿沟呢？查拉图斯特拉有可能把人类还有他自己置于自我提升于强力意志的道路上吗？而这将决定查拉图斯特拉的教诲最终是否有现实意义，是否最终能够成为伟大的政治哲学。

---

[1] 〔德〕尼采：《扎拉图斯特拉如是说》，黄明嘉、娄林译，华东师范大学出版社，2009，第251页，"最寂静的时刻"。

四
自己超越之路

（一）超越自己

从查拉图斯特拉的开场白到第二卷结尾，查拉图斯特拉教诲的主旨，可以概述为如何成为"我"、如何成为"自己"，查拉图斯特拉要求他的朋友、信徒乃至于一切众生的，是期待他们能够摆脱对一切外在之物甚至自我之物的崇拜、迷信、执著，回到纯粹的自己，成为独立的自己[①]；但查拉图斯特拉教诲之主旨的主旨，乃是查拉图斯特拉自己如何成为、回到其"自己"。查拉图斯特拉始终在自己的孤寂和芸芸众生之间往返奔波，企图把自己的智慧、热情、爱倾注于人间，引领世界自我超越，达到其自己或超人寓言所象征的高度。但现实是查拉图斯特拉的教诲每每以失败告终。"我的话不能移山，我所说的话，还没有传到人类；我确已向人类走去，但尚未到达！"不仅尚未到达，而且很可能永远到达不了。问题何在？哲人或诗人的查拉图斯特拉与政治的查拉图斯特拉之间为何有如此深阔、难以逾越的鸿沟？尼采或者说查拉图斯特拉自己也充满困惑，在《最寂静的时刻》中，无声（ohne Stimme）与查拉图斯特拉之间的对话，表达的正是查拉图斯特拉内心的苦恼、彷徨与挣扎。一方面他认识到人类需要强力的政

[①] 参见〔德〕尼采《善与恶的彼岸》，梁余晶等译，光明日报出版社，2007，第59页，§41。

尼采的启示

治领导者和统治者，需要发号施令者；另一方面他又非常清楚，靠外在强力不可能真正改变人类，不可能达到与他在孤寂中修得的哲学最高智慧相应的那种真正意义上的人性变革，即人类的自我超越。人类命运的改变，不能靠外在的强力，而是最终要依靠人类自身的觉悟，人类必须靠自己才能走向、回归、成为自己，才能在这成为自己中超越自己。查拉图斯特拉知道自己有能力、有权力、有强力成为人类的立法者、命令者，有权力成为哲学王，但他同时也知道，一旦自己这样去做，他至多可以成就地上的国，却无法成就哲学之国、智慧之国、超人之理想国，因为那国中之人将依然是群氓和众人，而不是每个人自己。现实政治的成功，意味着哲学的失败；尼采渴望的是真正来自、符合哲学智慧的理想之邦，他渴望的是在地上建立天国。帝王，一代帝王；圣人，百代帝王。为此，他要做的不是要直接去改造世界，而是为世界树立起某种典范，使世界可以被启发、启迪、启示的典范，而这种典范是通过他对自己的更深入的反思、改变、创造和超越来实现的；改变自己而非改变世界，以这种方式有助于世界的自我觉醒和改变，这是查拉图斯特拉教诲的真谛。

我们看到，在现实和哲学之间，查拉图斯特拉最终选择了哲学，选择了"有权力却不愿统治"[1]！也就是说，面对世界，面对人类，他选择沉默，因为他清楚，"最寂静的话语，能激起狂飙。以鸽足行走的思想，能引导世界"[2]。而对于一个哲人，对于查拉图斯特拉来说，面对人类的沉默和无所作为，正是面对自己的不沉默和有所作为。当自己的教诲在人类那里再次遭遇失败时，查拉图斯特拉的选择是再次离开人类并再次回到自己，这是查拉图斯特拉在第二卷结尾时的决断，而第三卷一开始我们就看到，这是查拉图斯特拉最痛苦也是最伟大的一次决断，是他最后的一次挣扎或尝试，他要就此最终完成自己。

---

[1] 〔德〕尼采：《扎拉图斯特拉如是说》，黄明嘉、娄林译，华东师范大学出版社，2009，第251页，"最寂静的时刻"。

[2] 〔德〕尼采：《扎拉图斯特拉如是说》，黄明嘉、娄林译，华东师范大学出版社，2009，第252页，"最寂静的时刻"。

四　自己超越之路

何谓"自己"？

自己就是自己所经历、所亲历、所体验（erleben）的一切，自己是荒野中的一条由自己走出来的独一无二的小路，路上的一切，无论偶然还是必然，无论是路上的故事还是路边的风景，统统属于且就是你自己，自己就是这路，就是把一切碎片、谜和偶然组合起来、成为一条路、成为一个自己的那个"一"[①]。没有自己，世界永远是荒芜、虚无、混沌，因为有了自己才有这个自己的世界，才有这个世界。人在世界中游历、漫游，真正经历的是他自己[②]：

> 人最终只能体验自己（man erlebt endlich nur noch sich selber）。
>
> 偶然与我邂逅的时代，已经过去了；现在能降临我身边的，还有什么不是我自己的呢！
>
> 归来了，终于归来了——我自己的自我（mein eigene Selbst），归来的还有自我长期漂泊在异乡、分散在万物和偶然中的东西。

一如奥德修斯，在历尽沧桑之后回归故乡，查拉图斯特拉在饱经挫折后回到了他自己。但不同的是，回到家乡故园的奥德修斯最终获得了安宁的生活，而回到自己的查拉图斯特拉却面临着更大的困难和挑战[③]：

> 还有一点我也知道：我现在面对最后一座山峰；等待我已经太久的山峰。唉，我必须走上最艰难的路了！唉，我开始了我最

[①]〔德〕尼采：《扎拉图斯特拉如是说》，黄明嘉、娄林译，华东师范大学出版社，2009，第240页，"论拯救"。

[②]〔德〕尼采：《扎拉图斯特拉如是说》，黄明嘉、娄林译，华东师范大学出版社，2009，第257~258页，"漫游者"。

[③]〔德〕尼采：《扎拉图斯特拉如是说》，黄明嘉、娄林译，华东师范大学出版社，2009，第257~258页，"漫游者"。

尼采的启示

孤独的漫游！

这是最后的也是最高的山峰，是最危险的也是最伟大的攀登，因为这高度超出了人类的极限，已经没有路或阶梯可以通达。这是查拉图斯特拉从"自己"出发的攀登，这是查拉图斯特拉超越自己的攀登，他首先要做的，是战胜自己的心灵，克服自己对一切生者的爱[①]；其次是站在自己的头顶，从自己的头顶重新开始攀登[②]：

> 倘若你找不到任何阶梯，你就必须知道，如何从自己的头上攀登：否则如何向上攀登呢？
>
> 从你的头上，越过你的内心！于是，你身上的至柔也必成为至刚。

尼采给出了人最终自我超越的条件：踩着自己的头顶，越过自己的心灵。这同时也是人真正成为自己的条件：**自己＝超越自己**。而且，这种超越自己无限上升的高度，与深入世界的深度是成正比的。山峰和深渊是同时发生的一个整体，而且正是由于要深入、体察、经历的"我下面这悲怆的黑色之海"的人世的根基（Grund）和背景（Hintergrund）的深度，决定了我必须攀登即必须自我超越的高度，"至高必定产生于至低，最后成就它的高度"[③]；两个向度的无限，向上和向下的无限，在查拉图斯特拉身上交汇为一，这是查拉图斯特拉的辩证法，他远离人类的低洼而回归自我的高度，恰是为了以独特的方式拉高人类的海平面。

[①] 〔德〕尼采：《扎拉图斯特拉如是说》，黄明嘉、娄林译，华东师范大学出版社，2009，第261页，"漫游者"。

[②] 〔德〕尼采：《扎拉图斯特拉如是说》，黄明嘉、娄林译，华东师范大学出版社，2009，第258页，"漫游者"。

[③] 〔德〕尼采：《扎拉图斯特拉如是说》，黄明嘉、娄林译，华东师范大学出版社，2009，第260页，"漫游者"。

而查拉图斯特拉最后的回归之所以最为艰难，是因为他必须俯视、舍弃自己[①]：

  如要观察万物的根基和背景：你就必须超越自己而攀登——向上，向上，直至你的星辰也在你脚下！
  是啊，俯视我自己吧，俯视我的星辰吧，这便是我的山峰，留给我的最后一座山峰！

用比统治世界更大的权力、强力，超越自己的身心，上升到自己之上，这是自由的最大代价——放弃自己，这是自由的最高境界——放弃自己的自由，此刻，他把自己投身于绝对的虚无，此刻，"他悄然伫立，沉默良久。在这个高处，寒夜澄澈，星光璀璨。我识得自己的命运，他最终伤感地说"[②]。

在上升与下降之间，这就是查拉图斯特拉的艰苦命运，是哲学的命运。哲学的希望在其上升的高度，而这高度取决于他下降的深度。这是两个截然对立的方向，从哲学的自由、自己这个契机、始点、核心向两个相反的方向无限延伸，没有人知道它们的量值，但它们始终为一，而这"一"所以可能，在于自由者最终舍弃自己，一如苏格拉底选择死亡来证明哲学一样，在自我的否定中最终证明的是自己的自由和无上的权力。可以超越生死界限者，才是真正的自由，才是真正的自己。通过选择死亡，苏格拉底证明了灵魂的永恒不朽，通过自我超越的舍弃，尼采企图证明查拉图斯特拉可以再生、转化为赤子孩童，开启更高的、全新的生命旅程，并以这种自我超越的再生为其教诲的归宿和最终启示。据此，人的终极命运应该是：

[①] 〔德〕尼采：《扎拉图斯特拉如是说》，黄明嘉、娄林译，华东师范大学出版社，2009，第259页，"漫游者"。
[②] 〔德〕尼采：《扎拉图斯特拉如是说》，黄明嘉、娄林译，华东师范大学出版社，2009，第259页，"漫游者"。

尼采的启示

自己＝超越自己＝舍弃自己＝再生自己＝自己之子。

对**自己**的无限坚持，表明尼采始终以纯粹的启蒙精神为本；而对超越自己尤其是对自我再生或变形的强调，则显示出尼采启蒙思想的独特性以及对启蒙的反思。

那么，如何超越自己？如何完成最后的攀登？如何完成那最后的一跃？这是尼采在著名的"论面貌和谜"（Vom Gesicht und Räthsel）一节中要解决的问题。

（二）如何超越自己

登上自我超越最后的也是最高的山峰，寓意深刻。这种无限意义的上升，还原了天空的纯粹和纯净，玉宇澄清，除了自我超越的高度，没有任何形象、偶像在我之上、在天之上，那里不再是上帝和诸神的寓所，在这个纯净的天空和高度，任何外在的神灵和偶像都注定不复存在，自我超越的自由和强力的意志就是一切。近代的自由观念被无限放大，而且随着这自由意志的无限上升，一个纯粹、干净的，甚至是虚无得让人恐怖的自然的无限性也呈现出来，能够与自由的无限相对、相应的正是一个似乎尚未被染指的、纯粹但无限可能的自然。而这两个东西，正是尼采思想中最核心的、将被必然连接的两个极点。尼采必须拿出方案，来完成这种链接。

在那崇高无比的攀登中，哲学家承载着整个世界的使命和重力，同时面对无限的孤独[①]：

> 一条小径倔强地随碎石攀升，一条凶险而孤寂的小径，没有野草、没有灌木愿伴它而生：这山路在我双脚下沙沙作响。

---

① 〔德〕尼采：《扎拉图斯特拉如是说》，黄明嘉、娄林译，华东师范大学出版社，2009，第263页，"论面貌和谜"。

卷一 | 四 自己超越之路

　　我默默跨过卵石，卵石发出嘲笑似的沙沙声，我脚踏令我蹒跚的石头：我的双脚如此勉力向上。
　　向上——抵抗那个要拖它向下，拖向深渊的精神，这重力的精神，我的敌人和魔鬼。
　　向上——尽管它坐于我身，半是侏儒半是鼹鼠；瘫痪；使人瘫痪；像铅注于我耳，铅粒一般的思想注入我脑。

重力精神、精灵代表了一切阻碍上升和超越的东西，它不仅阻碍身体的上升，更会使人的精神、意志、心理麻木瘫痪，而更为可怕的，是它说出的真理，这对一切攀登者可能是最致命的[①]：

　　哦，扎拉图斯特拉，你，智慧之石，投掷之石，星辰的毁灭者！你把自己抛得那么天高——但，凡高抛之石——必定下落！
　　你自己注定要被石头砸死；哦，扎拉图斯特拉，你把石头抛得真远，——但它必然落到你自己身上！

侏儒说出了某种真理，某种自然或经验的事实，一切上升者必将沉落，一切抛出者必将回落。这是自然的规律，这是一般自然的必然性，就像过去的事实不能改变一样的铁的必然性。
　　作为自由和强力意志化身的查拉图斯特拉是不可能屈服于任何（外在的）必然性的，他有的是勇气（Mut），"勇气终令我静立，并说：'侏儒！要么是你！要么是我'"[②]。勇气作为最佳的杀手要大开杀戒，要清除上升之路上的一切障碍，而它最辉煌卓绝的战功，乃是**杀死死亡**！这是尼采在西方哲学史上所完成的一次最具战略意义的转向：当初苏格拉底通过选择死亡而跨越生死门槛走向永恒，而尼采却

[①]〔德〕尼采：《扎拉图斯特拉如是说》，黄明嘉、娄林译，华东师范大学出版社，2009，第264页，"论面貌和谜"。
[②]〔德〕尼采：《扎拉图斯特拉如是说》，黄明嘉、娄林译，华东师范大学出版社，2009，第265页，"论面貌和谜"。

尼采的启示

杀死了死亡,从而扭转了朝向天堂的有去无回的无尽线性趋向,把生死变成了曲线,变成了一个圆环,可以永恒重来、重现、复归、重生、再生的循环[①]:

  这就是人生么?好吧!再来一次!(War das das Leben? Noch Ein Mal)

认识到生命和世界本质上是个圆环,是一种真理性洞见,但不是真理本身;真理取决于如何理解这圆环。作为查拉图斯特拉最渊深难测、最无根底的(abgründlich)思想,尼采对永恒复归思想的描述不太容易被准确把握。尼采主要展示了两种有本质区别的永恒复归,一种是查拉图斯特拉的理解,一种是他的动物们或侏儒的理解,明确这种区别是步入尼采最渊深思想的关键。

我们随时都身处在某个出入口(Torweg),时间的出入口[②]:

  "侏儒!你瞧这出入口!"我继续说,"它有两副面貌。两条道路在此交汇:尚无人走到路的尽头。这条路向后:通向永恒。那条长路向前——那是另一种永恒。这两条路彼此相反;它们恰好在此碰头:——出入口边上,恰好是它们交汇的地方。出入口的名字刻于上方:'瞬间'(Augenblick)。要是有人沿其中一条路向前——一直走下去,越走越远:侏儒,你以为这两条路永远相反吗?"

  "一切笔直的东西都在骗人,"侏儒不屑地咕哝。"一切真理都是弯曲的,时间本身便是个圆环(ein Kreis)。"

[①] 〔德〕尼采:《扎拉图斯特拉如是说》,黄明嘉、娄林译,华东师范大学出版社,2009,第265页,"论面貌和谜"。

[②] 〔德〕尼采:《扎拉图斯特拉如是说》,黄明嘉、娄林译,华东师范大学出版社,2009,第265~266页,"论面貌和谜"。

卷一 | 四 自己超越之路

虽然对侏儒说话的不严肃语气表达了愤怒,但查拉图斯特拉知道侏儒几乎说出了真理。不过,这首先是特别沉重、几乎让人绝望的"真理",这"真理"已在《快乐的科学》第341节被以"最重的分量"为题揭示出来①:

> 假如恶魔在某一天或某个夜晚闯入你最难耐的孤寂中,并对你说:"你现在和过去的生活,就是你今后的生活。它将周而复始,不断重复,绝无新意,你生活中的每种痛苦、欢乐、思想、叹息,以及一切大大小小、无可言说的事情皆会在你身上重现,会以同样的顺序降临,同样会出现此刻树丛中的蜘蛛和月光,同样会出现现在这样的时刻和我这样的恶魔。存在的永恒沙漏将不停地转动,你在沙漏中,只不过是一粒尘土罢了!"你听了这恶魔的话,是否会瘫倒在地呢?你是否会咬牙切齿,诅咒这个口出狂言的恶魔呢?

当初恶魔的狂言,如今被侏儒再次说出,而且,几乎成了查拉图斯特拉自己的话②:

> 在月光下缓缓爬行的蜘蛛,这月光本身,在出入口旁相互低语永恒事物的你我——我们这一切原先不也存在过么?
> ——回来,再从前面另一条路跑开,在这条可怕长路上——我们不是必须永恒复返么(ewig wiederkommen)?——

这是连查拉图斯特拉自己也感到恐怖的思想,不仅恐怖,而且让他感到无比的厌恶和恶心,因为一切渺小和可厌的人也会一再回复,

---

① 〔德〕尼采:《快乐的科学》,黄明嘉译,华东师范大学出版社,2007,第317页,§341。
② 〔德〕尼采:《扎拉图斯特拉如是说》,黄明嘉、娄林译,华东师范大学出版社,2009,第266页,"论面貌和谜"。

尼采的启示

整个世界成了借尸还魂的坟场,永远没有新意,没有创造,没有新生,一切都是逝者的复返,是永远无法逃脱的噩梦。动物们似乎早已深谙查拉图斯特拉的这一"思想",或者说它们以为这就是作为永恒轮回导师的查拉图斯特拉要传授的思想[①]:

"哦,扎拉图斯特拉,"动物们接着说,"像我们一样思考的人认为,万物自己舞蹈:它们出来,彼此握手,欢笑,逃走——复又回来。

万物离去,万物复归;存在之轮永恒运转。万物亡逝,万物复生,存在之年永远奔走。

万物破碎,万物新合;存在的同一屋宇永远自我构建。万物分离,万物复聚,存在之环永远保持自我。

存在开始于每个刹那:每个'彼'之球围着每个'此'转动。到处是中心。永恒之路蜿蜒曲折。"

动物们虽然围在哲人身边,似乎接近了哲人的真理,但它们终究还是没能靠近他的灵魂,终究还是曲解了他的真理。它们终究是把永恒轮回这最渊深的思想或信仰理解成了某种外在于自由意志的宿命,理解成了人无可逃脱、无可抉择的某种自然的必然法则[②]:

哦,扎拉图斯特拉,因为你的动物们都知道,你是谁,你必将为谁:瞧啊,**你是永恒轮回的教师——**,如今这便是你的命运!

你肯定是这一教诲的第一个教师——伟大的命运,怎能不成为你最伟大的危险和疾病呢!

瞧,我们知道你的教导:万物永远轮回,我们也在其中,我

[①] 〔德〕尼采:《扎拉图斯特拉如是说》,黄明嘉、娄林译,华东师范大学出版社,2009,第359~360页,"初愈者"。
[②] 〔德〕尼采:《扎拉图斯特拉如是说》,黄明嘉、娄林译,华东师范大学出版社,2009,第363~364页,"初愈者"。

们业已无数次存在，万物与我们一样。

你教导说，有一个伟大的生成之年，有伟大之年的怪兽：它必然像沙漏一样，一再重新颠倒，以便重新漏下，漏完：——

——所以，这些年皆相似，无论最伟大之处还是最渺小之处，所以，我们在每一伟大之年也是相似的，无论是最伟大之处还是最渺小之处。

哦，扎拉图斯特拉，倘若你现在想死：看啊，我们也知道你将向自己怎样说话——……

"我现在就死，而且消逝"，你将会说，"我瞬间化为一种虚无。灵魂、肉体一并死去。

然而，我被缠绕在其中的因果纽结，又将轮回——它将再造我！我自属于永恒轮回的因果（Ursache）。

我复返，与这个太阳、这大地，与这只鹰和这条蛇一道回来——但不是进入一种新的生命或更美好的生命，或相似的生命：

——我永远回到这相似和同一个生命，无论是最伟大之处还是最渺小之处，我将重新教授万物永远轮回的教诲——

——我将重说人间和人类那伟大正午的话语，将再次给人类宣讲超人……"

动物们几乎说出了查拉图斯特拉最渊深的思想，甚至是说出了查拉图斯特拉自己说过的一些话，但无论如何，动物们与查拉图斯特拉那最后的思想之间还是有一条鸿沟，它们所言说的乃是永恒轮回这一渊深思想的世俗版、庸俗版，是一种误解。因此，当动物们自以为是地言说完毕，当它们"替"查拉图斯特拉言说完毕，期待查拉图斯特拉有所赞许的时候，它们发现查拉图斯特拉一言不发，格外静默，"他只是静静躺着，双眼紧闭，似已入眠，尽管未睡：他正同自己的灵魂对话"。面对自己教诲的再次被误解，他已无话可说，而且从此到该卷结尾，他全都是和自己的灵魂、生命说话，**不再同世界言说**，

> 尼采的启示

而第三卷的结尾在本来的计划中,乃是全书的完结。这表明,尼采不再以传统传教的方式来宣扬自己的教诲,不再指望在哲学和世界之间建立某种直接的联系,不再谋求某种现实的政治哲学,他真正想做的,是如何通过自己的思想来改变自己的灵魂,如何让思想和自己的生命方式在真理的层面上合一、为一。重要的不是去改变世界,而是如何去改变、创造自己,因为前者是哲学家或人类思想的一种永恒的迷误,是他律和外在强制地背离生命和自由,只有后者是可能的、应该的和有益的。而衡量自我创造是否恰当的关键,就是看这种自我创造是否基于自由,并通过自由精神的自我超越与变形,在自由与自然的终极本性之间建立和谐的链接。如果达致这种境界和地步,那么永恒轮回的真谛就可以从动物们的误解中被拯救出来,刚才动物们"替"查拉图斯特拉所宣讲的教义"我复返,与这个太阳、这大地,与这只鹰和这条蛇一道回来——但**不是**进入一种新的生命或更美好的生命,或相似的生命"就可以被正确地改为"我复返,与这个太阳、这大地,与这只鹰和这条蛇一道回来——但**是**进入一种新的生命或更美好的生命,或相似的生命"!这才是查拉图斯特拉那最渊深的思想,即如何超越庸俗的、一般自然经验的轮回,成就一种新的轮回,"进入一种新的生命或更美好的生命,或相似的生命"的永恒轮回,一种基于精神变形的生命的永恒回复。

哲人所能做的,不是成为他人和世界的哲学王,而仅仅是成为自己的王;哲学家只能改变自己,不能改变世界,只可拯救自己,不可妄想拯救世界;从哲学的角度看,每个人只能改变、拯救自己,不能改变、拯救他人,也不能被他人改变、拯救。这就是尼采的教诲,关于**自己**的教诲,关于**自己**的哲学。那么,哲学的意义何在?哲学的意义就在于它正确地**揭示了**这一洞见;哲学家的意义,就在于他是否能实践这一洞见,实践自己的哲学,从而成为他自己,从而成为人类的典范,或者更恰当地说,哲学家当不求垂范万世,只求成为自觉者的知音和导师,此即桃李不言下自成蹊的境界,他对人类无限的爱应该通过这种方式体现。这是**自己的哲学**,不是**自私的哲学**。"自己的哲学"反对狭隘的自私,但提倡一种健康的自私。在"论三种恶行"中尼采论及这种健康的自私①:"查拉图斯特拉曾欣然称颂过**自私**(Selbstsucht),从有力的灵魂中涌出的完好、健康的自私:——来自有力的灵魂,高贵的身体就属于这灵魂,这美好、胜利、悦目的身体。一切事物都变成身体周围的明镜"。在"论三种恶行"的草稿中,尼采把这种基于自己的、健康的自私,表达为对世界的强力和爱的意志,表达为"一种神圣的自私和强力,它(本身渴望成为赠品和牺牲品)迫使一切事物朝自己靠拢并融入自身。查拉图斯特拉曾说这自私是健康而神圣的(它如同滋润万物的雨露普照万物的太阳)……作为一个爱的意志,它要对一切事物发号施令——作为一种强力的渴望,它要逼迫一切事物达到其高点……这种自私也命令至高无上的人再朝高处生长……"②。通过自我超越、自我拯救、自我回复来实现对世界和他人的爱的哲学,是太阳的哲学,哲学家应该把自己变成太阳,在这种哲学中,**关心自己**与**关心他人**、**关心世界**完美地结合起来。太阳的比喻最切合哲学家,他自己在发光,发自己的光,却"不期"照亮、养育、"改变"了世界,这种方式是最哲学的,且应该是最恰当的政治哲学方式,无目的的合目的性;就此而言,柏拉图的日喻说比他的哲学王更能代表他的政治哲学思想。

那么,据此而论,下面的命题就远离了哲学:"**哲学家们只是用不同的方式解释世界,问题在于改变世界**"③,如果这种改变是一种对他者而非对自己的要求,是基于对外的权力而非对己的权力的话。

谁有资格改变世界和别人?除了上帝,没有人有这个资格。哲学家是立法者,这是哲学从苏格拉底到康德都未曾改变的基本洞见,也

---

① 〔德〕尼采:《扎拉图斯特拉如是说》,黄明嘉、娄林译,华东师范大学出版社,2009,第316页,"论三种恶行"。
② 〔德〕尼采:《扎拉图斯特拉如是说》,黄明嘉、娄林译,华东师范大学出版社,2009,第316页注4。
③ 《马克思恩格斯选集》第1卷,人民出版社,1995,第57页。

尼采的启示

是尼采的信条,但尼采更像苏格拉底,更为固守哲学的另一个也许是更根本的洞见,那就是:哲学是一种生命、生活、存在方式,而且首先是哲学家自己的生命方式;两个洞见对于哲学应该是同一的,这意味着,哲学家的立法,根本上乃是自己生命的自我立法;哲学家的哲学与其生命存在是内在、高度同一的,思与在的同一性,乃是哲学立法的本意,并通过哲学家自身体现出来。当哲学家通过自己实现思与在同一时,他同时是为天下立法,以这种方式,哲学家所进行的自我超越和创造才真正表达为对生命的无限热爱,并通过对自己生命的热爱而达致对一切生命的热爱。哲学家的立法因此根本上是一种爱的立法。

当哲学家离开自己的时候,就是他迷失于世界并危害世界的时候。作为同一个历史时期、同一个民族的哲学家,尼采和马克思做出了截然不同的选择。且不论尼采是否在他的有生之年或者说理智清醒之年践行了自己的哲学,但他的哲学理念和追求,足以使他跻身于真正哲学家之列。

现在可以说,尼采展示了两种永恒轮回思想,或者说对永恒轮回的两种理解,而区别它们的关键,是生命和精神是否发生转变和变形,是否从一种"被"轮回超越上升为"自己"轮回的新的、更美好的生命。"论面貌和谜"形象地揭示了这种转变。

对一切存在都将永恒轮回的厌恶,对裹挟着万物永恒轮回的因果律的恐惧、恶心,就如一条黑色的大蛇钻进了喉咙,造成无与伦比的窒息感[①]:

> 那里躺着一个人啊!在那里!那只狗跳跃、竖起毛发、哀鸣——这时它见我走来——于是再次吠叫,呼喊——我听见过狗如此求助么?

---

① 〔德〕尼采:《扎拉图斯特拉如是说》,黄明嘉、娄林译,华东师范大学出版社,2009,第267、268页,"论面貌和谜"。

卷一 | 四 自己超越之路

　　真的，我见到我从未见过的事：那是一个年轻的牧人，蜷缩颤抖、哽咽、脸庞扭曲，口里垂着一条黑色大蛇。
　　我可曾见过，一张脸上竟如此恶心、如此惨白和恐怖么？他大概睡熟了？那时蛇爬进了他的喉咙——蛇便死死咬住。
　　我用手拽蛇，拽呀拽——徒劳！我的手无法从他喉中将蛇拽出。于是，我便呼喊："咬呀！咬呀！"
　　咬下蛇头！咬呀！我如此呼喊，我的恐惧、仇恨、恶心、怜悯，一切善与恶，都随着这一声呼喊而迸出。——
　　……
　　——正如我的呼喊所作的建议，牧人咬了蛇；他狠狠一咬！他把蛇头吐得老远——：向上跳起。——

在这庄周梦蝶式的梦幻寓言中，这被蛇咬住喉咙的牧人不是别人，正是查拉图斯特拉自己，在这令人窒息的寓言中所发生的，生动再现了查拉图斯特拉在两种永恒轮回思想之间痛苦惨烈的挣扎，那是你死我活的酣战，是不得不做出抉择的生死"瞬间（Augenblick）"！这时间之出入口、时间之门、时间的"瞬间"在我们的生命中随时存在，这种来自生死抉择的呼唤也从未间断，呼唤生命的觉醒，呼唤咬断黑色大蛇的勇气和强力意志！而不幸的是，这勇气和意志却是我们人类最为缺乏，甚至是绝对缺乏的必需品！只有作为牧人的查拉图斯特拉能够做到，当他这样做的时候，他不再是基督教意义上的教主、先知似的牧人，而成为一个真正的人，成为"今后必然会来的那个人"，那个新的人，超人！此刻他[1]

　　不再是牧人，不再是人——而是一位变形者，一位周身闪耀者，他笑了！大地上从未有人像他这样笑过！

---

[1] 〔德〕尼采：《扎拉图斯特拉如是说》，黄明嘉、娄林译，华东师范大学出版社，2009，第268页，"论面貌和谜"。

尼采的启示

这是世界上最重要的时刻,因为当人摆脱那外在永恒轮回的恶魔时,人就完成了精神的三种变形中那最后的也是最艰难、最伟大的变形,成为满面纯粹笑容的变形者,成为一个新的生命,一个孩子,"孩子清白、健忘,是一个新的开始、一种游戏、一个自转的轮子、一种初始运动、一种神圣的肯定"[①],新的生命乃是一种创造的游戏,为此,最重要的是获得一种神圣肯定的意志和权力,有了这种神圣肯定的强力意志,一切创造才有可能,永恒轮回思想中的矛盾和痛苦也将因此瞬间荡然无存。为了更深入地理解这一点,我们需要再次回到第三卷的开头,回到"漫游者"。

人最终只能体验、经历自己!当查拉图斯特拉携其一世的沧桑和风尘走到自己最后一座也是最高、最艰难的一座山峰时,他才真正地也是最后地面对他自己,这是只有最孤独的漫游者、流浪者、尝试者才有的时刻和瞬间。只有经历了这一时刻,人才能真正回到、成为自己;而这一时刻恰恰是要超越、舍弃自己的时刻;这是人生最高迈、最高不可攀的时刻,是真正伟大的正午时刻,是完成最后的自我超越和转变的时刻;此刻,一个旧世界、旧自我将被埋葬,一个新世界,新的、自己的世界将脱胎而出。

那么,在极峰上的体验到底是一种什么样的体验呢?在那伟大的正午时刻,到底发生了什么呢?

(三) 灵魂的权力

在生命的巅峰,人只能面对自己,面对自己的灵魂,这是人生空前的经历和体验,因为一切都已过去,一切都被超越,一种无限超迈的**视野**开显出来,透视或视角主义被彻底扬弃,只剩下一种视野,一种自我俯瞰中的对一切的俯瞰,时间和空间中已经、正在、将要发生

[①] 〔德〕尼采:《扎拉图斯特拉如是说》,黄明嘉、娄林译,华东师范大学出版社,2009,第57页,"论三种变形"。

的，善的恶的，美的丑的，好的坏的，伟大的渺小的，都似乎已无分别，都可以微笑对之。在这最孤独的生命时刻，灵魂可能已经无比疲惫甚至厌倦乃至虚寂，在无尽的奋斗和沧桑之后，只求退隐一息，或者干脆纵身一跃，随风而去。但对于要面对伟大正午的灵魂，却不同，他要面对的乃是伟大的沉没和转折，这意味着别样的灵魂，一种伟大渴望的灵魂[1]：

哦，我的灵魂呀，如同我教你说"曾经"和"从前"一样，我也教你说"今天"，教你跳超越一切此地、彼地和远处的圆舞（Reigen）。

登顶意味着解脱，彻底的解脱，从哪里解脱？从仇恨中："**应该把人从复仇中拯救出来**：我以为这是通向最高希望之桥，是长期暴风雨之后的彩虹"[2]。如何拯救？何来仇恨而非爱？仇恨什么？仇恨时间[3]："拯救过往，把一切'过去如此'改造成'我要它如此！'——我以为这才叫拯救……意志不能意愿后退；它不能打破时间和时间的贪欲——这便是意志的忧伤，最孤独的忧伤……这一点，单单为这一点便要**复仇**：意志对时间的反感、对时间的'过去如此'的憎恶。"要完成自我解脱和拯救，意志需要上升为创造意志，即能够且愿意后退、回归的强力意志，这种意志可以创造性地改变、重塑一切，它最响亮的口号是"把一切'过去如此'改造成'我要它如此'"，是"我要它如此！我一定要它如此！"。在这种意志强力之"要"、之意欲中，体现出一种纯粹的肯定性力量，肯定一切的力量，

---

[1] 〔德〕尼采：《扎拉图斯特拉如是说》，黄明嘉、娄林译，华东师范大学出版社，2009，第365页，"论伟大的渴望"。

[2] 〔德〕尼采：《扎拉图斯特拉如是说》，黄明嘉、娄林译，华东师范大学出版社，2009，第177页，"论毒蜘蛛"。

[3] 〔德〕尼采：《扎拉图斯特拉如是说》，黄明嘉、娄林译，华东师范大学出版社，2009，第241页，"论拯救"。

这种肯定完成了意志与时间的和解，打通了"曾经"、"从前"和"今天"之间的隔阂和障碍，意志如何做到这一点？它把时间变成了一个圆环！在时间的圆舞中，每一个瞬间都是现在，都是过去，都是将来。

这种时间的永恒复归或圆舞是如何实现的？因为强力意志，因为强力意志自身的意欲之圆舞！当意志自身上升于自身之巅，即完成自我的最终超越，即到达伟大的正午之时，它开始了自己的伟大转折，可以回复过去、可以穿越一切时间的转折；意志，这同一物的自我回复的圆环，成就了或者说发现了、回复到了时间的圆环，以至于一切"此地"、"彼地"乃至"远处"的空间的圆环。这应该是尼采同一物的永恒回复的基本含义，而德勒兹（G. Deleuze）对**同一物**的回复，以及对同一物**自身**的回复的否认，表明他的尼采理解的偏差。他为了强调生成的多样性、偶然性和综合性的回复而否定**同一物**及**同一物自身**之回复，"回归（revenir）正是生成的存在、多样的一、偶然的必然。因此必须避免把'永远回归'当作'同一的回归'（retour du Même）"[①]。这种偏差的根由，是他没有意识到意志这个"同一物"的自我回复与轮回是理解尼采永恒回复思想的关键和根基，而仅仅着眼于事物生成自身的永恒回复，换言之，虽然德勒兹把握住了世界的生成及其生成之永恒轮回的本性，但没有重视这种生成的自然本性与作为其根基的强力意志的永恒回复的本性之间的必然关系[②]，而基于强力意志的回复本性的这种关系，乃是走进尼采最渊深的永恒回复思想的最要紧处。实际上，在对尼采永恒回复学说的理解上，德勒兹和洛维特犯的是类似的错误，即没有重视自我意志之精神必然性的本质，没有领悟其作为精神变形的生命法则的奥义，从而否认永恒回复

---

① 〔法〕吉尔·都鲁兹（又译吉尔·德勒兹）：《解读尼采》，张唤民译，百花文艺出版社，2000，第57页。
② 参看〔法〕吉尔·德勒兹《尼采与哲学》，周颖、刘玉宇译，社会科学文献出版社，2001，第69、72页。

的内外两个维度统一的可能性①。关于同一物的永恒回复，重要的是从内外两个维度的内在关联上加以理解：作为一切存在的永恒轮回或重现，和作为精神自我的永恒回复之间的关系；作为一切存在的同一，和作为精神自我的同一之间的关系。关于存在的同一或相同（die Gleiche），叶秀山先生有精到的论述："在这里，我们看到了尼采'永恒的轮回'的具体的针对性。原来它是相对于'永恒的超越'而言的。尼采告诉人们，不要以为有了一个'永恒'就会'超越'，就会'出现'一个'天国'，在那里一切都会得到'公平的待遇（等价交换）'。固然有个'永恒'，但那个'超越'却是虚幻的；'永恒'的也无非是那些'相同'的（经验的、人世间的）东西。我体会这是尼采'永恒轮回'说的主要意向所在。"② 另一方面，克罗索夫斯基则强调了在一切存在的永恒轮回中意志或精神自我的同一和永恒回复，"永恒轮回是一种必须被赋予意志的必然"，"毫无疑问，尼采是在讨论**同一个自我的轮回**"③。

唯有同时准确把握上述两个方面及其关系，才能正确理解尼采的永恒回复学说，唯有在基于强力意志或同一自我的回复本性的这种关系中，灵魂才得以自我解脱和拯救，才可以跳起欢乐的圆舞，永恒回复的圆舞，才可以脱去一切仇恨，换来对万事万物的伟大的蔑视、即伟大的俯瞰，而这种伟大的蔑视恰是伟大的最爱，"它最蔑视的地方恰是它最爱的地方"④，因为正是在这种蔑视中，灵魂意志与时间及时间中的一切

---

① 参见本书导论，以及〔德〕卡尔·洛维特《尼采对永恒复归说的恢复》，见洛维特《世界历史与救赎历史》，李秋零、田薇译，三联书店，2002，第267页。另见洛维特 Nietzsche's Philosophy of the Eternal Recurrence of the Same, translated by J. Harvey Lomax; foreword by Bernd Magnus, p. 156. Berkeley and Los Angeles, California: University of California Press, 1997。
② 叶秀山：《试释尼采之"永恒轮回"》，见《哲学作为创造性的智慧——叶秀山西方哲学论集（1998-2002）》，江苏人民出版社，2003，第167页。
③ 〔法〕皮埃尔·克罗索夫斯基：《永恒轮回的经验》，见汪民安主编《新尼采主义》，广西师范大学出版社，2007，第5、14页。
④ 〔德〕尼采：《扎拉图斯特拉如是说》，黄明嘉、娄林译，华东师范大学出版社，2009，第366页，"论伟大的渴望"。

尼采的启示

和解并超越于和解之上,正是在这种和解与超越中,灵魂获得了纯粹的自由,即直观、洞察、面对、呈现、澄明、照亮**万物自身**的契机,纯净赤裸的自由灵魂与生成不息的**事物自身**相遇,相遇于永恒轮回的自然!虽然置身于解脱之巅峰的灵魂**可以**容忍、海涵一切伟大者与渺小者的共同、一再的轮回重现,但这种**可以**的根本原因,不是道德甚至知识意义上的宽容或超然姿态,而是基于本体、本性上的自由:因为灵魂或意志已经从一切旧有价值道德和认知氛围中脱身,而自由了的灵魂同时也就襄助万物脱去其道德和知识外衣还原其本然于大白[1]:

  哦,我的灵魂呀,我把你从一切角落拯救出来,掸掉你身上的尘土、蜘蛛和昏暗之光。
  哦,我的灵魂呀,我洗刷掉你身上的小耻辱和边边角角的道德,说服你赤身裸体立于太阳的明眸之前。
  我用名为"精神"的风暴,吹过你汹涌的海面;我吹走所有的乌云,扼杀了名为"罪恶"的扼杀者。
  哦,我的灵魂呀,我赋予你权利,正如风暴说"不"、恰似敞开的晴空说"是"的权利:你像光一样静立,并穿行于否定的风暴中。
  哦,我的灵魂呀,我把驾驭已经创造出的和尚未创造出的事物的自由,交还给你:谁能像你那样,了解未来者的极度快乐?
  ……

这就是在巅峰或伟大的正午所发生的,这是一个**奇迹**,金色的奇迹,这金色的奇迹就是飘过平静的、渴望的人类及世界之海的**自由自愿**的(freiwillig)金色小舟[2],作为自我超越、自我拯救、自我抉择的

---

[1] 〔德〕尼采:《扎拉图斯特拉如是说》,黄明嘉、娄林译,华东师范大学出版社,2009,第365~366页,"论伟大的渴望"。
[2] 〔德〕尼采:《扎拉图斯特拉如是说》,黄明嘉、娄林译,华东师范大学出版社,2009,第368页,"论伟大的渴望"。

权力，**自由精神**在灵魂或意志中成为主宰，是强力意志和永恒轮回的核心，正是自由脱去了意志的一切外衣和遮蔽而回复强力意志之本性，正是灵魂自由化解了万物的一切遮蔽，回复世界之本身、之本然、之根、之力量、之事实、之自然，使自己的本性与万物的本性惺惺相惜、赤裸相拥，使强力意志成为（或更恰切地说回复为）贯通物我的唯一主宰与创造力量，使人自己的命运与世界万物与自然的命运成为同一个命运，同一个永恒回复的生生不息的命运；而这一切皆因自由而可能、而开启！而这自由中体现的乃是灵魂与事物与自然之间最深厚、最强烈的关系或情感，形容这种情感关系的最恰当的词是**爱**，生命之爱，创化之爱，命运之爱。永恒轮回的两种含义也因为自由而内在转化、转折，转化为本真意义上的永恒回复，因为灵魂已经说服世界、人类之海，使其脱去庸俗的外在的轮回，回复到生命内在的自我回复本身，"正如太阳说服大海向太阳的高处奔涌"[①]，这意味着，由于自由的强力意志的创造性力量，自我超越的高度和它所关切的世界的深度成为共生、共升的一体，上升与下降的一体，永恒复归的一体，而这种一体中的灵魂，作为自己的主宰，同时应该是世界的基点与创造者，因为它汲取了一切智慧和能量，必然苦壮成长，必然成熟，"你如此丰富、如此沉甸甸地站在那里，一株葡萄树，乳房膨胀，结满褐色的金葡萄"[②]，灵魂被爱胀满，因丰富和要给予的欲望过于丰满饱胀而痛苦，她要创造，作为未来和过去最紧密、最完美的交汇[③]，她不仅要创造未来，同时要创造过去，她就是永恒回复中那永恒的瞬间，这瞬间即伟大的正午。伟大正午的真正含义完整地体现在这瞬间，在这永恒回复之圆环上，任何瞬间既是永恒的现在，又是永恒的过去

---

① 〔德〕尼采：《扎拉图斯特拉如是说》，黄明嘉、娄林译，华东师范大学出版社，2009，第366页，"论伟大的渴望"。
② 〔德〕尼采：《扎拉图斯特拉如是说》，黄明嘉、娄林译，华东师范大学出版社，2009，第366页，"论伟大的渴望"。
③ 〔德〕尼采：《扎拉图斯特拉如是说》，黄明嘉、娄林译，华东师范大学出版社，2009，第367页，"论伟大的渴望"。

和未来，就如伟大正午的时刻，既是太阳的最高点，是上升的极致，又是转折的时刻，下沉的时刻，而下沉的一刻，恰是太阳新一轮上升之开启时刻。

于是，我们看到，灵魂被查拉图斯特拉或者说尼采赋予了空前的身份或位格，他毫不吝啬自己命名的权力，把自己伟大的灵魂称为"困难的转折点"、"命运"、"无穷的范围"、"时间的脐带"、"蔚蓝的天穹"[1]。脐带是身体的中枢部位，是婴儿从母体汲取生命能量的唯一通道，这是一个意义重大的比喻。灵魂，作为最丰富的生命和爱的力量与本源，不仅是时间乃至空间的开启者、创造者、给予者，而且是被创造的世界与自然之母能量交流的唯一通道。以这种方式，尼采把查拉图斯特拉，把查拉图斯特拉的灵魂，把自由的灵魂，设定为自然自我开启、自我显现的中心，混沌、生成、流变、无序、无限的自然，因为自由而**无中生有**，生出某种以自由和灵魂为基点、中心、参照的秩序，把自己本然无名的生机和力量借此**澄显**出来，澄显为永恒轮回、不断重现和自我回复的秩序，这是自由的秩序，也是自然的秩序，而这秩序最恰当的称谓，只能是**命运**（Schicksal）。**自然本无命运，有了自由，才澄显出命运**。命运乃是自由从自然的三千汪洋中取出的一瓢饮，是在混沌中划出的一道耀眼的时空印痕，是与生命那永恒女人热恋与苟合的哀歌。

（四）命运

生命最大的敌人，即查拉图斯特拉的死敌（totfeind）、劲敌（erzfeind）、原初的敌人（urfeind），是重力精神或沉重的精灵（der Geist der Schwere），即冷酷沉凝让万物垂落的死寂的力量[2]，其特点就

---

[1] 〔德〕尼采：《扎拉图斯特拉如是说》，黄明嘉、姜林译，华东师范大学出版社，2009，第366页，"论伟大的渴望"。

[2] 〔德〕尼采：《扎拉图斯特拉如是说》，黄明嘉、姜林译，华东师范大学出版社，2009，第321页，"论沉重的精神"。

卷一 | 四 自己超越之路

是阻止生命和灵魂的自由，阻止其舞蹈和飞翔。作为某种反动的生命方式，重力精神代表了一切现存和旧有的道德、价值、知识、观念等的现实存在与重压，其目的是让人永远做承受一切重荷的骆驼，成为没有自己的奴隶。精神需要变形，变成说不的狮子，踏上回归自己的自由之路，舞蹈与飞翔之路。

舞蹈是生命的天性。在《扎拉图斯特拉如是说》中有两首舞蹈之歌，是考察尼采生命思考的重要篇章。第二卷中的"舞蹈之歌"处于关于灵魂的"夜歌"和青春挽歌的"坟墓之歌"之间，而第三卷中的"另一首舞蹈之歌"是该卷的倒数第二篇，位于关于灵魂的"伟大的渴望"与关于永恒的压卷之作"七个印章"之间，这种安排应该不是偶然的。

深不可测，是尼采对生命的基本判定，人若不当地深陷其中，会溺毙在生命的无底深渊中，就像溺毙在一个变幻无定、狂野、完全不讲道德的尤物丽人的怀抱里[1]。男人尽管称之为"深渊"、"忠实"、"永恒"或"神秘"，但这不是对生命尤物的真实写照；人们只是把自己的道德，或者说，只是把自己以为或认可的道德[2]，按照自己的鉴赏口味，根据自己的意志、渴求、爱，来界定、理解、要求生命，希望生命就是自己所理解、所以为的，换言之，希望生命按照人们自己对她的命名和言说方式而存在。

这是人们的一厢情愿，是人为了不致毙命而施的权宜之计，是人的智慧的界限。人根本上只爱生命，为了爱且能活命，人动用自己的智慧，让智慧无限地追随、接近、模仿生命，但结果是智慧像生命一样变幻莫测，一样不可捉摸。这表明，人的智慧没有走在通向生命的正确的道路上。问题出在哪里？出在人不够强大的强力意志。人总是指望以自己的道德、理性、知识的权力或霸权来要求生

---

[1] 〔德〕尼采：《扎拉图斯特拉如是说》，黄明嘉、娄林译，华东师范大学出版社，2009，第190页，"舞蹈之歌"。
[2] 〔德〕尼采：《扎拉图斯特拉如是说》，黄明嘉、娄林译，华东师范大学出版社，2009，第190页，"舞蹈之歌"。

命，来宣泄自己对生命的爱；每次走近这个女人，这个欢快地舞蹈歌唱的丽人，都不忘带着皮鞭，"当我想同这个没有教养的小女人跳舞时，我没有忘记带鞭子"，"你当按照我鞭子的节拍为我舞蹈和叫喊"①！这是人类之爱无能和变态的经典写照。当他无力把握所爱、不知如何去爱的时候，就去施暴为虐，就把她称为无德之人，没有教养的小人。

而生命永远是温柔的，永远是温情似水的爱人，面对查拉图斯特拉的霸权和鞭子，她依然温婉轻柔相对②：

我们俩是永不为善、也永不作恶的真正伙伴。在善与恶的彼岸，我们找到了我们的岛屿和绿茵草地——只有我们俩！所以，我们必须彼此善待才是！

我们彼此也并非由衷（von Grund aus）相爱么——，即便没有由衷相爱，就必须互相怨恨么？

我善待你，常常太好，你是知道的：这原因（der Grund）是，我十分钦羡你的智慧。啊，智慧，这个老朽而疯癫的愚妇啊！

倘若你的智慧有朝一日离开你，啊！我的爱也就从你那里急急逃开。

生命向查拉图斯特拉指出了一条路，一条智慧之路，智慧应该如此这般面对生命，那就是超善恶！

超越善恶，达致善恶的彼岸，应该是智慧的唯一目标，是新的智慧即生命智慧的起点。

那么，如何达致善恶的彼岸？

生命的这一教诲，要求于人的，不是一般意义上的行动，而是天

---

① 〔德〕尼采：《扎拉图斯特拉如是说》，黄明嘉、娄林译，华东师范大学出版社，2009，第372页及注1，"另一首舞蹈之歌"。

② 〔德〕尼采：《扎拉图斯特拉如是说》，黄明嘉、娄林译，华东师范大学出版社，2009，第373页"另一首舞蹈之歌"。

翻地覆的生死抉择。当查拉图斯特拉在"舞蹈之歌"中面对不可捉摸的生命和智慧时,已于茫然中接近这一抉择①:

> 什么!扎拉图斯特拉,你还活着吗?
> 为什么?为何目的?向何处?在何地?怎样活?仍旧活着,这岂不愚蠢?——

生命所暗示的超越善恶之路,在查拉图斯特拉那里被体验为死亡之路。对死亡的爱超过了对生命的爱,查拉图斯特拉要背叛生命和自己。查拉图斯特拉背叛生命,其真正含义是要通过自我毁灭来背叛、摆脱自己的智慧,这智慧是善恶的智慧,知善恶的查拉图斯特拉必死②,为了一个超善恶的查拉图斯特拉的新生。善恶道德是一种象征,象征的是人类以自我理性为根基的存在方式,这种方式或智慧意味着"为了从生活中创造出一种理性,我们不必再拥有理性"③。人只能据理性而生、而存在,别无选择,但问题是依据什么样的理性。理性唯一的根据,应该是生命,理性应该表达为生命的智慧,生命之爱应该高于一切,甚至高于智慧之爱,即使智慧是关于生命的智慧时,也不能让智慧高于生命之上,更不能让人世五花八门的各种名堂假借真理或正义之名僭越于生命之上。这是原则,正是由于这一原则,查拉图斯特拉要背叛对生命的爱,要离开生命的怀抱。出于这一目的的离开生命,是死亡,更是转折和创造,因为迎接他的不是消失死灭,而是永恒;不是永恒的虚无,而是永恒的生命,而这种意义上的永恒,意味着查拉图斯特拉真正回到了理性,自己的理性,合于永恒生命的理性,亦即回到自己本身,回到随生命女神欢歌起舞的自己,回到自己

---

① 〔德〕尼采:《扎拉图斯特拉如是说》,黄明嘉、娄林译,华东师范大学出版社,2009,第192页,"舞蹈之歌"。
② 《旧约·创世记》3:2-5。
③ 〔德〕尼采:《扎拉图斯特拉如是说》,黄明嘉、娄林译,华东师范大学出版社,2009,第192页注2,"舞蹈之歌"。

尼采的启示

与永恒生命同在合一的命运之中。

这种向生命本身的回归，即命运之路，在"另一首舞蹈之歌"结尾的午夜之歌一节中逐渐呈现出来。午夜之歌全文如下[①]：

一！
哦，人类！请注意！
二！
深沉的午夜在说什么？
三！
"我睡了，我睡了——
四！
我从深沉的梦中醒来：——
五！
世界深沉，
六！
比白昼想象的还要深沉。
七！
深沉是它的痛苦——
八！
快乐——仍比内心的痛苦深沉：
九！
痛苦说：走开吧！
十！
一切欢乐却希望永恒——
十一！
——希望深沉的、深沉的永恒！"

---

① 〔德〕尼采：《扎拉图斯特拉如是说》，黄明嘉、娄林译，华东师范大学出版社，2009，第374~375页，"另一首舞蹈之歌"。

十二!

如此简洁的诗句,却有不同寻常的内蕴。午夜之歌的背景在本章第二节已有交代,当生命意识到查拉图斯特拉要离开自己时对他说道①:

有一口古老的洪钟很沉重,很沉重:夜间,钟声会传到你的洞穴:——
——当你在午夜听到报时的钟声,你就在一响和十二响之间想到——
你想到,哦,扎拉图斯特拉,我知道,你想不久就要离开我!

当午夜钟声敲响的时候,当夜色深沉之际,查拉图斯特拉将决定离开生命,此刻,人从深沉的睡梦中被唤醒,面对的是更大的深沉,世界的深沉!世界的深沉有多深?比白昼想象的还要深沉!阿波罗的阳光似乎永远穿不透、照不亮狄俄尼索斯的无边深沉和黑夜,那无边黑暗的、深不见底的、深沉的痛苦!这深沉是世界的写照,是生命无法自拔的痛苦,但不是生命的全部;生命根本上有更高的意志,那就是快乐的意志;快乐是生命的灵,行于黑暗深沉的渊面,给出世界新的秩序和光,而且要把这种痛苦之中、之上的快乐变成永恒!

这是在生死门口的查拉图斯特拉听到的,是他在生命最黑暗最深沉的午夜时分所想到的,这与其说是死亡的时刻,不如说是新生的时刻;与其说是告别生命的时刻,不如说是自我超越于更高生命的时刻,是更加深入深沉生命的时刻,而且,这不是一般意义上的深入生命,而是永恒地深入!

---

① 〔德〕尼采:《扎拉图斯特拉如是说》,黄明嘉、娄林译,华东师范大学出版社,2009,第373页,"另一首舞蹈之歌"。

尼采的启示

那么何谓永恒？**深沉的、深沉的永恒**(tiefe, tiefe Ewigkeit)。在"舞蹈之歌"的草稿中，尼采曾就生命这样写道①：

但你们男人总是把自己的道德赠给我们/把我称之为深沉、神秘、忠诚和永恒/可是我身上的忠诚和永恒即是我的暂时性/你应如此称赞我的暂时性：我的执拗要这样……

人们无法忍受生命女神的深不可测、变幻不定、狂野，无法忍受自己痴爱的丽人是一个没有教养的无德之妇，人们希望她忠诚而永恒。但生命本身的道德远远超越于人们的理解力和想象力，她的道德恰恰不是通过忠诚和永恒体现的，而是通过生成变化中的短暂性和倏忽性，通过时刻倒梳其发、自我反驳的狂野性体现的，这种赫拉克利特主义的生成哲学，是生命的基本旋律，谁想获得她的芳心，必须穿越这条曲折的小径；只有穿越这条曲折的小径，才能超越视之为女罪人的谬见和误解，管窥她甜美童贞的芳颜，窥见她真正深沉而永恒的道德！这种永恒的道德，是第三卷结尾也是原计划全书结尾的"七个印章"的主旋律，《扎拉图斯特拉如是说》在午夜之歌和紧接着的"七个印章"中达到高潮和终点。

这高潮和终点即生命的永恒回复。而要激起生命女神这最渊深、最神秘、最本真、最美妙的永恒旋律，需要的不是鞭子，而是爱！

（五）命运的七个印章

我曾经遇到一位博学、智慧、在我看来也是当今之虔敬者，就我内心深处的迷茫与困惑向这位可敬者求教："我知道在我和上帝之间

---

① 〔德〕尼采：《扎拉图斯特拉如是说》，黄明嘉、娄林译，华东师范大学出版社，2009，第191页注1，"舞蹈之歌"。

· 120 ·

应该有某种直接的联系,但令我苦苦以求却不得其解的是,这种神圣的联系到底该由上帝负责,还是该由我负责?到底该如何达致这种联系?"于是,我得到了当今所能得到的最严肃、最虔敬的答复,这些答复无外乎自由意志、上帝之爱、恩典,无外乎信仰对自由的绝对权威。显然,我并没有得到我想得到的答复。而且我由此明白,任何一位虔敬者都无法给出让我满意的答复,理由很简单,一切虔敬的信仰者都被其虔敬,都被其上帝所束缚和禁锢,信仰者无法走出上帝去思考,而这种走出才是思想的根本,才是信仰的根本。尼采是一切信仰的敌人,而且是死敌,因为他要求打破一切信仰,回复思考和精神本身,而回复这种颠覆一切信仰、虔敬和上帝观念的思考本身和精神本身,其实是要回复信仰本身!

尼采所言,常被以狂妄论之,但其深意却鲜有人识。他所针对的恰恰是人类信仰中根深蒂固的狂妄[①]:

> 我叫他们掀翻古老的狂妄所踞的教席;我叫他们取笑他们的伟大的道德大师、圣者、诗人和救世主。

尼采此言不虚,更不狂妄,因为他期望人类能够反抗重力精神的束缚和压力,能够响应生成与创造的永恒生命意志的召唤。他要求的与其说是摧毁一切,不如说是反思一切,反思一切遮蔽、压抑、扭曲生命的思想、文化、道德、宗教以及由之而来的信仰。反思的目的有二,一是如何重新回到一切所据的根基,一是如何重新按照、依从根基去创造。创造什么?创造真正符合自由、自然的生命。因为所谓的根基有两层含义,首先乃是**自己的自由**,同时是**自然本身**,而这自由与自然在创造中应该是同一个东西的两个方面。何以如此?因为自由!自由是否定、反思、破除一切外在规定和价值束缚的根

---

① 〔德〕尼采:《扎拉图斯特拉如是说》,黄明嘉、娄林译,华东师范大学出版社,2009,第328页,"论新旧标牌"。

据，它先验地要求回到根基，即回到自己，回到自由和理性自身，回到自己的创造，回到一切思想和生命的根基和起点：除了我的自由和我的理性是我可以信赖的，没有别的值得依靠和信赖！这意味着，自然既是给定的，更是不定的，因为它取决于自由，只能通过我的自由来尝试（Versuch）、测知、创造和确定。符合我的自由、理性生命的，就是自然的。一方面，自然是自由创造出来的；另一方面，自由的创造正好也符合被认定为自然本性的生成。据此，根本上不是"我和上帝"之间如何如何的关系，而是"我的自由与自然本身"的关系，前者探讨的只是某种宗教信仰的问题，而后者探讨的乃是信仰本身；这种本质性区别，是尼采作为哲学家高于一切宗教家、道德家和信仰家之原因所在，因为他使自己立身于一切信仰之上、之根基处，立身于生命之中。显然，这种自由至上思想，根本上确定了尼采的自我理智主义本质。

"我的自由与自然本身"最内在、最深刻地融会成的，正是我的命运！"七个印章"充分展示了这种命运的内涵，它不仅是全书的高潮，而且是全书基本思想的综述和归宿。

1. 天空的信仰

"七个印章（或：'是'和'阿门'之歌）"像一首形式考究的诗篇，包括七个部分，每个部分都由七段组成，每个部分的最后三段内容相同，一如每一乐章在结尾部分的合唱，暗示出永恒回复的主题，这永恒回复的末尾三段是[①]：

> 哦，我怎能不热望永恒，怎能不热望那戒指中的婚戒——回复之戒（dem Ring der Wiederkunft）！
> 我从未觅到我愿与其生子的女人，但我爱的女人除外：因为

[①]〔德〕尼采：《扎拉图斯特拉如是说》，黄明嘉、娄林译，华东师范大学出版社，2009，第377页，"七个印章"。

卷一 ｜ 四 自己超越之路

　　我爱你，哦，永恒！
　　　因为我爱你呀，永恒！

　　欲望，爱，性欲，女人，婚姻，孩子，永恒，尼采把这些经典的音符组合起来，谱成永恒回复的不朽乐章。这是尼采真正想说的，是世界最深藏不露的奥秘，是他思想与精神的归宿，但尼采要求我们的，是不可急于求成，而是要认真跟随他的引导，经由他铺陈或开拓出的七条荒野小径款步而行；到达罗马固然是目的，固然重要，但如何通达罗马更重要，因为道路和目的地同在，甚至是道路决定目的。于是，一如上帝把世界的奥秘之书用七印封严①，尼采也以七种方式、七条道路把我们引领到上帝宝座的右手，神的奥秘就在路上。

　　在草稿中，第一部分标题为"'是'和'阿门'"（Ja und Amen），这是两个取自《启示录》的概念，尼采要表达的是"肯定"，一种神圣的说"是"的肯定，这是精神的三种变形中最艰难也是最重要的变形，是孩子的天性和权力，是决定永恒回复的根本因素。而这种说"是"的肯定，基于说"不"的狮子的否定之上。为了干干净净的天空，需要把自己变成浓云，以席卷尘埃；化作闪电，以划破浓云；化作暴雨，以洗洁寰宇，绽开一尘不染的蓝天。尼采把云的意象和肯定精神放在一起，是步入其思想的重要契机。

　　在《启示录》（1，7）中，这样描述以自己的血帮我们洗去罪恶的耶稣基督："看哪！他驾云降临"。而作为预言者或卜卦者（Wahrsager）的查拉图斯特拉也是驾云而来②：

---

① 《新约·启示录》5，1—2："我看见宝座的右手中有书卷，里外都写着字，用七印封严了。我又看见一位大力的天使，大声宣传说，有谁配展开那书卷，揭开那七印呢？"我们从下面的6~9节知道，唯有宝座前面那献祭的羔羊（即耶稣基督）配展开那神圣奥秘的书卷，揭开那七印，这暗示了查拉图斯特拉（一如耶稣那样）通过献祭自己而揭示永恒回复的奥秘，这显示出尼采的基督情节。尼采以"七个印章"作为全书结尾，应该是有意模仿《圣经》以《启示录》为结尾，换言之，"七个印章"即《查拉图斯特拉如是说》的《启示录》。
② 〔德〕尼采：《扎拉图斯特拉如是说》，黄明嘉、娄林译，华东师范大学出版社，2009，第376页，"七个印章"。

尼采的启示

倘若我是预言者，充满预言的精神，漫游在两海之间的高高山脊，——

——像浓云在过去和未来之间漫游，——敌视郁热的低洼地，还有一切倦怠和生死两难的东西：

黝黑的胸膛准备释放闪电和拯救的光束，孕育着说"是！"、孕育着对"是！"而笑的闪电，准备释放卜卦者的闪电光束：——

——如是的孕育者，真幸福啊！真的，谁想点燃未来的灯光，谁就必须像大雷雨长期眷顾崖畔！——

这是强力、饱满、即将电闪雷鸣暴风骤雨的浓云，是将释放、爆发、耗尽自己以洗净世界的乌云，查拉图斯特拉要把自己钉在人世的十字架上以拯救世界。但，查拉图斯特拉的云似乎与基督的云不同，查拉图斯特拉的拯救也与基督的拯救不同，查拉图斯特拉的云是要牺牲自己，以洗尽遮蔽天空的浮云和污秽，而基督的云恰恰是遮蔽天空的浮云和尘埃。因此，查拉图斯特拉的"是"与"肯定"，最本源的含义，是借助与云的象征关系，而与纯洁的天空的意象内在一致，纯洁之天乃是肯定精神首要的意蕴[①]：

哦，我头顶的苍天呀，你这纯洁者！深沉者！你这光的深渊啊！我凝视你，因神圣的渴望而战栗。

把我抛进你的高处——这便是我的深渊！把我隐入你的纯洁——这便是我的无辜！

日出之前的天空，尚未被白昼的各种视野和意味污染遮蔽，没有

[①] 〔德〕尼采：《扎拉图斯特拉如是说》，黄明嘉、娄林译，华东师范大学出版社，2009，第275页，"日出之前"。

被基督教的、形而上学的、理性的、欧洲文化的浮云和乌云污染遮蔽①,是真正的纯洁。对纯洁之天的呼唤,向纯洁之天的上升,意味着最彻底的破坏和最高的肯定,而最大的敌人是吸纳了人类最高精神和灵魂、承载人类信仰的神,尤其是那唯一的狂妄之神,他曾扬言,"只有一个上帝!除了我,你不可有别的神"②,他浓缩了、代表了欧洲宗教及形而上学及道德的根基、树干和遮天蔽日的乌云般的树冠,从而成为查拉图斯特拉最大的敌人。可以说云和天空的寓言,是尼采宗教反思和批判的核心说辞。驱逐基督教道德和信仰所罗织的欧洲文化天空的浮云,宣判上帝之死,乃是尼采哲学的基本诉求,是他创造新思想的必须前提,因为这种新思想是和新的、晴朗纯净的天空一起诞生的③:

> 我独自漫游:在夜间,在迷途,我的灵魂为谁忍饥挨饿?我登山,我在山间所寻的,若不是你,还会是谁呢?
>
> 我的一切漫游和攀登:都是迫不得已,是无助者之助——我的整个意志只想飞行,飞进你里面!
>
> 比起浮云和一切玷污你的东西,还有什么更遭我憎恨呢?我也憎恨我的憎恨,因为它玷污了你!
>
> 我憎恨浮云,这潜行的凶猫:它夺去了我与你之间的共有之物——不受限制地说"是"和"阿门"。
>
> 我憎恨这中介者和混合者,这些浮云啊:这些参半者,既不

---

① 参看〔德〕尼采 1878 年 6 月 20 日致施迈茨纳的信:"我全心全意祝福我这本充满自由思想的光明之书的出版,出版在这个时刻:乌云在欧洲的文化天空积聚,那种使世间变得暗淡无光的图谋竟被视为'德行'"。〔德〕尼采:《扎拉图斯特拉如是说》,黄明嘉、娄林译,华东师范大学出版社,2009,第 301 页注 2,"论背叛者"。
② 〔德〕尼采:《扎拉图斯特拉如是说》,黄明嘉、娄林译,华东师范大学出版社,2009,第 303 页,"论背叛者"。参见《旧约·出埃及记》20,3:"除了我以外,你不可有别的神"。
③ 〔德〕尼采:《扎拉图斯特拉如是说》,黄明嘉、娄林译,华东师范大学出版社,2009,第 276~277 页,"日出之前"。

尼采的启示

懂祝福又不懂彻底的诅咒。

我宁愿坐在一只桶里,头上是阴云密布的天空,宁愿坐在不见天空的深渊里,也不愿见你,这被浮云玷污的明亮天空!

我常常渴望,用锯齿型的闪电金线缝合浮云,这样,我就会如同雷霆,敲打你们那音鼓的圆腹。

——一个愤怒的鼓手,因为浮云从你那里夺走了我的"是!"和"阿门!",你,我头顶的苍天,纯洁者啊!光明者啊!你,光的深渊啊!——因为浮云从你那里夺走了我的"是!"和"阿门!"。

肯定和祝福,是"是!"与"阿门!"的含义,耶稣和基督教的云,其罪在于夺去了查拉图斯特拉的肯定与祝福,正是由于这一点,耶稣之云才是遮蔽和玷污之云,才导致查拉图斯特拉的洗洁之云。那么,导致这种不同之云的根据是什么?换言之,"是!"与"阿门!"在这里的真实含义是什么?肯定和祝福的到底是什么?这是至关重要的发问!

肯定即否定,即清除,清除十字架所代表的信仰和价值,那是怨恨的道德,奴隶的道德,彼岸的道德,否定生命的道德,它根本上不是从生命和世界之爱出发的道德,不是基于人的自己、自在、自由的道德,而需要肯定的正是与十字架道德根本对立的道德。肯定首先意味着**能够**肯定,即肯定者自己的自在和自由;自由一出,十字架必倒,干干净净的天空必然与自由同在,而干干净净的天空又是自由的保障[①]:

当我的愤怒轰开坟墓,挪动界牌,被砸烂的旧标牌滚入陡峭的深渊:

[①] 〔德〕尼采:《扎拉图斯特拉如是说》,黄明嘉、娄林译,华东师范大学出版社,2009,第377页,"七个印章"。

卷一 | 四 自己超越之路

当我的嘲笑吹散了发霉的话语,我像一把扫帚来到十字架蜘蛛面前,对于陈腐发霉的墓穴,我是阵扫荡的狂风:

当我快乐地坐在埋葬古代诸神的地方,为世界祝福,怀着对世界的爱坐在唾骂世界的古人的纪念碑旁:——

——即便教堂和神墓我也爱,只要天空以纯洁的眼光从它们破碎的屋顶俯视;我愿像青草和红罂粟一样,坐于教堂的废墟——

当生命获得自由的时候,上帝的天堂、人间的教堂乃至于诸神的坟墓统统坍塌,一个不被祈祷、崇拜、信仰玷污遮蔽的纯洁的天空呈现出来,此刻,宇宙间一切神圣尽皆化为乌有,只有自由的灵魂精神和自由者纯洁无比的天空相映成趣,彼此自在,彼此同在,各复其性,各归其根,赤裸自然得远胜当初的伊甸园,自然而然,其根其性本一。**自然**,而非被旧信仰旧道德旧价值浸染的**人性**,是"是!"所要肯定的,是"阿门!"所要祝福的!自然,意味着世界万物新的、或者说本然的存在方式和话语方式。在自然的春风中,在我的自由和自然的天空的相互映照中,万物也得以洗尽云影尘污,回归其自然,焕发勃勃生机。换言之,整个世界,整个这个意义上的世界,都被肯定和祝福。在这最高的肯定和祝福中,一切神圣的意志,一切理性和道德的规范,一切外在的目的,以及由此而来的善与恶,统统被粉碎、被超越,我、天空、万物都得到解脱和拯救,一切皆自由,一切大自在[①]:

你,纯洁者啊!光明者啊!光的深渊啊!只要你环绕着我,我就是一个祝福者,一个说"是"的人。——在所有的深渊里,我都要奉上我的祝福和"是"的言辞。

我成为祝福者和说"是"者了:我为此而长期搏斗,并成斗

---

① 〔德〕尼采:《扎拉图斯特拉如是说》,黄明嘉、娄林译,华东师范大学出版社,2009,第277~278页,"日出之前"。

尼采的启示

士，以便双手自由，终可用于祝福。

这是我的祝福：高悬于万物之上，如同其自己的天空，如同其圆形的穹顶，如同其蔚蓝的钟和永恒的依靠：谁如此祝福，谁就有福了！

因为一切事物的受洗之地，都是永恒之泉，在善恶的彼岸；善与恶，本身不过是中间的阴影，是潮湿的忧郁和浮云罢了。

真的，这是一种祝福，而非亵渎，设若我如此教人："在一切事物之上，有偶然（Zufall）之天、无辜之天、或许（Ohngefähr）之天和傲慢之天。"

"冯·或许"——这是世界上最古老的贵族，我把它归还给所有事物，令它们从"目的"的奴役下得到解救。

当我教人，说一切事物之上和其内，并不欲求"永恒的意志"，这时，我就是把这种的自由和天空的明亮，置于一切事物之上，犹如放置蔚蓝的钟。

当我教人："所有事物之中，只有一样不可能——合理性（Vernünftigkeit）！"这时，我就用这种傲慢和愚蠢代替那种意志了。

……

哦，我头顶的苍天啊，你，纯洁者啊！高远者啊！我觉得，你的纯洁便在于，不存在永恒的理性的蜘蛛和理性的蛛网。

——在我看来，你是诸神"偶然"的舞场，是一张供诸神使用的桌子，为诸神掷骰而设，为掷骰者而设！——

自由和偶然成为彻底解脱和回复自然状态的同义语，人性、物性、天性尽皆回复自然，自然的气息吹遍宇宙，自由、纯净、芬芳，一扫人类腐朽的人味儿和气息[①]："我幸福的鼻孔重又呼吸山间的自

[①] 〔德〕尼采：《扎拉图斯特拉如是说》，黄明嘉、娄林译，华东师范大学出版社，2009，第311页，"返乡"。

由了！我的鼻子终于从人性（Menschenwesen）的气味中摆脱出来！"而且，一切"发霉的话语"也随着人味儿而去，随着自由的气息而来的，是"创造性的新话语"①，新的话语创造的，是新的价值标牌，是新的生命气象和新的存在方式，是生命和万物和谐融融的家园②：

> 这里才是你的家园；你在这儿可以畅所欲言，倾吐衷肠，没有什么东西会为你那深藏而执拗的情感而羞愧。
> 在这里，所有事物都亲热地听从你的话语，恭维你：因为它们想骑在你背上。在这里，你也骑上每一个寓言，奔向每个真理。
> 在这里，你可以坦诚地与一切事物对话：真的，在它们的耳朵听来，就如同赞美，这是一个人和所有事物的——直接对话啊！
> ……
> 我们互不询问，互不抱怨，我们互相敞开，穿过敞开的大门。
> ……
> 此间一切存在的语言和语言宝盒都向我大开：一切存在都想变成语言，一切生成都想向我学习说话。

这是肯定的真实含义，关于一个纯粹的天空的、自由的信仰，它与上帝无关，或者说它与死去的上帝（以及古代的诸神）无关，它仅仅是它自己，是它的自在，并在它的自在之中映现出、澄显出

---

① 〔德〕尼采：《扎拉图斯特拉如是说》，黄明嘉、娄林译，华东师范大学出版社，2009，第378页，"七个印章"。
② 〔德〕尼采：《扎拉图斯特拉如是说》，黄明嘉、娄林译，华东师范大学出版社，2009，第307~308页，"返乡"。另见第305页注1，《返乡》的草稿："在这里，所有的事物都爱抚地跑到我的话语中来，并对它谄媚，以致骑到它的背上。在这里，你可以骑着每一个比喻走向每一个真理。/在这里，在我面前，存在的一切宝藏和话语匣子都跳跃起来了：一切存在都想在此变成话语，一切生成变化都想在此向我学习说话。/我在这里对一切事物诚恳地说话，真的，它们耳朵里像响起一曲赞歌，有某人正在同它们说话！/我们彼此不发问，也不抱怨——我们彼此坦诚地穿过一扇扇敞开的房门。/因为这里是敞开而明亮的……"

我的自由、自在，以及世界万物的自由、自在。这是最赤裸、最纯粹、最真实、最自然、最单纯也是最美好、最具创造性的一种关系和存在方式，是关于生命和世界最虔诚的一种阐释，它不是任何一种宗教，而是宗教的宗教，它不是任何一种信仰，但却是信仰的信仰，是超越一切信仰方式的信仰本身。换言之，上帝和诸神本是关于人性信仰的某种寓言或象征，是信仰的符号，尼采要根本改变这种寓言方式和符号方式。尼采所提供的，不仅仅是以一种新的寓言或符号取代旧有的寓言和符号，而是企图改变人类对信仰的理解方式，引导人们根本反思信仰本身，以回复**对自己、对生命和世界本身的信仰，一种关于自由和自然的信仰**，一种真正虔诚而神圣的信仰。

至此，我们看到尼采把这种新的信仰方式植根于自由，并把自由理解为纯粹的偶然。但我们很快发现，这只是自由的一个维度，自由还有另外一个维度，必然性的维度，只有当自由、偶然和必然内在关联的时候，才能真正叩开自然的奥秘之门，也才能真正步入尼采那最渊深的思想。

2. 永恒回复

关于偶然，尼采还有一些著名的表述[①]：

> 我是扎拉图斯特拉，不信上帝的人：我把每个偶然（jeden Zufall）放在我的锅里炖煮。我先把它煮熟，我才会欢迎它做我的食物。
>
> 真的，许多偶然摆出主人的架子，来到我这里：但我的意志摆出的主人架子更足，同它对话，——它于是跪地求饶了——

[①] 〔德〕尼采：《扎拉图斯特拉如是说》，黄明嘉、娄林译，华东师范大学出版社，2009，第285~286页，"论变小的道德"。另见第286页注1："你们瞧呀，我是如何将每个偶然置于我的汤汁里煮啊：它若煮熟了，它就是'我的意志和命运'……"

向我请求，可以在我这里找到住处和我的内心，它谄媚地说："瞧呀，哦，扎拉图斯特拉，是朋友来找朋友了！"——

偶然是必须面对的，更是强力意志必须创造性驯服、改造和招安的，这是尼采一贯的说辞①：

> 我的全部创作和努力，便是组合碎片、谜和可怕的偶然，使之成为"一"。
> ……
> 所有的"过去如此"都是碎片、谜、可怕的偶然——直到创造意志补充说："我要它如此！"
> ……
> 我把我的一切诗作（Dichten）和追求都教给他们：诗化人的破碎、谜和令人悚惧的偶然，让它们合为一体，——

偶然在此被表述为消极性的，这也许是对意志不够强力者而言的，因为我们已经知道，偶然不仅是自由与解脱的同义词，而且"偶然是无辜的，如同孩童"②。

在这看似矛盾的说辞之中，我们应该关注的，是它们共同传达出的东西，那就是自由意志与偶然之间的关系。偶然本身无所谓可怕与否、无辜与否，作为一种真实的自然，偶然的意义是由意志来判定的，重要的是意志如何面对、如何判定偶然。当意志要从上帝、理性所代表的人性目的或秩序蛛网中寻求解脱时，偶然是渴望解放和自由的意志的朋友，因为偶然意味着把人从上帝和理性的十字架上解救下来，这种解救的含义，是让生命世界从现有人性及其存在方式中解脱，以

---

① 〔德〕尼采：《扎拉图斯特拉如是说》，黄明嘉、娄林译，华东师范大学出版社，2009，第240、243页，"论拯救"；第331页，"论新旧标牌"。
② 〔德〕尼采：《扎拉图斯特拉如是说》，黄明嘉、娄林译，华东师范大学出版社，2009，第291页，"橄榄山上"。

回复其自身，回复那相对于传统秩序而言的生成变化的偶然，偶然即生成，即自然，即自在，即自由。

但当创造意志要强力地以自己的"一"的意志和秩序改造、征服偶然的时候，岂不是再次剥夺了偶然自在的权力和自由，也就是剥夺了世界万物自在、自己的权力，再次以人性的气息遮蔽了生命存在自身的光芒，使自然再次丧失自然？

意志如何对待自己的朋友？是让朋友屈从于自己，还是让自己追随朋友？

还有第三条道路。从十字架解脱的意志，是强力意志，是真正自由的意志，这自由是以自然为根基、目的和原则的。它意欲并创造全新的道路和存在方式。首先，它像尊重自己一样尊重偶然；其次，这种尊重意味着它要把自己和偶然的友谊置于更高的境界，即寻求偶然自身的而非被外加的秩序，也就是寻求自然自身最渊深的思想。那是前所未有的境界，是大地诸神①舞蹈的地方②：

> 在那里，我认为一切生成都是诸神的舞蹈，是诸神的恶作剧，世界解脱了羁绊，被放开，飞回到自身：——
>
> ——成为众多诸神永恒的逃避自我和重寻自我，成为众多诸神快乐的自我冲突、自我重新聆听，重属自我：——
>
> 在那里，我以为所有的时间都在嘲笑幸福的现时瞬间，那里必然就是自由本身，与自由之刺幸福嬉戏：——

"必然就是自由本身"（wo die Notwendigkeit die Freiheit selber war），或者说，自由本身的必然性，这是尼采对意志和偶然之间关系

---

① 这是尼采创造的新神，根本不同于古代诸神和上帝，乃是自然之神，或更确切地说，是生成的自然之力的化身或比喻，是自然变化之力、之工的寓言。

② 〔德〕尼采：《扎拉图斯特拉如是说》，黄明嘉、娄林译，华东师范大学出版社，2009，第329～330页，"论新旧标牌"。

的深刻定位。意志所欲求的，是要追随自然生成的偶然，而这种偶然本身就是某种必然，自然的而非人性、人为、人道的必然。理解这种必然的关键，是把它与宿命论的必然区别开，同时把必然的自由和随意的自由区别开①。只有纯粹自由的创造意志才能理解并融入偶然的必然，这种"融入"，恰是"创造"一词的本意②：

来自天空的必然迫使种种偶然跳着星形圆舞，当如此必然和一种创造气息，向我拂来一阵清风时：

创造性闪电的欢笑身后，恭顺地跟随着长久而轰隆的行为雷霆，当我与这种欢笑一起欢笑时：

当我在大地诸神的桌子上与诸神掷色游戏，使大地震动、破裂并喷出火流时：——

——因为大地便是神的桌子，创造性的新话语和诸神掷色令它颤抖：——

这怀抱偶然跳着星形圆舞的来自纯净天空的必然，不是别的，正是永恒回复！这不难理解，难的是，如何理解强力意志，或者说我的意志在这永恒回复之圆舞中的角色与意义。来自天空的必然，是自然或偶然的必然，也是我的意志的必然，因为我是那神圣必然的参与者；必然的创造性与我的意志的创造性息息相关，因为那创造性闪电的欢笑中有我的笑声，而且，"我是闪电的宣告者，是乌云中落下的一颗沉重雨滴"，"宣告闪电的来临，并作为宣告者而毁灭"，而"这闪电就叫超人"③。换言之，我不是超人，但超人因我

---

① 〔德〕尼采:《扎拉图斯特拉如是说》，黄明嘉、娄林译，华东师范大学出版社，2009，第336页，"论新旧标牌"。
② 〔德〕尼采:《扎拉图斯特拉如是说》，黄明嘉、娄林译，华东师范大学出版社，2009，第378页，"七个印章"。
③ 〔德〕尼采:《扎拉图斯特拉如是说》，黄明嘉、娄林译，华东师范大学出版社，2009，第41页，"扎拉图斯特拉前言"。

尼采的启示

而可能，因为我的自我超越、自我毁灭和我的宣告而降临；我的意志和创造，乃是让自然和天空的神圣必然呈现出来的因素。这是我至高无上的荣耀和欢乐，因为我通过自己的自由精神和意志创造出与神同在、与神同乐、与神同造化的命运；但这荣耀中包含的是**我的无限的痛苦和对痛苦的超越**[①]，因为我必须彻底战胜自己，真正完成自己的精神变形，而精神变形意味着生命的超越与变化不是线性的经验可循的自然过程，而是飞跃性的自由创造的质变，是没有外在成法可循的，是生命精神自身强健自由生长之内在必然；变形为赤子，才能上升到那至高无上的境界，即回复到自己、自身、自然的高度（低处、原点），而只有回复了自己、自然，才能参与自然的造化。自我超越的意志，根本不同于一般的人类意志，**我的**意志，乃是**自然的**意志，亦即**永恒回复的**意志。生生之谓易[②]，而易之道，在于君子、

---

① 乌云的自我献祭精神，生命的痛苦与自我超越的艰难，在尼采那里比常人那里表现得更加突出，因为他的生命意志和创造力是在与疾病的不断搏斗中呈现出来的。云的意象，对于尼采，不仅是精神的，也是肉体的。他在给欧维贝克（Franz Overbeck）的信中曾这样写道："我很绝望，痛苦征服我的生命和意志。多么悲惨的几个月，多么悲惨的一个夏天！我身体的痛楚就像我所看到的天空的云那样众多、那样变化。每朵云都藏着某种形式的闪电，会突然击中我，置我于死地。我曾经五次要求医生让我去死，昨天我希望就这么终结——结果是徒劳。究竟何处是我永久宁静的天空，我的天空在哪里？再会了，朋友"（p. 179）。如果把这封信与"七个印章"第 7 节，亦即原计划全书的最后一节对观，会深切体会到尼采的文字是用生命和鲜血写成的。尼采从年轻时就疾病缠身，并因疾病加重不得不于 1879 年他 35 岁时就辞去巴塞尔大学古典文献学教授的教职，开始此后 10 年在意大利和瑞士的漫游、养病和写作。他曾说他这一生病痛的时候比健康的时候多，病痛常常使他无法阅读和写作，甚至不断把他置于崩溃状态，而他生命的最后 10 年更是在精神错乱中度过的。如果说，耶稣是被一次性钉在了十字架上，尼采应该是终生背负着肉体与精神的双重十字架，但他的伟大之处，在于他把自己生命中无尽的痛苦体验，转化为对自我征服、自我超越的生命强力意志的强烈诉求，转化为永恒生命之爱的欢歌和不朽篇章。这一点在他 1880 年 1 月给迈森堡（Malwida von Meysenbug）的信中有所体现："我的人生可怕而无尽的受难，使得我渴望一死了之，一些迹象使我希望，那解脱的时日已经不远了。就磨难和自我否定而言，我过去这几年的生活堪比任何时代的苦行者；尽管如此，这几年的痛苦使我的灵魂更纯净光辉，我不再需要借着宗教或艺术来达到那个结果（你会注意到我是以此为豪；实际上，彻底的与世隔绝使我能够发现我自己自助的资源）"（p. 171）。以上引文见 *Selected Letters of Friedrich Nietzsche*, edited and translated by Christopher Middleton. Chicago: University of Chicago Press, 1969。

② 《周易·系辞上传》。

圣人、哲人、自由者通过这种自由的创造"裁成天地之道，辅相天地之宜"①。偶然的必然，纯净天空的必然，自由创造的必然，道，自然，自己，根本上是一个意思。

我既是永恒命运的**分享者**，更是其**参与者**，而且，也是更重要的，这个意义上的**我**还有更高的身份：自然、生命、时空或永恒的**主人**与**爱人**②：

  散发着泡沫的混合香料罐中，均匀地混合万物：当我从这罐中啜饮一口③：

  当我的手把最远者浇铸成最近者，把烈火浇铸成精神，把快乐浇铸成痛苦，把极恶浇铸成至善。

  当我自身是拯救之盐中的一粒，正是盐令万物在混合罐中均匀混合：——

  ——因为有一种盐可连接善恶，甚至使极恶也有价值，即变成香料，成为最终的泡沫。

回复自然之万物，超越善恶之上，浸蕴于创造的崭新话语中，有其全新的价值和道德，各自散发着其本性的芬芳，**我的**意志和生命是这芬芳中的一分子，但又是不可或缺的一分子，天地一也，万物齐也，大化行也。此时，我面对的、身处的、浸蕴的是万物亿类，是芸芸纷纷之多，更是多之大化命运之永恒回复的一。此刻，新生、再生之我，满怀不可遏止的爱欲和渴望，热望这永恒回复之一，这象征自然、生命和永恒的唯一的女人，这令我销魂到刻骨铭心的女人，我要把她变成我的女人，我的爱人！犹如要将那一个目标套在生命那强力怪兽的

---

① 《周易·泰》。
② 〔德〕尼采：《扎拉图斯特拉如是说》，黄明嘉、娄林译，华东师范大学出版社，2009，第379页，"七个印章"。
③ 此行之后删去的文字是："以至于最恶的东西仍发出幽香，心气平和地进行统治，与至善之物并肩一样崇高。"

尼采的启示

千百个脖颈上①,我要把一只永恒回复的钻戒套上她的纤纤玉指,我要把生命的每一个瞬间都变成我们的新婚花烛夜洞房春宵时,以我无限的爱欲抚慰她、充塞她、深耕她、播种她,这是永恒的爱,是生殖的爱,是创造的爱——创造婴儿-超人-自己!

性爱在尼采永恒回复思想中的寓意不容忽视。"论三种恶行"的三种恶行,应该是尼采最关切的三种生命质素,而性欲(Wollust)居首②。曾经支配柏拉图思想的 Eros,再次支配尼采,也许这一幽灵从来就不曾离开哲学的圣殿。当尼采反复吟唱"哦,我怎能不热望永恒,怎能不热望那戒指中的婚戒——回复之戒!我从未觅到我愿与其生子的女人,但我爱的女人除外:因为我爱你,哦,永恒!"时,我们可以更强烈地感受到这位终身的单身汉无与伦比的爱欲,并从中窥见尼采的生命肖像:他侧身天地、独立苍茫,手握生命之根,与无边深沉而迷人的自然女神神交,他要把自己的生命最深邃地融入自然的永恒母体中去!

那么,这爱欲强烈到什么程度?③

> 是我决意把手按在数千年的年华上犹如按在蜡上吗?/这对我似乎很重要,但还不够,对我而言,对我对永恒的爱而言,这只是微不足道罢了,一滴水罢了——一滴自己受煎熬、而不是从煎熬中解脱的水。/是我突然产生了这样的欲望么:将星星融化在快乐之怀里,怀着敬重之心,把宇宙倾倒在永恒之毯上?/这很重要,但意犹未尽,对我而言,对我对永恒的爱而言,这也只是微不足道罢了。

---

① 〔德〕尼采:《扎拉图斯特拉如是说》,黄明嘉、娄林译,华东师范大学出版社,2009,第111页,"一千个目标和一个目标"。

② 〔德〕尼采:《扎拉图斯特拉如是说》,黄明嘉、娄林译,华东师范大学出版社,2009,第314页,"论三种恶行"。这三种"恶行"是性欲、统治欲(或强力意志、做主人的欲望)、自私。

③ 〔德〕尼采:《扎拉图斯特拉如是说》,黄明嘉、娄林译,华东师范大学出版社,2009,第377页注2,"七个印章"。

征服时间、重塑千年岁月是永恒回复的基本诉求，算得上丰功伟绩，但相比这种爱欲，不过沧海一粟。把星辰宇宙融化在爱的欢乐怀抱，倾于永恒之毯，也不过一晌贪欢、一掬清水，不足于爱欲的汪洋大海。我与永恒之间的爱，其精髓，可以用"论面貌和谜"中的一句著名的话来概括①：

这就是人生么？好吧！再来一次！War das das Leben? Wohlan! Noch Ein Mal!

我和永恒的爱，不是一次、一生、一世，而是永恒，永恒即无限的"再来一次"。对此最生动的比喻，就好比是一个世间顶级好色之徒对他心仪丽人的强烈欲念，不是一次、几次、多次，而是永远的"再来一次"！虽然"一己精神有限，天下色欲无穷"②，但查拉图斯特拉不仅要把有限的精力投入无限的爱的事业，而且要把有限的生命精神创造上升为无限的精神，以成就可以无限地"再来一次"的永恒回复大化创生的命运。"再来一次"道出了永恒回复的真谛。永恒回复不是说要永恒回复、循环、轮回到过去，而是说强力意志要一再回到自己，回到自己的意欲和创造本性，回到自己创造的起始和开始时刻，再次开始，永远再次开始，永远都是开始，使生命永远在生成和创造的车轮上。尼采把自然，把自我生成、自我创造的自然变成自己心爱的女人，做爱，生子，再做爱，再生子，永远地做爱，而且永远回到第一次做爱，永远是处子之爱，永恒回复于处子的新婚之夜，爱欲无限，爱欲常新！一如太阳，每天落下，但每天又重新升起、重新开始！每一次爱都是一次自我献祭和沉没，每一次爱和沉没都是一次拯救和

---

① 〔德〕尼采：《扎拉图斯特拉如是说》，黄明嘉、娄林译，华东师范大学出版社，2009，第365页，"论面貌和谜"。
② 兰陵笑笑生：《金瓶梅词话》，第79回，陶慕宁校注，人民文学出版社，2000，第1104页。

尼采的启示

新生，在夕阳的金光中，永恒的生命和永恒的爱一起被成就①：

  我要到人类之中再走一遭（noch Ein Mal）：我要在他们之中沉落，濒死之时，我将把最丰富的赠礼送给他们！

  这，我学自沉落的夕阳，那最富有者：它从取之不尽的财宝中，将黄金撒向大海，——

  ——于是，最贫穷的渔夫也摇荡金桨！我眼见这一情景，凝视中热泪长流。——

  扎拉图斯特拉也要如太阳一样沉落……

  永恒回复是自然的命运，是太阳的命运，问题是，谁人能与太阳共命运？查拉图斯特拉能吗？如果是那样的话，尼采无疑把他的查拉图斯特拉变成了神，变成了又一个耶稣基督，查拉图斯特拉的教诲也就成了又一种神的宗教。这不是他真正的意欲。查拉图斯特拉的意义在于，意志应该成为永恒回复的意志，人应该开启更近于自然的生命方式，人的命运在于参与、合乎自然的创造。生命应该是一种在自然的怀抱中的创造游戏，是一种随自然起舞和飞翔的欢乐游戏。人不可能像太阳那样具有永恒的生命，或永恒回复的生命，但人拥有对永恒生命的**爱**！只有这种爱是最关键（das A und O）的东西，是我的开始和终结（mein A und O）②，是真正堪称永恒的东西。换言之，生命的永恒，不取决于生命的时间长度，而取决于生命之爱的强度和性质；**对永恒的爱，就是永恒，爱即永恒**。爱的意义，在于爱的意志通过自己的自由和创造使自身得以近于自然之道、生命之道；而更重要的一点乃在于，**正是**由于这种强力意志的自由和爱，**才能**澄显出那自然最

---

① 〔德〕尼采：《扎拉图斯特拉如是说》，黄明嘉、娄林译，华东师范大学出版社，2009，第331页，"论新旧标牌"。

② 〔德〕尼采：《扎拉图斯特拉如是说》，黄明嘉、娄林译，华东师范大学出版社，2009，第381页，"七个印章"。尼采有意模仿《启示录》1，8："主耶和华说'我是阿拉法，我是俄梅嘎，是昔在、今在、以后永在的全能者'"。

渊深的内蕴和道路。自然的真理，永恒回复的造化，只在自由之爱的创造中澄显，因为只有自由之爱者才会欲求"再来一次"，才会要求永恒回复的命运。此刻澄显的，是纯净深澈的**天空本身**，更是**我自己的天空**，那是自由创造的崭新的天穹，是被我的爱开启的一个新的宇宙，这必然的天空、这自然之道，在我之上，但不在我之外，而在我之中，仅仅是**我的**天空和必然，是基于我的精神变形之自由自律，而非他在或他律，正因为此，它才堪称我永恒之爱和永恒生命的写照，如此，我与天空的创造性相遇才成为可能[①]：

> 当我在自己的上空张开宁静的天穹，鼓振自己的羽翼，飞翔在自己的天空；
> 当我在深沉的光明远方游泳、嬉戏，当飞鸟的智慧莅临我的自由：——
> ——飞鸟的智慧如是说："你瞧，没有上，没有下！把你自己向四处抛投，抛出去，抛回来，你轻盈的人啊！……"

[①] 〔德〕尼采：《扎拉图斯特拉如是说》，黄明嘉、娄林译，华东师范大学出版社，2009，第381页，"七个印章"。

五
信仰与政治

（一）耐心

在《瞧！这个人》中，尼采写道："也许整个《查拉图斯特拉如是说》都可以视为音乐"①。而这部辉煌乐章的高潮正是"七个印章"，它首先宣告了尼采的思想目标，那就是如何创造自己的生命天空，如何"在自己的上空张开宁静的天穹，鼓振自己的羽翼，飞翔在自己的天空"；同时宣告了尼采的哲学乃是纯粹的、纯净的哲学，而非一般的政治哲学，因为，就像《查拉图斯特拉如是说》的副标题"一部给所有人又不给任何人的书"一样，无比热爱人类和大地的查拉图斯特拉却无法在人世间实践他的爱，从未觅到他愿意与其生子的女人。换言之，他无法在这个世界实践他的哲学，无法让哲学从纯粹的、诗与音乐的高度降格为现实世界的真理和法律。尼采不爱**这样的**世界，只爱永恒，作为自然和生命的永恒。在与永恒的无限爱恋中，只有歌唱和音乐；在永恒之爱的音乐中，所有的语言都成了谎言②，世界所必需的教化与政治话语也不例外，也就是说，这种哲学没有直接成为政治哲学的可能性。

---

① 〔德〕尼采：《瞧！这个人》，"查拉图斯特拉如是说：一部给所有人又不给任何人的书"，KSA 6，第 335 页。
② 〔德〕尼采：《扎拉图斯特拉如是说》，黄明嘉、娄林译，华东师范大学出版社，2009，第 382 页，"七个印章"。

卷一 | 五 信仰与政治

在音乐的高潮和盛宴之后，尼采又续写《查拉图斯特拉如是说》，写出第四卷，表明一个圣人，一个伟大哲人内心的矛盾与彷徨。高居众山之巅，还是下降到人间？哲学永远无法拒绝政治哲学的诱惑，纯粹的灵魂永远无法回避对**这个**世界的爱。查拉图斯特拉不会安心于躺在自己那纯净深澈的天空、那"天蓝色的幸福之湖里"，独享一己的神仙生活。举形升虚心不甘，游于名山又回还。"幸福算什么！"他回答，"我早就不追求幸福了，而追求我的事业。"[①]

这是查拉图斯特拉对幸福的理解，幸福首先意味着创造自己的生命天空，创造自己的哲学，在这种创造中成熟[②]：

> 我的情况好比成熟的水果。我的血管里有蜂蜜，它使我的血液变稠，使我的灵魂更加宁静。

幸福的第二层含义，是把成熟的自己变成祭品，把美味成熟的蜂蜜精炼成蜂蜜祭品。但重要的是这祭品的用途，不是为了献祭给超然的天国和神祇，而是把自己的成熟和幸福炼成最美味可口的诱饵，以垂钓、提升世人[③]：

> 尤其这人类的世界，人类的海——我向它甩出金色的钓竿，并说：请张开吧，你，人类的深渊！
>
> 张开吧，把你的鱼和闪光的虾掷给我吧！今天，我用最好的钓饵钓到最神奇的人鱼（Menschen-Fische）！
>
> ——我把我的幸福本身掷到所有浩瀚和遥远的地方，从日

[①] 〔德〕尼采：《扎拉图斯特拉如是说》，黄明嘉、娄林译，华东师范大学出版社，2009，第387页，"蜂蜜祭品"。

[②] 〔德〕尼采：《扎拉图斯特拉如是说》，黄明嘉、娄林译，华东师范大学出版社，2009，第388页，"蜂蜜祭品"。

[③] 〔德〕尼采：《扎拉图斯特拉如是说》，黄明嘉、娄林译，华东师范大学出版社，2009，第389页，"蜂蜜祭品"。

尼采的启示

出、正午到日落，看是否有许多人鱼学会咬我的幸福之钩，学会在上面活蹦乱跳。

没有一位圣人或哲人能够拒绝拯救世界的诱惑，拒绝所爱者的诱惑，拯救世界于深渊，正是查拉图斯特拉所谓的事业。关于自己的身份、职业或使命，他是这样说的："根本上，我生来就是**这样的人**，拉起〔钓竿〕，拉近，向上拉，拉上来，我就是拉拽者、培育者和管教的大师，当时我没有白对自己说：'成为你所是的那种人吧！'。"①

颇有姜太公垂钓的风范。哲人是要以理服人，贵在诱导，使人愿者上钩，虽有诱骗之嫌，但避免了强迫和强制性。哲学旨在培养人类的自觉性，这意味着，不是哲人的降格，而是人类能够觉悟并在哲人的教助下自我提升到哲人期望的高度。查拉图斯特拉格外强调了这一点，他是居高临下，身处高山而垂钓。他十分清楚，而且早有教训，不合时宜地下降到人群，必然被误解，被歪曲，被视为小丑，且可能招致杀身之祸。"但愿现在有人要**向上**来到我的高处：因为我还等待着某些迹象，表明我下落的时刻已到；现在，我还不能下到人群中去，虽则我不得不下去。所以，我在高山上等待，狡黠而嘲讽地等待……"②。

哲学的使命与尴尬及智慧由此可见一斑。哲学不得不下到人海，但又必须有足够的耐心，等待，再等待；忍耐，再忍耐，否则必将酿成恶果，人世的恶果③：

---

① 〔德〕尼采：《扎拉图斯特拉如是说》，黄明嘉、娄林译，华东师范大学出版社，2009，第389页，"蜂蜜祭品"。
② 〔德〕尼采：《扎拉图斯特拉如是说》，黄明嘉、娄林译，华东师范大学出版社，2009，第389页，"蜂蜜祭品"。
③ 〔德〕尼采：《扎拉图斯特拉如是说》，黄明嘉、娄林译，华东师范大学出版社，2009，第390页，"蜂蜜祭品"。

——有人因等待而变成做作的暴怒者，变成来自群山的神圣的怒号之风，成为一个不能忍耐的人，向山谷下呐喊："你们听着，要不我用上帝的鞭子抽你们"。

当年耶稣-保罗就是这么干的，要在地上建立天国，把人间变成教会。当然希特勒和斯大林们犯的也是同样的错误。无论如何爱着世界，无论如何渴望拯救世界，查拉图斯特拉都永远不失其哲学家的清醒、理智和耐心，无论那时刻多么遥远都要耐心等待①：

这"遥远"有多远？这与我何干？

等待，等待那属于自己的，等待那和自己一样的，或者说像自己一样的②：

在所有的大海中属于我的东西，万物中我的自在、自为的东西（mein An-und-für-mich in allen Dingen）——我要把它们钓出来，把它们带到我的高处：我，渔夫中的极恶者，为此而等待。

"万物中我的自在、自为的东西"，这个表达准确传达出查拉图斯特拉的目标与期待，他等待的人鱼，乃是自觉、自在、自由的那个"自己"，是和查拉图斯特拉一样的人，是"人"这个概念的本义。哲学或查拉图斯特拉教诲的真谛，不是期待信徒，而是期待人，真正意义上的自由的人。为了人海中有人诞生、升起，一万年太短！哲学家如是说。

查拉图斯特拉把自己的命运和等待查拉图斯特拉的千年王国联系

---

① 〔德〕尼采：《扎拉图斯特拉如是说》，黄明嘉、娄林译，华东师范大学出版社，2009，第390页，"蜂蜜祭品"。
② 〔德〕尼采：《扎拉图斯特拉如是说》，黄明嘉、娄林译，华东师范大学出版社，2009，第391页，"蜂蜜祭品"。

尼采的启示

在一起。这是地上的王国，奠立于永恒的土地，即坚硬原始的石头上：这是大地，不是超然的天国；这是坚硬且高迈的大地，而非沉陷的黑色忧郁之腹的人鱼之海。没有天国，没有地狱，只有大地，但大地上有海拔和硬度的差异，质的差异，需要攀登，需要自我超越和创造，才能站立于查拉图斯特拉千年王国的大地上。以这种方式，尼采克服、扬弃了柏拉图和耶稣的哲学和教义，为人类开辟出哲学和信仰新的时空可能性，大地和高山上的可能性[①]：

> 我的命运为此而给了我时间：它忘记我了吗？或者，它在树荫下，坐于巨石，捕捉苍蝇？
>
> 真的，我在山上善待我的永恒命运，因为它不催逼我，给我时间玩笑、作恶：所以，我今天登上这座高山垂钓。有人在高山上钓过鱼么？即便我在高山上的所想所为是一种愚行：但总好过在山下因等待而变得死板、变绿变黄——
>
> ……
>
> 但我和我的命运——我们不为"今天"说，我们也不为"永不"说：我们有的是耐性、时间和过于充裕的时间说话。因为那个人终有一日必然会来，怎会过而不留。
>
> 谁必然会来呢？我们伟大的"哈查尔"，此乃我们伟大而遥远的人类王国，扎拉图斯特拉的千年王国——
>
> 这"遥远"有多远？这与我何干！我并不因此不能确信——我的双脚可仅仅站在这块土地上，
>
> ——站在永恒的土地上，坚硬的原始石头上，站在最高最坚硬的原始山脉上，所有的风都吹向这里，犹如天气的分界线……

---

① 〔德〕尼采：《扎拉图斯特拉如是说》，黄明嘉、娄林译，华东师范大学出版社，2009，第390页，"蜂蜜祭品"。

（二）信仰与政治

困境中的呼喊（Nothschrei），成为第四卷的主线，一如查拉图斯特拉垂钓的线饵，把一个个更高的人（der höchste Mensch）从黑色人海中拉出水面，拉到他的高山洞府；同时，这也是人类的一根线饵，同情的线饵，把查拉图斯特拉从他的高迈宫廷（Hof）再度诱向人间。

同情，是区别查拉图斯特拉教诲与基督教等其他教义的分水岭。第四卷开篇的题词，重复了第二卷"论同情者"中关于同情的话[1]：

> 世间还有什么比同情者的愚蠢更愚蠢的呢？世间还有什么比同情者的愚蠢更能招致痛苦的呢？
>
> 所有的爱者多么痛苦，他们的高度还未超出他们的同情！
>
> 魔鬼曾对我如是说："上帝也有自己的地狱，那便是他对人类的爱。"
>
> 最近我却听见他对我说："上帝死了；其死因就是他对人类的同情。"

困境中的呼喊，绝望中的呼救，根本上是一个幻象，一个陷阱，一个欺骗，目的在于诱使查拉图斯特拉背离自己的哲学和原则，犯下最后也是最致命的错误——同情。使查拉图斯特拉意识到困境中的呼喊的，是代表对生命极度厌倦（die große Müdigkeit）的卜卦者。卜卦者宣扬的是"万事皆同，什么都不值得，世界毫无意义，知识使我窒息"[2]，是没有求知激情和生命欲求的厌倦、寂灭的生命态度和状态。

---

[1] 〔德〕尼采：《扎拉图斯特拉如是说》，黄明嘉、娄林译，华东师范大学出版社，2009，第160页，"论同情者"。

[2] 〔德〕尼采：《扎拉图斯特拉如是说》，黄明嘉、娄林译，华东师范大学出版社，2009，第392页，"困境中的呼喊"。

尼采的启示

查拉图斯特拉听到了从人海的黑色深渊里传来的一声长长的、长长的呼喊,听到了困境中的呼救,不过,查拉图斯特拉的反应是①:"可是,人的困境与我何干!"这种反应使卜卦者更加失望,在他看来,查拉图斯特拉同样是一个空洞的生命,并不代表超越的希望,"一切皆同,什么都不值得,怎么寻找也无济于事,没有幸福岛"。听闻此言,查拉图斯特拉的回答坚决而自信②:

"不!不!还是不!"他大声呼叫,并用手捋着胡须——"这,我可知道得更清楚!有幸福岛!对此沉默吧,你这常吁短叹的伤感口袋!"

"有幸福岛",这类似于信仰者所谓的"有上帝"。查拉图斯特拉明确了某种坚定的信念,某种生命的希望。但在其看似坚定的言辞背后,尼采又留下了太多的暗示,暗示查拉图斯特拉心境的复杂和渊深。当查拉图斯特拉终于被同情所诱,要循着困境中的呼救声下山去拯救那更高的人时,卜卦者的话似乎透露出机窍③:"哦,查拉图斯特拉,你这个无赖!我早已知道:你想甩掉我!你宁愿跑进森林追逐恶兽!这于你何益?晚上,你又会重新拥有我"。这分明是说,卜卦者的极度厌倦或极度厌倦的卜卦者不是别人,正是查拉图斯特拉自己,是他夜深人静时内心世界的某种反映或状况,是他自己的某个影子④。查拉图斯特拉在自我超越的强力意志和极度厌倦世界和生命的寂灭意志之间挣扎,这种挣扎的实质,是生命的态度,或者说是人生的信念、

---

① 〔德〕尼采:《扎拉图斯特拉如是说》,黄明嘉、娄林译,华东师范大学出版社,2009,第393页,"困境中的呼喊"。
② 〔德〕尼采:《扎拉图斯特拉如是说》,黄明嘉、娄林译,华东师范大学出版社,2009,第395页,"困境中的呼喊"。
③ 〔德〕尼采:《扎拉图斯特拉如是说》,黄明嘉、娄林译,华东师范大学出版社,2009,第395页,"困境中的呼喊"。
④ 〔德〕尼采:《扎拉图斯特拉如是说》,黄明嘉、娄林译,华东师范大学出版社,2009,第392页,"困境中的呼喊"。

信仰。尼采写于 1884 年秋至 1885 年初的一则手稿，说明了这一点①：

> 卜卦者：我发现所有人的内心隐秘的厌倦，无信仰，不信仰（Unglauben，Nichtglauben）——表面上他们很轻松——他们厌倦了。他们全都不相信其价值。
> 还有你，扎拉图斯特拉！小小的闪电就足以把你粉碎！

这是查拉图斯特拉的另一面，是他人性的弱点，是他的真实。他是有信仰的人，相信生命的价值，相信有幸福岛存在，相信未来，但这种信仰不是先天给定的，而是需要他不断地自我克服和超越才能坚持的。他是个人，卓异的人，但还不是超人。那发出困境中呼喊的诸位更高的人，不是别人，正是他自己，是他的诸面相或诸种可能性，是他自己本性或精神的碎片②；那困境中的呼喊，不仅是来自深陷人海中的人们，更来自他自己的灵魂深处，是他的挣扎和自我拯救的呼喊。查拉图斯特拉必须要把自己变成自己的桥梁。

由此可知，尼采在完成《扎拉图斯特拉如是说》后，又续写第四卷，是在继续思考查拉图斯特拉下山的政治哲学，而这种拯救世界的政治，本质上仍然是自我拯救、自我超越的哲学，这种哲学的核心乃是信仰问题，关于生命的信仰。这应该是第四卷的要旨。

另外，"与国王们的谈话"表明，下山的政治哲学，并非就是人间的政治学。人间的政治，亦即尼采所面对的当时欧洲现实的民主政治，以及正在欧洲发端的社会主义政治，在尼采看来统统是群氓的政治，逃离人世的国王道出了人世的本质③：

---

① 〔德〕尼采：《扎拉图斯特拉如是说》，黄明嘉、娄林译，华东师范大学出版社，2009，第 392 页注 1，"困境中的呼喊"。
② 〔美〕斯坦利·罗森：《启蒙的面具——尼采的〈查拉图斯特拉如是说〉》，吴松江、陈卫斌译，辽宁教育出版社，2003，第 245、257 页。
③ 〔德〕尼采：《扎拉图斯特拉如是说》，黄明嘉、娄林译，华东师范大学出版社，2009，第 399 页，"与国王们的谈话"。

尼采的启示

真的，宁可与隐士和牧羊人为伴，也不愿生活在我们那些金玉其外、虚伪矫饰、过度化装的群氓（Pöbel）之中——尽管他们自称为"良好的社会"。

——尽管他们自称为"贵族"，但一切皆虚伪、腐败，尤其是血液，为古老的恶病以及更恶的治疗艺术家所造就。

……

这是群氓的王国——我不愿再欺骗自己。而群氓即谓：大杂烩（Mischmasch）。

群氓大杂烩：其中一切混杂，有圣人、流氓、乡村贵族、犹太人、还有来自诺亚方舟的家畜。

欧洲社会的败血病由来已久，而基督教对此功不可没。听完国王的话，喜不自胜的查拉图斯特拉即兴吟诵了一首小诗，道出了病因[①]：

从前——我想是公元元年——
古希腊的女预言家，不饮而醉，说道：
"哎，大事不好！
衰落！衰落！世界从未堕落得这么深！
罗马堕落成妓女和妓院，
罗马的恺撒堕落成畜生，上帝自己——变成了犹太人！"

显然，上帝降身为某个犹太人，耶稣基督的诞生，乃是人类堕落的起点和根由，也是政治腐败的开始和根由。从此，基督上帝来到这个世界，不仅根本改变了人类的身心和健康，而且根本腐败了人类的政治，从此，世界不是像黑格尔主义者所认为的那样是处于进步和上升的历史之中，恰恰相反，是处于堕落和沉沦之中。而且，最具讽刺

[①]〔德〕尼采：《扎拉图斯特拉如是说》，黄明嘉、娄林译，华东师范大学出版社，2009，第401页，"与国王们的谈话"。

意味的，是尼采由此表明，基督信仰，不仅没有宣告人类信仰时代的到来，而是意味着人类由此失去了信仰、不再信仰！政治本质上就是信仰。

在第四卷接下来的章节中，尼采越来越专注于对信仰问题的探讨，甚至可以说，更深入地批判、反思上帝和信仰问题，乃是尼采续写《查拉图斯特拉如是说》的主要意图。

"魔法师"中的那首诗，是魔法师的悲诉，有着深刻的信仰内涵。痛苦不堪的老魔法师，哆嗦、抽搐、蜷缩着，俨然是被世界抛弃的孤独者，彻底的孤独使他身心寒彻、目光呆滞，他难负其重，"如同一个癫狂症患者，挥舞四肢，终于劈脸倒在地上"[①]。但，真正击倒他的，不是孤独，而是孤独中那未知的上帝[②]：

> 又遭你追逐，思想啊！
> 不可言明者！隐匿者！可怖者！
> 你这隐伏在云中的猎手！
> 为你的闪电击倒，
> 你嘲讽的眼神从黑暗中注视我：——我就这么躺着，
> 弯曲、蜷缩，忍受一切永恒的痛苦折磨，
> 被射中啊，被你射中，最残酷的猎手
> 你这未知的——上帝呀！

被谁击倒？被思想（Gedanke）、自己的思想，还是被云中隐匿的、未知的上帝？

这里的上帝是哪个上帝？是何种意义上的上帝？

也许这都不是最重要的问题。重要的是，孤独的心灵正被某种终

---

① 〔德〕尼采：《扎拉图斯特拉如是说》，黄明嘉、娄林译，华东师范大学出版社，2009，第411页，"魔法师"。
② 〔德〕尼采：《扎拉图斯特拉如是说》，黄明嘉、娄林译，华东师范大学出版社，2009，第412页，"魔法师"。

尼采的启示

极的目光或力量折磨着,这终极的视野无所不在、无所不能,注视着人的痛苦,极尽折磨之能事[1]:

> 你这未知的——上帝呀!
> 射得再深沉些!
> 再射一次吧!射穿、撕碎这颗心吧!
> 这折磨想要怎样呢,
> 竟以钝箭射我?
> ……
> 你这幸灾乐祸而又未知的上帝?——
> 哈哈,你悄然来临?在这午夜,
> 你意欲何为?说!
> 你催逼我,压迫我——
> 哈!已经太近了!
> 走开!走开!
> 你听我的呼吸,
> 你探听我的内心,
> 你这嫉妒者——
> 你嫉妒什么?
> 走开!走开!这梯子干什么用?
> 你想潜入
> 我的内心,
> 进去,进到我最隐秘的
> 思想里面?
> 厚颜无耻!未知的——小偷!
> ……

---

[1] 〔德〕尼采:《扎拉图斯特拉如是说》,黄明嘉、娄林译,华东师范大学出版社,2009,第412页,"魔法师"。

你这拷问者？

你——刽子手上帝！

上帝是最可怕的存在，因为它的存在，我们的灵魂不得安宁，永无宁日。这是一种终极的道德力量，道德窥视者、监察者、评判者、裁决者、刽子手，也可以看成终极的理性力量或意识，或者，是最高意义上的人类自我意识、自我批判的象征。就此而言，未知、遥远但永远在场的上帝，乃是人类自我审视、反省的绝妙工具，它深入生命和心灵的每一个角落、细微处和极限，以探测、监督、见证人类生存的所有可能性或最大可能性——幸福与快乐的极度、痛苦与不幸的极限、理性与情感的边界……没有那无限的上帝，生命和灵魂的底蕴、界限无法测知、绽开、延伸。上帝的角色似乎不可或缺：上帝是幸福者幸福的见证者和被感恩者，是痛苦者痛苦的见证者和被哀诉、被怨艾者，是生命反思、认知、感悟的工具，也是生命反思、认知、感悟本身，就这个意义而言，有上帝和没上帝的生命会不一样。但由此也不免让人做如下感慨：

  无辜的上帝啊
  永远沉默的主啊
  被幸福者赞颂
  被不幸者怨艾
  被纯洁者添誉
  被邪恶者羞辱的上帝
  依然无辜
  依然沉默
  没有人能丝毫影响到
  你的无辜
  你的沉默

> 尼采的启示

和你永恒不移的切身与遥远

换言之，上帝，不是一般宗教意义上的存在，而更多是一种符号意义上的存在，这种符号是生命所必需，是生命自身不可或缺的成分、灵魂。这种意义上的生命才称得上真正的虔诚（Frömmigkeit）和诚实（Redlichkeit），也才能摆脱任何意义上的神明崇拜和奴性信仰，以回归生命自身的虔诚和信仰。这是"逊位"（在草稿中名为"论虔诚者"）中要探讨的主题。

"逊位"是最后一位教皇和查拉图斯特拉之间的对话，话题是上帝之死和上帝批判。教皇侍奉并送终的是宗教的上帝，是《圣经》中的上帝，是基督教的上帝，尼采把他定位为一个历史的上帝，人格的上帝，作为人的上帝。作为对上帝无限忠爱的侍者，教皇对主人的一切都了如指掌，教皇道出了死去的老上帝的秘密和本性[①]：

（1）一个保密的上帝，充满隐秘的行为。生个儿子也用鬼祟的方式。他的信仰之门上标着通奸。

（2）上帝的爱被无限夸大了，因为想当主宰赏罚的法官，上帝的爱是不够充分的，因为真正的爱乃在赏罚的彼岸。

（3）这个来自东方的上帝，年轻时强硬、暴烈、好复仇，为了照顾、取悦自己偏好的人，他自造了地狱，送给那些在他的爱之外的人。另外，一如查拉图斯特拉所言，他总是多义（vieldeutig）、暧昧而含混（undeutlich），以至于我们人类无法正确地聆听和理解他。这个责任该谁来负？造物主的上帝，还是被造的人类？不管是谁的责任，但从总是怒气冲冲、大发雷霆的上帝的样子就可看出，虽然我辈被造得问题百出，也只能从我们自己身上找原因，我们只能自负其责。那么这样一来，自由就"被"产生了，因为能够自负其责的，必然是自由的；只有自由者才能自负其责。这自由是上帝故意创造给我们的么？天知

---

① 〔德〕尼采：《扎拉图斯特拉如是说》，黄明嘉、娄林译，华东师范大学出版社，2009，第423~424页，"逊位"。

道！管他呢，反正我们已经自由！

（4）自由的伟大意义在于，既然人是自由的，那么必然的结果就是[1]："让**这样的**上帝滚开吧！宁可不要上帝，宁可依靠自己达成命运，宁可当傻瓜，宁可自己当上帝"。换言之，如果上帝创造了人的自由，也就同时创造了自己的掘墓人。历史地看，当人性觉醒到自由的时代，《圣经》意义上的上帝的存在必然成为问题。

（5）于是，上帝死了。教皇给出的死因是上帝被自然的时间和同情扼杀[2]："他终于年迈、温和、虚弱，富于同情心，更像祖父而不像父亲，但最像颤巍巍的老祖母。他坐在那里摆放火炉的角落里，形容干瘪，为双脚绵软而忧伤，厌倦了世界和意志，某天终因太伟大的同情而窒息亡故。"时间征服了上帝，使他老迈不堪。人之将亡则善，此刻的上帝显出对人类空前的爱，对人类苦难空前的悲悯同情，并最终为此而窒息身亡。老教皇上述表达暗含着对上帝的讽刺，因为临终上帝虽然持有爱心，但我们知道上帝的爱此前一直都是不充分、不足够的；另外，"厌倦了世界和意志"的上帝，怎么会有对人类伟大的同情和无限的爱呢？

总之，这个意义上的上帝肯定会死，不是被他对人类的爱和同情所杀死，而是被他的不完美、不充分、太人性、非上帝性所扼杀。

"逊位"探讨上帝之死的真正意图在于表明，基督教意义上的上帝必死，但上帝之死并不意味着人类的虔诚和信仰也一同消亡！虔诚和信仰是人的本性，人必然会在上帝死后继续自己的虔诚和信仰，问题在于如何填补上帝之死所造成的空当和虚无，并在这种填补中更深入地反思信仰的本质，寻求更本真的信仰。

在上帝之后，老魔法师要"寻找一位真实的人、正直的人、单纯的人；确凿的人，一位最诚实的人，一个智慧的容纳者，一位知识的

---

[1] 〔德〕尼采：《扎拉图斯特拉如是说》，黄明嘉、娄林译，华东师范大学出版社，2009，第424页，"逊位"。

[2] 〔德〕尼采：《扎拉图斯特拉如是说》，黄明嘉、娄林译，华东师范大学出版社，2009，第423页，"逊位"。

尼采的启示

圣者，一个伟大的人……**我寻找查拉图斯特拉**"①。但查拉图斯特拉告诉他，在群氓的王国，根本没有伟大可言。而上帝死后六神无主的逊位教皇，则"寻找最后一个虔诚者、圣者和隐士，他独居于自己的森林"，但这位最虔诚者也死了，"于是我的内心便决定另寻一位，在所有不信上帝的人当中，最虔诚的那位，——就是寻找查拉图斯特拉！"②那么，查拉图斯特拉何以能够满足大家的信仰需求？查拉图斯特拉这个名字对于人类的信仰到底意味着什么？

逊位的老教皇是这样看待查拉图斯特拉的③：

哦，扎拉图斯特拉，有了这样一种不信，你就更为虔诚，甚于你信！你之中的某个神使你皈依你的无神论。（du bist frömmer als du glaubst, mit einem solchen Unglauben! Irgend ein Gott in dir bekehrte dich zu deiner Gottlosigkeit）

不正是你的虔诚，才使你不再相信任何神明吗？你那过于伟大的诚实，还将你引向善恶的彼岸！

唯其不信上帝，才显出其虔诚，比各类上帝的信仰者还要虔诚得多；正是因为虔诚，人才是诚实、真实的人，而这样的人不需要任何神明。显然，虔诚的本意即无神，即不信仰任何神明，即不信仰！另外，既然"你之中的某个神使你皈依你的无神论"，那么虔诚与查拉图斯特拉生命之中的某个神应该是同一的，是一回事。那么，这虔诚或生命中的神到底何谓？

---

① 〔德〕尼采：《扎拉图斯特拉如是说》，黄明嘉、娄林译，华东师范大学出版社，2009，第418页，"魔法师"。
② 〔德〕尼采：《扎拉图斯特拉如是说》，黄明嘉、娄林译，华东师范大学出版社，2009，第421、422页，"逊位"。
③ 〔德〕尼采：《扎拉图斯特拉如是说》，黄明嘉、娄林译，华东师范大学出版社，2009，第424、425页，"逊位"。参见孙周兴译本，上海人民出版社，2009，第336页。

上帝死了，但问题也随之而来："我现在逊位了，没有主人了，但并不自由，一刻也不快活。"① 天国倾塌，生命与存在的基础、坐标、方向不复存在②：

> 我们把地球从太阳的锁链下解放出来再怎么办呢？地球运动到哪里去呢？我们运动到哪里去呢？离开所有的阳光吗？我们会一直坠落下去吗？向后、向前、向旁侧、全方位地坠落吗？还存在一个上界和下界吗？我们是否会像穿过无穷的虚幻那样迷路吗……我们自己是否必须变成上帝……

失去上帝的欧洲迷失在迷茫之中。人类真的不能没有信仰？尼采在《快乐的科学》"信徒与信仰需要"一节中对此有深入的思考③：

> 一个人需要多少信仰才能使自己发达兴旺呢？需要多少"坚固物"的支撑才不致使自己动摇呢？这便是个人力量的测量仪（或者说得更明确些，是他的软弱的测量仪）。
>
> 在我看来，古老欧陆的大多数人当今仍需要基督教，所以该教依然获得人们的信仰。人就是这样：对一种信仰他可以反驳千百次，但一旦需要它，又可以说它是"真理"，其根据就是《圣经》上所载的那著名的"力量的证明"。

人生必需某种确定性的支撑，这是确定无疑的。宗教信仰在人类的历史长河中一直长期扮演着这种强力支撑的角色，只是到了近代才有松动的迹象。但人类从不会亏待自己需要支撑的本性，于是各种新的宗教替代品和支撑层出不穷：形而上学、科学实证主义、宿命论、

---

① 〔德〕尼采：《扎拉图斯特拉如是说》，黄明嘉、娄林译，华东师范大学出版社，2009，第421页，"逊位"。
② 〔德〕尼采：《快乐的科学》，黄明嘉译，华东师范大学出版社，2007，第209页，§125。
③ 〔德〕尼采：《快乐的科学》，黄明嘉译，华东师范大学出版社，2007，第332页，§347。

尼采的启示

悲观主义、无政府主义、爱国主义、民族主义、传统主义、自然主义、虚无主义等等，"凡此种种激烈情感莫不首先表现出对信仰、依附和支撑的需要"。但凡此种种，无不表明信仰寻求者一个至关重要的特质：缺乏强力意志，缺乏自由精神，缺乏自己，没有自己。这是尼采信仰批判一贯的也是最重要的考量[①]：

> 哪里缺乏意志，哪里就急不可待地需要信仰。意志作为命令的情感，是自主和力量的最重要标志，这就是说，一个人越是不知道如何下命令，他就越是急不可待地渴望一个下命令的人，一个严令的人，越是急不可待地渴望神明、王公、上层阶级、医师、听忏悔的神父、教条、党派意识。由此可以推断，世界的两大宗教，即佛教和基督教之所以产生并迅速传播，皆因人的意志患病，病入膏肓。事实确实如此，这两大宗教均找到那种因意志罹病转而产生的荒谬要求、乃至绝望要求，即要求"你应该如何如何……"，它们是意志软弱时代的宿命论教师爷，给芸芸众生提供宿命论这一精神支柱，提供一种新的前景，使他们滋生新的愿望，享受这愿望。

"你应该如何如何"，这是诸宗教的基本命令和道德原则，也是以康德为代表的传统道德哲学为尼采所诟病所抨击的根由，正是在这个意义上康德的自由意志概念被一再批判，因为在尼采的理解中，这种意志并非真正的自由，而是"被"自由，是他律，是依然没有自己；只有自由精神（der freie Geist）才是真正的意志，才是真正的自由和自己[②]：

> 宿命论乃是使弱者和失去自信者达到"增强意志"的不二法

[①] 〔德〕尼采：《快乐的科学》，黄明嘉译，华东师范大学出版社，2007，第334页，§347。
[②] 〔德〕尼采：《快乐的科学》，黄明嘉译，华东师范大学出版社，2007，第334页，§347。

门，是对整个思想界、知识界的催眠术，有利于促进当今占统治地位的观念和情感，亦即被基督徒称之为"营养过度"的信仰。倘若一个人对他必须接受命令的理由深信不疑，他就成了"信徒"；或情形相反，那就表现出人的自决力量和意象了，即表现出意志自由（eine Freiheit des Willens）了。这时，精神（Geist）告别了任何信仰，告别了任何要求获得确定性的愿望，而习惯于以轻便的绳索和可能性支撑自己，即便面临深渊犹能手舞足蹈，这样的精神即为不折不扣的**自由精神**啊（der freie Geist par excellence）！

自由精神是尼采宗教批判的根基和归宿，是克服宗教信仰的法宝。自由精神是尼采用来取代康德的自由意志的概念，是尼采哲学中最核心的概念之一，尼采对它多有论述，并成为《善与恶的彼岸》第二章的标题。在其1888年一则"摆脱'真理'：自由精神"的遗稿中的一段话，道出了他对自由精神的基本考量[①]：

> 对我而言，自由精神是非常明确的东西：自由精神以其对自我的严格、以其真诚（Lauterkeit）、勇气和说"不"的绝对意志（这个"不"是多么冒险啊），比哲人和其他"真理"（Wahrheit）的门徒更高贵一百倍——我把迄今为止的知名哲人都称为带着那个"真理"女人之帽的可鄙的浪子（Libertins）。

坚守严格的自我意识和理性，纯粹、真诚，说不的绝对意志和勇气，这也是康德对自由或自由意志的基本界定。尼采和康德在自由问题上的分野，在于如何理解这种自由的精神、意志和理性的真诚。康德以绝对自发性的先验自由为意志和理性的根基，并由此出发，建立

[①] 〔德〕尼采：《快乐的科学》，黄明嘉译，华东师范大学出版社，2007，第237页注2，§180。参见 KSA 13，第594页，22〔24〕。

起自由意志与绝对律令之间的自律关系,从而建构起他的道德哲学。而不管康德如何界定他的绝对道德律令,以及其与自由意志的关系,尼采都不会买账的。原因很简单,在尼采眼中,康德和别的那些个宗教家哲学家们没有两样,统统属于不真诚、不诚实之辈。只有查拉图斯特拉,也就是尼采,才是诚实的思想者,因为只有他敢于正视、面对现实,只有他的教诲把诚实(Wahrhaftigkeit)视为最高的美德,而别的所有思想家,所以被斥为不诚实,是因为他们是逃避现实的"理想主义者"或"幻想主义者"(Idealisten)①。显然,尼采要把德语的Wahrheit一词中的"真理"成分过滤掉,仅仅保留其"真实"的本意。因为,古往今来的哲人们最爱干的事,就是不顾世界的现实或真实,而去另外创造一种与世界不大相干的美与善的道德秩序,并视之为"真理",因而使"真理"与"真实"背离、对立。而一切外在于世界的诉求,无论是上帝、理念,还是绝对道德律令,都意味着他律,意味着对自由精神之自由、自在、自律的背离。那么,有世界的"真实"、"真相"吗?回答是肯定的;那么这"真实"是什么?是自然,是非道德。在《瞧!这个人》中,尼采自称"我是第一个非道德者(Immoralist):由此,我是不折不扣的毁灭者(der Vernichter par excellence)"②。毁灭的不是世界,而是古往今来对世界的违背世界的解释,那种不切现实的理想主义的道德解释,毁灭的是道德③:

> 不!我们不要再学某种硬要从无信仰中制造出某种信仰、目的和殉道者,要摈弃他们的辛酸和激情!我们洞见这个世界绝非神圣,依照人的标准也绝非理性、仁慈和正义。我们因为看得分明,所以我们如同被蒸发干了似的,变冷变硬了;我们生活于斯的这个世界是非神圣、非道德、"非人性"的,可是,我们在很长

---

① 〔德〕尼采:《瞧!这个人》,"为何我是命运",KSA 6,第367页。
② 〔德〕尼采:《瞧!这个人》,"为何我是命运",KSA 6,第366页。
③ 〔德〕尼采:《快乐的科学》,黄明嘉译,华东师范大学出版社,2007,第330页,§346。

时间内对它做了错误的、骗人的解释，原因就在于我们听任了自己的那个崇拜意志，即听任了一种需要。人，是一种崇拜的动物！

上帝之死，代表着一切道德价值与神圣秩序的颠覆，意味着人类全新的非道德的或后道德的思维方式和视野的开始。非道德根本上即非神圣、非信仰，这是自由精神或独立的理性精神的必然要求。对于康德，自由意味着道德，意味着自由意志与绝对的道德秩序和道德律令的先验关联，而对于尼采则 par excellence（完全）相反：自由意味着非道德！

查拉图斯特拉这个名字，首先意味着自由精神，这种自由与上帝和它所代表、所象征的道德的世界秩序势不两立。但查拉图斯特拉的自由精神不仅仅是否定性的，而且是与某种更高的肯定性分不开的[①]。按照尼采的说法，这个古代波斯人恰恰是历史上第一个把善与恶的斗争看成万物之轮的人，也就是说是第一个创造了道德这一致命失误的人。查拉图斯特拉的意义在于，他创造了历史的悲剧，但他又要通过自己来克服、超越这种历史的失误与悲剧，自我克服、超越道德至于非道德[②]：

> 说出真实，精准射击，这就是波斯人的美德。——你们理解吗？……出于诚实的道德的自我超越，道德自我超越至于其对手——至于我——这就是我口中查拉图斯特拉之名的含义。

一个随之而来的问题是：非道德固然是自由的结晶，是诚实的果实，但这就是查拉图斯特拉的目的和查拉图斯特拉教诲的归宿吗？而

[①] 在精神的变形中，针对"你应该"（Du-sollst）而来的，是说出神圣的"不"（Nein），以及以此为前提的神圣的肯定"是"（Ja-sagen），尼采的自由精神充分体现在这"不"与"是"中。而康德自由意志思想的重心恰恰是尼采所抨击的"应该"。在尼采看来，自由精神与自由意志，分别代表着强力意志与奴性意志。

[②] 〔德〕尼采：《瞧！这个人》，KSA 6，第367页。

尼采的启示

且，诚实不也是一种道德吗，而且是一种传统的应该被"非"掉的道德？

尼采一再提醒我们，他常常会自相矛盾。无论这种自相矛盾是有意为之还是无意使然，有一点对理解尼采是特别重要的，那就是把他的说辞当成诗来阅读。这种阅读对阅读者的理解力、辨别力、想象力甚至于创造力都有极高的要求。我们必须透过尼采的表面说辞，细心辨别他悉心留下的众多路标，才能追随他的思想轨迹，分享他的精神盛宴。

自由所指向的非道德意味着什么？意味着从上帝的光芒中抽身而出。这种抽身而出有不同的意味或效果：对群氓甚至更高的人们，意味着迷失、无边的黑暗、价值与生命的虚无……意味着必须继续寻找作为支点、根基、支撑、目标的新的信仰和新的神明，天国的或尘世的各种意义上的神明或神明替代品……更高的人们找到了查拉图斯特拉，期望在他身上找到归宿、满足需求。而上述抽身而出对查拉图斯特拉又意味着什么呢？

心怀天下的查拉图斯特拉又似乎很谦虚，当满怀悲伤又满怀期待的逊位老教皇找到查拉图斯特拉时，这位波斯先知却说[①]："可是，谁能从肩头卸去**你的**忧伤？我过于柔弱，无力为之。真的，我们要长久等待，直到有人重新唤醒你的上帝"。查拉图斯特拉把历史的重任当仁不让地交给了他自己仅仅是其先驱的超人。超人将"重新唤醒你的上帝"，满足更高的人们乃至于群氓对上帝、信仰和崇拜的需求，言下之意，超人并不会根本改变人类曾有的、一直都享有的信仰崇拜的方式、模式、性质。这是真的吗？显然不是，否则，查拉图斯特拉的工作就白做了，上帝也就白死了一场。但既然面对忧伤且期待的高人们查拉图斯特拉还如此以对，也许要表明他对人们仍然完全没有信心；无论他如何教诲，如何引导，人类都难以走出困境，难以走出上

[①] 〔德〕尼采：《扎拉图斯特拉如是说》，黄明嘉、娄林译，华东师范大学出版社，2009，第425页，"逊位"。

帝崇拜的阴影，难以走向自由精神，难以走向自己。

但尽管如此，作为先知和导师，他一如既往地帮助着人们，尝试引导他们走出上帝的阴影，回到非道德的生命，回到自然，这自然是人创造的起点、根基和坚实的土地，是生命意志和创造的平台。换言之，非道德之否定乃是更高的肯定的起点，是更诚实地理解、解释、创造世界的起点："在我的领地，我不会让人受到伤害；我的洞穴是个良港。我最爱帮助每个悲伤的人，让他们双足重又踏实，立于坚实的土地。"① 他把遇到的高人都诱导向他山巅高迈的洞穴，并嘱咐他们"首先和最迫切的是，你要同我的动物谈谈！最高傲的动物和最聪明的动物——它们愿为我们俩提出真正的建议"②。动物无疑是脱离道德和人性的明确象征，是引导人们回归自然的明确路标。但查拉图斯特拉的动物不是一般意义上的自然存在，而是更高意义上的自然征象，是高傲和智慧的自然！但高人们能理解这种教诲的微言大义吗？

很难！连耶稣这样的人都很难做到，其难度可想而知。"自愿的乞丐"的主角是山间的说教者耶稣的化身，他已经开始有所觉悟，要逃离道德和群氓的世界，他为此"曾一度回归自然"③，也就是说放弃天堂的梦幻而改为"寻找大地上的幸福"④。然而，他回到的是什么意义上的自然？是**母牛的自然**！为此他修改了自己当年在《圣经》中的山上宝训，把"我实在告诉你们，你们若不回转，变成小孩子的样式，断不得进天国"⑤改为更为深刻、更接近自然的训诫⑥：

---

① 〔德〕尼采：《扎拉图斯特拉如是说》，黄明嘉、娄林译，华东师范大学出版社，2009，第425页，"逊位"。
② 〔德〕尼采：《扎拉图斯特拉如是说》，黄明嘉、娄林译，华东师范大学出版社，2009，第433页，"最丑陋的人"。
③ 〔德〕尼采：《扎拉图斯特拉如是说》，黄明嘉、娄林译，华东师范大学出版社，2009，第434页注1，"自愿的乞丐"。
④ 〔德〕尼采：《扎拉图斯特拉如是说》，黄明嘉、娄林译，华东师范大学出版社，2009，第436页，"自愿的乞丐"。
⑤ 《新约·马太福音》18：3。
⑥ 〔德〕尼采：《扎拉图斯特拉如是说》，黄明嘉、娄林译，华东师范大学出版社，2009，第436页，"自愿的乞丐"。

尼采的启示

> 我在这里……寻找大地上的幸福。
>
> 为此我得向奶牛学习……
>
> 我们若不回转,变成奶牛的样子,那我们断不得进入天国。我们倒是要从奶牛那里学会一样东西:反刍(das Wiederkäuen)。
>
> 真的,人即使得到整个世界,但未曾学会反刍一事:那又有何益?他摆脱不了忧愁。

反刍在这里的意思是,从头开始,回到过去,回到比孩子更接近自然的动物,回到反刍和发明了反刍的动物——奶牛。这是耶稣教诲的最高境界。但查拉图斯特拉提醒他,在动物中也是有等级秩序的,这等级是因高傲、智慧而导致的;查拉图斯特拉提醒耶稣向他的动物——高傲的鹰和智慧的蛇多讨教,与它们谈谈动物的幸福。耶稣不愧为耶稣,毕竟有过人之处,因为他马上就意识到还有比他的奶牛更好、更高的动物,这动物不是别的,正是查拉图斯特拉:"'——我更爱的一个人,我不会离开他,'自愿的乞丐回答,'你真好,你比一头奶牛还好,哦,查拉图斯特拉!'"[①] 查拉图斯特拉首先是动物,明确这一点其实很重要,这是超越道德之人、超越人性的-太人性的人、回归自然生命的重要一步;高傲的鹰和智慧的蛇是查拉图斯特拉的动物,它们是查拉图斯特拉的象征,是查拉图斯特拉所代表、所期望的自然的象征,这种自然根本上是强力意志和永恒回复的自然,是一种永恒的自我超越的圆环,这是尼采最想传达给世界的东西。但这种传达给世界的艰难查拉图斯特拉是心知肚明的[②]:

> 正确的给予比正确的接受更难,好的馈赠是一种艺术,是最

[①] 〔德〕尼采:《扎拉图斯特拉如是说》,黄明嘉、娄林译,华东师范大学出版社,2009,第439页,"自愿的乞丐"。

[②] 〔德〕尼采:《扎拉图斯特拉如是说》,黄明嘉、娄林译,华东师范大学出版社,2009,第437页,"自愿的乞丐"。

终的、最机巧的、关于善的大师艺术。

如何把自己的爱和生命智慧，如何把自己关于自然的智慧给予世界，被世界领悟、接受，这关系到尼采信仰及政治哲学的核心问题。关于自然，人类只能接受一种神性的道德秩序的解释，一种逃避现实的理想主义的幻觉，或者像自愿的乞丐耶稣那样，回归某种动物性的自然、奶牛的自然。尼采及其查拉图斯特拉深知，无法将某种超越（基督教）人性又超越一般动物性的更为高贵的自然观念和精神传达给世界。人类实际上无力也不愿意接受上帝之死这个伟大的事件。人类是崇拜的动物，他们必须某个东西来填充上帝死后留下的空位。

不过，在"影子"一章，我们再次看到查拉图斯特拉或尼采的内心斗争，在纯粹哲学和政治哲学之间犹豫，在回归自己的孤独和拯救世界之间摇摆，但他还是做出了抉择①：

> 他被一种突然的烦恼袭扰，在他的山上，纠缠和逼迫他的东西委实太多。"我的孤独去了哪里？"
>
> "真的，对我来说，这些东西太多；这座山挤满了人，我的王国不再属于这个世界，我需要新的群山。
>
> 我的影子呼唤我？我的影子算什么呢！让它紧跟我好了！我——要跑着离开它。"

查拉图斯特拉跑了，从渴望和需求他的世界跑开，挣脱自己的影子，挣脱自己。查拉图斯特拉真正心仪的，不是人类，不是更高的人们，而是超人，是从高贵的自然中诞生的、具有强力意志、可以永恒回复的人，是超越了善恶道德的自然道德的创造者。超人的世界，是尼采教诲的目的，是尼采政治与信仰的核心。

---

① 〔德〕尼采：《扎拉图斯特拉如是说》，黄明嘉、娄林译，华东师范大学出版社，2009，第442页，"影子"。

尼采的启示

查拉图斯特拉跑开了，不管不顾想一跑了之，那么人类、更高的人们怎么办呢？结果可想而知。

换个角度看，查拉图斯特拉对世界的挣脱，是否也有逃避现实之嫌呢？对此，查拉图斯特拉马上会给出答案。另外，尼采也许要以此表明，新的世界虽然也植根同一个、这一个大地，但有着与现有的、人的世界根本不同的自然根基、存在方式和秩序。

查拉图斯特拉很快就纠正了自己的逃跑行为，回到现实[1]：

> 这样奔跑未久，扎拉图斯特拉就意识到自己的愚蠢，于是猛地一下摆脱了一切烦恼和倦怠。
> ……
> 查拉图斯特拉……眼睛和内脏都充满笑意，他停住脚步，快速转身——

查拉图斯特拉再次回到现实，但面对的是怎样的现实呢？他的影子的话道出了他的更深的苦恼和自我反思，影子所言正是查拉图斯特拉心灵深处挣扎的写照，这也是以更高的人们为代表的欧洲思想良知的困境与现实[2]：

> 我是漫游人，已跟随你的脚踵很久了：总行走在途中但又没有目标，也没有家乡：我与那永恒的犹太人相差无几，尽管我并不永恒，也非犹太人。
>
> 怎么？我必须永远在路上吗？总是被每一阵风袭卷、无法站立而被趋往他处吗？
> ……

---

[1]〔德〕尼采：《扎拉图斯特拉如是说》，黄明嘉、娄林译，华东师范大学出版社，2009，第442页，"影子"。

[2]〔德〕尼采：《扎拉图斯特拉如是说》，黄明嘉、娄林译，华东师范大学出版社，2009，第443~444页，"影子"。

哦，扎拉图斯特拉……

跟随你，我周游在最遥远、最严寒的世界，像个幽灵，甘愿在冬季的屋顶和白雪上奔跑。

跟随你，我竭力突入每个被禁的、最遥远的和最恶劣的事物：如果说我有些什么道德，那就是我不畏禁令。

跟随你，我打碎我内心尊敬的东西，推倒了一切界碑和形象，我追随最危险的意志——真的，我曾跨越每个罪恶。

跟随你，我忘记了对语言、价值和伟大名号的信仰。……

"没有什么真实，一切皆可"：我对自己这样说。我把我的头和内心投入最冰冷的水中。唉，我如何常常裸立，仿佛只赤蟹！

唉，一切善、一切羞愧和一切对善人的信仰都跑到哪里去了！唉，我曾经拥有的虚伪的无辜，那善人及其高贵谎言的无辜到哪里去了！

……我爱的东西不复存活——我何必还要爱自己？

"我有兴趣就活着，要么干脆不活。"我希望这样，至圣者也希望这样。可是，唉，我怎么还会有——兴趣呢？

我还有——一个目标吗？还有一个港湾做我的帆船的目的地吗？

……

我还剩下什么呢？一颗疲惫而放肆的心；一种不安定的意志，噗噗振动的羽翼；一根折断的脊梁骨。

寻觅我的家乡：哦，扎拉图斯特拉，你知道，这寻觅便是我的不幸（Heimsuchung），它吞噬了我呀。

我的家乡——在何处？我打探，寻觅，但遍寻无着。哦，永恒的每一处，哦，永恒的无处，哦，永恒的——徒劳！

这是怀疑者、批判者、颠覆者、革命者、寻觅者、渴望者的命运和不幸，当一切价值、真理被解构，虚无成为结局，生或是死成为问

尼采的启示

题。**永恒**在寻觅中破碎、蒸发，**永恒**无处可寻，成为徒劳。在这个世界上，是本来就没有所谓的永恒，还是永恒已经被永恒的追寻者自己打破，还是对永恒的追寻方向、方式出了问题？

何处有真实？目标在何处？永恒的家园仅仅是一个无何有之乡的梦想吗？

听完自己影子的倾诉，查拉图斯特拉顿感悲哀。但他马上警醒影子，也是在警醒世人和自己，那空前的也是永恒的大危险①：

你的危险不是小危险，你自由的精神和漫游者啊！你度过了糟糕的白昼：注意，别再遇上更糟糕的夜晚呀！

像你这类漂泊无定者，最终以为有座监牢也是有福的。你见过囚犯怎样睡觉吗？他们睡得很安稳，享受着新的安全。

请你当心，别让一种狭隘的信仰和严酷的幻想，最后将你俘获！因为现在任何一个狭隘的固定的东西都在蛊惑你、试探你。

不是上帝之死，而是上帝死后人们对信仰选择的饥不择食，是探求者最危险、最可悲的结局。接下来高人们对驴子的信仰和顶礼膜拜生动地展现了这一历史结局，这是虚无主义的必然结局，失去了上帝的信徒会把任何他们认为可以膜拜的东西当成上帝。

"影子"的结尾，我们看到查拉图斯特拉再次选择赶快跑着离开，但这奔跑和前面的逃跑已经不同，他没有被悲哀和虚无击倒，他充满信心，坚信有永恒存在，他要跑出新的生命气象、风景，要跑向超越与创造的舞蹈："我要单独一个人奔跑，好让我的周围重新明亮起来。为此，我还必须长期快乐地奔跑。可是今晚，我那里——将有舞蹈！"② **快乐地**奔跑，**在大地上快乐地**奔跑和舞蹈，这是对查拉图斯特

---

① 〔德〕尼采：《扎拉图斯特拉如是说》，黄明嘉、娄林译，华东师范大学出版社，2009，第445页，"影子"。

② 〔德〕尼采：《扎拉图斯特拉如是说》，黄明嘉、娄林译，华东师范大学出版社，2009，第445页，"影子"。

拉所追求的生命和永恒最简洁的写照和寓言。

紧随"影子"的"正午"一章，对理解尼采的思想十分关键。尼采要以醉梦或诗的方式，表达他最想表达的东西，要以梦幻的方式，暗示他思想的奥秘。

正午可以看成影子最短甚至是消亡的时刻，是生命最明亮的瞬间。正午是贯穿《扎拉图斯特拉如是说》全书的重要意象和概念，代表生命自我超越和上升的顶点、高潮，同时也是生命自我转折、变形和坠落的开始，由此，永恒回复的生命之轮完成并再启着、生死交替着、循环不息着，此刻，一出精彩的、宇宙间永远在上演的造化大戏正在上演，这戏的主题是①：

精神是生命，是切伤自己生命的生命。

此刻，奔跑中的查拉图斯特拉再次跑回了孤孤单单，"重又找到自我，享受并啜饮他的孤寂，怀想美好之事"。在尼采的查拉图斯特拉教诲中，没有比回归自己更重要的了；而且，在经历了上述林林总总的一切之后，依然能够回复自我和孤寂，已经是最美妙、最完满之事了，没有比这更重要、更美好的了！这是生命果实即将成熟的时刻。此刻，时值正午，他有了奇妙的人生感受，不仅像当年的浮士德那样，想停下来，而且想酣睡一通②：

> 时值正午，在扎拉图斯特拉的头顶，太阳当空而立，他经过一棵弯曲的古树，因葡萄藤盛情的拥抱，这棵树反而隐蔽了自己：大量金黄色的葡萄悬挂在这个漫游者面前。他想摘下一串葡萄，稍解焦渴；但一伸手，又产生另一种更强的欲望：就是说，他要

---

① 〔德〕尼采：《扎拉图斯特拉如是说》，黄明嘉、娄林译，华东师范大学出版社，2009，第183页，"论著名的智慧者"。
② 〔德〕尼采：《扎拉图斯特拉如是说》，黄明嘉、娄林译，华东师范大学出版社，2009，第447页，"正午"。

尼采的启示

躺在树边，在完美的正午时刻睡去。

弯曲的古树无疑是永恒的自然和生命本源的象征，葡萄藤则象征着热爱自然的生命和心灵，在这种生命之爱中，金色、圆润、醉人、完美的生命果实成熟了。在这个象征中，暗示出尼采对生命、自然和爱的觉悟。查拉图斯特拉睡熟了，在睡眠中，他对自己如是说[①]：

安静！安静！这世界不是刚好很完美吗？我是怎么啦？
宛如一阵无形的柔风，在波恬浪静的海上舞蹈，轻如羽毛。
它没有让我的眼睛阖上，而让我的灵魂清醒。它轻盈啊，真的！宛如羽毛。
它规劝我，我不知缘何要这样？它用谄媚的手轻抚我，它强迫我，强迫我的灵魂舒展：——
——我神奇的灵魂哟，在我看来，它何等慵长疲倦！第七天的夜晚恰恰在正午向它走来了？在好的事物和成熟的事物之间，它的漫游已经太久了，太有福了？
它伸长四肢，伸长——伸得更长！它静静地躺着，我神奇的灵魂哟。它品尝过的好东西实在太多，可这黄金的悲愁压抑着它，它扭歪着嘴。
——如同一只船驶进最平静的海湾——现在它靠近大地，已倦于漫长的旅行和不确定的海洋。陆地不是更可靠么？
正如这样一条船靠岸，紧挨陆地——这时，陆上一只蜘蛛吐出的蛛丝，便已足够。无需更结实的缆索。
正如这样一条疲惫的船，停泊在最宁静的海湾：我现在也紧贴着大地休憩，忠诚、信赖、等待，以最轻柔的丝与它相连。
哦，幸福哟！哦，幸福哟！哦，我的灵魂哟，你想唱歌吗？

---

① 〔德〕尼采：《扎拉图斯特拉如是说》，黄明嘉、娄林译，华东师范大学出版社，2009，第447、448、449页，"正午"。

你躺在草地上。这却是神秘而庄重的时刻,没有牧人在此刻吹笛。

你当心啊!炎热的正午在田野睡眠。别唱!安静!世界是完美的(Die Welt ist vollkommen)。

……

恰是最微小的、最轻柔的、最轻飘的东西,一种蜥蜴的蠕动声、一声气息、一种轻拂、一个瞬间——微小的却产生了最好的那一类幸福。安静!

——我怎么啦:听着!时光飞逝了吗?我不是坠落了吗?我不是坠入——听!坠入永恒之井吗?

"神看着一切所造的都甚好"①,尼采用诗的语言,用音乐,用美梦,完美诠释了《创世记》这句话的真谛。世界是完美的,这是上帝和《创世记》真正要告知世人的话,但人类长期以来歪曲了神意,歪曲、鄙视、忽略了这个世界的完美本性,而去一味追求世界之外那不着边际的神马天堂、神马理念、神马浮云。幸福不在天外,家园不在彼岸,而在这生生不息完美可靠的大地上。漫游者需要做的,是亲吻脚下的泥土,感受她的宁静、芬芳和丰饶,享受她永恒的爱意和生机。大地之外没有幸福,更没有永恒,只有永恒的迷失和谬误;幸福和永恒仅仅来自大地,来自自然,来自大地的生命。这种幸福和永恒,这种对大地和自然的感悟,来之不易,不是群氓和更高的人们以他们的方式可以达致的,只有在大地上快乐地奔跑、舞蹈的查拉图斯特拉才能享有!那是梦幻的感觉,是沉醉的感觉,但又是最真实的感觉。尼采以此展示了人类或生命信仰的可能的方向、方式,这是自由心灵才有的可能性,是自由精神才能创造出的可能性,而且这种大地上的创造终究是要创造出自己的天空。在"正午"结尾,当查拉图斯特拉被正午的阳光唤醒,天空的意象再次降临。天空是大地的天空,是自己的天空;天空是一切生命的命运,更是"自己"的命运,是"自己"

---

① 《旧约·创世记》1:31。

尼采的启示

创造的自己的命运；天空代表生命自我超越和上升的无限高度和可能性，但这种上升的意象又是和大地的意象完美结合的：上升是大地的上升，超越的起点、动力和归宿都是大地，在自由创造的历程中，大地和天空一起构成自然的完整内涵。自由的精神，自我创造的生命，我的命运，不是别的，乃是神圣高贵的自然从自己的天空滴落在大地上的一颗完美的甘露[①]：

"哦，我头顶的天空，"他叹息道；一面直挺挺地坐起来，"你在看我吗？你在倾听我奇特的灵魂吗？

你何时饮吸滴落在大地万物上的甘露——你何时饮吸这奇特的灵魂——

——什么时候，永恒的井泉啊！你，爽朗、可怖的正午深渊！你何时吸入我的灵魂，让我回到你呢？"

查拉图斯特拉入睡的时候，时值正午，当他从沉醉之梦中醒来时，依然是正午，这个细节表明，查拉图斯特拉融入大地、沉醉自然的长长美梦是在瞬间发生的事，永恒的瞬间。诗意的永恒，只有在梦中才有可能，但这无损于这永恒的真实性，诗的真实。尼采的修辞旨在表明，美梦成真在现实中的艰难。

我们看到，梦醒后的查拉图斯特拉，经过长时间徒劳的寻觅和四处漫游，重新回家，回到他的山上洞穴，去面对现实，面对更高的人们困境中的呼喊。[②] 能发出呼喊，就有一线希望。但"欢迎"一章表明，在对信仰和政治的理解上，在更高的人们与查拉图斯特拉之间再次产生错位。

由于查拉图斯特拉的诱导，由于查拉图斯特拉高傲而智慧的动物

[①] 〔德〕尼采：《扎拉图斯特拉如是说》，黄明嘉、娄林译，华东师范大学出版社，2009，第450页，"正午"。

[②] 〔德〕尼采：《扎拉图斯特拉如是说》，黄明嘉、娄林译，华东师范大学出版社，2009，第452页，"欢迎"。

们的启发，更高的人们似乎已经觉悟（实际上是自以为觉悟）："瞧，我们不再发出困境中的呼喊了。我们的感觉和内心已经升腾敞开，并且欢欣。只差一点点：我们的勇气就会成为放肆。"① 他们自以为发现了真理，找到了归宿，重拾希望，并自以为就是查拉图斯特拉一直在等待、欢迎的人：②

> 哦，扎拉图斯特拉，大地上生长的东西，还有什么比高而强劲的意志更令人欢愉：这是大地上最美的植物。由于有这样一棵树，整体风景便生机勃勃了。
> 哦，扎拉图斯特拉，像你一样成长起来的人，我把他比喻成石松：伟岸、沉静、坚毅、孤独、柔韧性极佳，壮美。
> ——最终把强劲的绿枝伸向它的统治领域，敢于面对风和暴雨，面对其他总是以高处为家者，提出强劲的种种问题。
> ——更强劲地回答，一位施令者，一位胜利者：哦，谁不想攀上高峰，一睹这样的植物呢？
> 哦，扎拉图斯特拉，忧郁者、失败者也因你的树而恢复生气，只要看到你的形貌，不安定者变得安定，并疗慰其心。
> 真的，时下众目仰望你的山和树；一种大渴望业已生出……

众高人似乎从查拉图斯特拉那里捕捉到了某种真理：看到了强力意志，看到了这意志与大地的关系，看到了强力意志与自然互为本性的关系，看到了拥有强力意志的生命的强度、高度和权力度，看到了这种强力意志走出、破裂自己的孤寂，一如走出、破裂自己的坟茔而复活，并引领、救治、统治世界的野心和欲望，但他们终究还是根本曲解了查拉图斯特拉的教诲，"为了我的教诲起见，我需要纯净而平

---

① 〔德〕尼采：《扎拉图斯特拉如是说》，黄明嘉、娄林译，华东师范大学出版社，2009，第454页，"欢迎"。
② 〔德〕尼采：《扎拉图斯特拉如是说》，黄明嘉、娄林译，华东师范大学出版社，2009，第455页，"欢迎"。

尼采的启示

滑的镜子；可我的形象一到你们的镜面上就扭曲变形"①。众高人实际上在重复被尼采和查拉图斯特拉颠覆的耶稣救主和基督教的逻辑，在他们看来，大力的救主查拉图斯特拉已经从自己的孤寂之墓中复活，携带光明和希望，将引领、疗慰、拯救他们和世界。他们把自己再次变成了信徒，变成了新的上帝的膜拜者，而不是把自己变成了自己，变成查拉图斯特拉的伙伴和朋友，变成纯净而平滑的镜面。不，更恰当的比喻不是镜面，查拉图斯特拉需要的，是纯净平滑如镜的水面、眼眸或心灵，它不仅能完好地反映查拉图斯特拉的教诲，而且能准确地吸纳并自我生长、自我繁殖和生产，也就是说把自己变成生命的母体和种子，可以自我生产出更高、更强大、更富于胜利、情绪更佳、身体和灵魂都端正（rechtwinklig）、欢笑如雄狮的孩子们。② 这些生命的植物，植根于大地和自然母体的生命之树，同时来自查拉图斯特拉的意志和他的最高希望，是他真正期待和欢迎的人，这是他唯一可以称之为目的的存在，为此，一切人类，甚至包括他自己，都只能是桥梁！

高人们的政治和信仰再度与查拉图斯特拉的政治和信仰背道而驰。面对他们的期待、热情和崇拜，查拉图斯特拉选择了拒绝，他"惊恐后退，默默无语，似要突然逃到遥远的远方"③。他太清楚人类的本性了，太清楚人类是崇拜的动物这一真理了，即使是高人们亦然，亦本性难移，亦无法自我超越，因此他不得不当面向他们宣告、揭露、提醒他们的本性④：

---

① 〔德〕尼采：《扎拉图斯特拉如是说》，黄明嘉、娄林译，华东师范大学出版社，2009，第457页，"欢迎"。
② 〔德〕尼采：《扎拉图斯特拉如是说》，黄明嘉、娄林译，华东师范大学出版社，2009，第458页，"欢迎"。
③ 〔德〕尼采：《扎拉图斯特拉如是说》，黄明嘉、娄林译，华东师范大学出版社，2009，第456页，"欢迎"。
④ 〔德〕尼采：《扎拉图斯特拉如是说》，黄明嘉、娄林译，华东师范大学出版社，2009，第457页，"欢迎"。

某些重负和回忆压迫你们的肩膀；一些恶劣的侏儒蹲伏在你们的角落。你们内心还躲着隐藏的群氓。

尽管你们是高的、更高的一类人；但你们有许多东西扭曲而畸形。在这个世界上，没有一个铁匠为我把你们锤直锤正。

你们只是桥梁罢了：但愿有更高的人从你们身上通过！你们代表着梯级（Stufen）：那些超越你们并升向他的高处的人，请别对他们发怒！

你们的种子将为我生出一个真正的儿子和完美的继承人：但这还很遥远。你们本不属于我的遗产和姓氏。

我在此山不是等待你们，我也不是要与你们一道沉沦。我以为你们仅是一种预兆，表明更高的人正在来我这里的途中，——

尼采主张恢复等级制，这是常被一些人拿出来抨击的尼采的著名"软肋"和劣迹。但这根本上是一种误读或歪曲，是因为自己的镜面扭曲不平而导致的扭曲影像。尼采确实在坚持人的存在的不平等和等级，但他的本意是在强调，人应该是自我超越和上升的动物，这是自然的本性，是强力意志的生命的本性，这种本性即自我生产、自我超越。在这种自我超越中显现出生命存在的差异，乃是自然与自由的差异，是生命的真实状况，是生命的正义所在；否认、拒绝这种差异，意味着否定自然和自由，违背自然和自由，意味着拒绝自我超越或丧失生命的强力意志，是生命虚弱、疾患或自甘沉沦的标志，是必然要被勇于超越者拾级而上予以超越的梯级。

这是尼采的大政治，这种政治内在于他的信仰思想中，可以称之为**信仰的政治**。信仰的政治与关于大地、关于自然、关于强力意志的生命信仰内在一致，并一起成为可能。信仰的政治不是脱离现实的政治，而是要求现实地自我超越的政治，其根本，在于创造基于自然和强力意志的新的生命视野、生命状态、价值平台和标牌。可以说这是一种关于世界的理想政治，但不是一种脱离大地的理想主义政治，它

> 尼采的启示

预示了人类未来的现实可能性。就现实的世界而言，他必然意味着某种政治的等级和差异，因为这种政治本质上不是所有人的政治，而是一部分人的政治；不是查拉图斯特拉的崇拜者和群氓的政治，而是查拉图斯特拉的伙伴和朋友的政治，是和查拉图斯特拉具有同样信仰者的政治。与人类历史上一切等级制的本质区别在于，这种政治不是因为一切别的原因，而仅仅是因为生命信仰的差异所致；这种信仰的差异根本不同于传统意义上的宗教和崇拜上的差异，而是一切**关于神明的宗教崇拜**与**对自然和生命本身的信仰**之间的差异和对立。

尼采通过查拉图斯特拉宣扬的是一种**信仰优越论**，只是这种优越论是精神和意志的优越论。这种优越意味着一种强力，一种主人意志，一种新的**选民政治**或**理想政治**[①]：

> 我，只是我同一类人的法律，我不是所有人的法律。但谁要从属于我，谁就必须骨骼强健，步履轻盈，——
> ……
> 最好的事属于我的同类和我，倘若人们不给我们，我们就夺取：最好的食物、最纯净的天宇、最强劲的思想、最美的女人！

但，这种选民政治并非查拉图斯特拉一开始的选择，而是在经历了无数挫折失败后才意识到的唯一正确的选择。当他最初来到人类之中时，他让自己置身于市场，就像当初苏格拉底置身广场那样，让自己面对所有的人，结果是，不但没有任何效果，而且差点丢掉性命[②]：

> 我首次来到人类之中，就做了一件隐士的蠢事，巨大的蠢事：我置身市场。

---

① 〔德〕尼采：《扎拉图斯特拉如是说》，黄明嘉、娄林译，华东师范大学出版社，2009，第461页，"晚餐"。
② 〔德〕尼采：《扎拉图斯特拉如是说》，黄明嘉、娄林译，华东师范大学出版社，2009，第462、463页，"论更高的人们"。

当我对所有人讲话，我却没有对任何人讲话。晚间，索上舞者是我的伴侣，还有死尸；我自己也差不多是具死尸。

伴随新的早晨来临，我接受了一种新的真理：我学会了说："市场、群氓、群氓的喧嚣和群氓的长耳与我有什么关系！"

"为所有人又不为任何人"（für Alle und Keinen）这是《查拉图斯特拉如是说》的副标题，是尼采觉悟到的真理。他的教诲是为所有人的，但没有人真正能够领会。这是尼采的命运。人类本质上是一种奴隶心态和群氓意识，不会要求和允许更高的东西，自我超越对他们无疑自我毁灭，相反，民主、平等、社会主义是群氓为了自我保存①和自我维护而主张的政治诉求，为此，他们动用上帝为最终的借口和保障，并眨着眼如是说："我们都是一样的。你们更高的人呀——不存在更高的人，我们都是一样的，人类就是人类，在上帝面前——我们都是一样的！"②

群氓说出了真理：人类就是人类！这是人类的真理，不是查拉图斯特拉的真理。既然人类就是人类，查拉图斯特拉要求"超－人类"；既然在上帝面前大家都是一样的，那么查拉图斯特拉会道出另外一个真理：上帝死了！

上帝之死，意味着要求"都是一样和平等"的那个整齐划一的地平线和平等主义的天幕已荡然无存，一切人都按其自身真实的尺寸和分量被瞬间置于虚空和无底深渊中。想要活命吗？那就挣扎吧，那就让生命意志在挣扎中寻找机会吧，在虚无和深渊中为自己创造点什么吧，已经没有现成的支撑和落脚的大地！而且**永远没有现成的大地，大地是被创造出来的，是和你的强力意志同时诞生的**。人类别无选择，要么把自己变成创造者和超越者，变成自己的主宰者，并作为超－人

---

① 〔德〕尼采：《扎拉图斯特拉如是说》，黄明嘉、娄林译，华东师范大学出版社，2009，第464页，"论更高的人们"。
② 〔德〕尼采：《扎拉图斯特拉如是说》，黄明嘉、娄林译，华东师范大学出版社，2009，第463页，"论更高的人们"。

活着，要么继续接受已经亡故的老上帝的庇护，继续享用人类一律平等的冥府盛宴。

信仰的政治，注定了是不合时宜的政治，少数人的、超人的政治，未来的政治。那是极其苛刻、艰辛、遥远的奋斗目标，"我的意义和渴望旨在达到稀少的事物、漫长的事物、遥远的事物：你们细微、纷繁而短暂的愁苦，与我何干"[1]！为此，最重要的是勇气（Mut），不是面对见证人的勇气，而是隐士和雄鹰的勇气，连神明也不敢正视的勇气，在虚无深渊中挣扎并以鹰的利爪攫紧悬崖的勇气，敢于直面恶、敢于超越善恶、敢于为恶的勇气，"因为恶是人的最优的力量。'人必须更善也更恶。'——我如是教导。对于超人的至善，便需要至恶"[2]。查拉图斯特拉宣扬的超人之恶，是与耶稣的爱相对立的。"小人们的说教者承担人类的罪恶，并为之受苦"，"我却把大罪过当作我的**大安慰**加以享受"[3]。这大罪过何谓？即大爱，即为了人类而受苦："在我看来，你们受苦还不够！因为你们是为自己受苦，而不曾**为了人类**而受苦！"[4] 为了人类受苦，就是因人类的坠落和毁灭而苦，就是让人类能够自我超越，超越到能够接触闪电的高度，然后得以被闪电击中、击毁，在自我上升的高度自我蜕变并坠落。查拉图斯特拉无意像耶稣那样成为光，"对于当今的人类，我无意成为光，也无意叫做光。**他们——我**要让他们瞎掉。我智慧的闪电啊！刺瞎他们的眼睛吧"[5]！人类是要被超越的。这是残酷的政治，非人性不人道的政治，但尼采如此修辞，不是说给所有人听的，这种大恶，其微言大

---

[1] 〔德〕尼采：《扎拉图斯特拉如是说》，黄明嘉、娄林译，华东师范大学出版社，2009，第466页，"论更高的人们"。
[2] 〔德〕尼采：《扎拉图斯特拉如是说》，黄明嘉、娄林译，华东师范大学出版社，2009，第465页，"论更高的人们"。
[3] 〔德〕尼采：《扎拉图斯特拉如是说》，黄明嘉、娄林译，华东师范大学出版社，2009，第466页，"论更高的人们"。
[4] 〔德〕尼采：《扎拉图斯特拉如是说》，黄明嘉、娄林译，华东师范大学出版社，2009，第467页，"论更高的人们"。
[5] 〔德〕尼采：《扎拉图斯特拉如是说》，黄明嘉、娄林译，华东师范大学出版社，2009，第467页，"论更高的人们"。

义不是一般的耳朵——驴的长耳朵能够理解的。当尼采或查拉图斯特拉戴着面具说话时①，听者要格外小心。

这种政治的苛刻残酷之处还在于：群氓无缘于它；人类必须通过大恶才能朝向它，人类通过自我毁灭之恶而上升为更高的人；而更高的人还远远不够，更高的人仅仅自我超越和自我坠落无法达到目的；更高的人首先得依靠自己，必须依靠自己，但这自己不能最终成就自己，最终的成就取决于另一个自己，即通过受孕而孕育并生出自己的孩子，那另一个崭新的生命，**另一个**自己，一个完全超越自己的新的生命。孩子不是一般意义上的自我超越的结果，而是生殖的结果；自己的命运取决于一个新生命的命运。② 这是父母的骄傲，也是为父母者的悲哀和痛苦，分娩的痛苦，以及为人舟梯、力所不逮的痛苦。

换言之，作为高人自己，无论如何努力，都终将坠落和失败。然而，失败又有什么关系？人生不是在大地诸神的桌子上的掷色游戏吗？掷色失败又有何妨？③

> 你们没有学会游戏和取笑（spielen und spotten），就像人必须游戏和取笑那样！我们不是总坐在游戏和取笑的大桌边么？……
> 一件事情的品性越高，越是难以成功。你们这些更高的人啊，你们不是全都——失败了吗？
> 高兴起来吧，没什么关系！可能的事情还多着呢！学会自嘲吧，正像人必须笑一样！
> 你们失败一半，或是成功一半，这有什么奇怪呢？你们这些

---

① 〔德〕尼采：《扎拉图斯特拉如是说》，黄明嘉、娄林译，华东师范大学出版社，2009，第478页，"忧郁之歌"。
② 〔德〕尼采：《扎拉图斯特拉如是说》，黄明嘉、娄林译，华东师范大学出版社，2009，第469页，"论更高的人们"。
③ 〔德〕尼采：《扎拉图斯特拉如是说》，黄明嘉、娄林译，华东师范大学出版社，2009，第471、472页，"论更高的人们"。

尼采的启示

半破碎者！人类的未来——不是在你们之中挤压撞击吗？

人类最遥远、最深沉的东西、星辰般最高的东西，以及人类无穷的力量：这一切不都在你们的罐中拥挤而冒泡了吗？

某些罐破碎了，这又有什么奇怪呢！学会自嘲吧，正像人必须笑一样！

查拉图斯特拉把高人们诱上他的洞穴，以十足的男性食品葡萄美酒和羔羊肉招待他们，并佐之以有力而营养丰富的箴言，实际上是一个陷阱，是想诱惑他们牺牲自己以成就他遥远而美好的未来政治。这种政治是与"诅咒那些欢笑的人"① 的基督教政治针锋相对的，游戏、大笑和善于自嘲是其风格，"所有好的事物无不欢笑"，面对大地上生命的沼泽和浓浓的悲愁，它提倡双脚轻盈、善于奔跃而过和舞蹈。② 能如此者，将被祝圣和加冕，加冕与品位糟糕的耶稣基督所戴的荆冠根本对立的欢笑者的玫瑰花冠③：

欢笑者的王冠，这玫瑰花环王冠：我给自己加冕，我自己宣布我的欢笑为神圣。当今，我尚未发现别人有足够坚强完成此事。

查拉图斯特拉以此继续他的鞭策、鼓励和诱惑④：

我的兄弟们，高扬你们的心灵（Erhebet eure Herzen），高些，再高些！也别忘了双腿！你们这些善舞者啊，高摆你们的腿吧，

---

① 《新约·路加福音》6：25。
② 〔德〕尼采：《扎拉图斯特拉如是说》，黄明嘉、娄林译，华东师范大学出版社，2009，第474页，"论更高的人们"。
③ 〔德〕尼采：《扎拉图斯特拉如是说》，黄明嘉、娄林译，华东师范大学出版社，2009，第474页，"论更高的人们"。
④ 〔德〕尼采：《扎拉图斯特拉如是说》，黄明嘉、娄林译，华东师范大学出版社，2009，第475、476页，"论更高的人们"。

更好的是：甚至是在头顶站立（ihr steht auch auf dem Kopf）！

……

为我忘记那些悲愁的说教和所有的群氓伤感吧！哦，在我看来，当今群氓丑角是何等悲哀！当今却是群氓的时代。

为我而像一阵风那样吧，当它从洞穴奔突而出：它要紧随自己的箭矢跳舞，大海在它的步履下颤栗跳跃。

它给驴子以翅膀，为母狮挤奶，赞美这美好、狂放的精神吧，对于所有的今天和一切群氓而言，它像一阵暴风来临，——

……

你们这些更高的人呀，你们最糟糕的地方在于：你们都不学习舞蹈，一如人必须舞蹈那般——超越你们自己而舞蹈！你们的失败，这又算得什么呢！

可能的事情还多着呢！因此你们还要学会自嘲！提振你们的心灵，你们善舞者啊，高些！再高些！为了我，也别忘记大声朗笑！

欢笑者的王冠，玫瑰花环王冠；你们，我的弟兄们呀，我把王冠掷向你们！我宣布这欢笑为神圣；你们这些更高的人啊，为我而学会——欢笑吧！

狂风暴雨、摧枯拉朽的自由精神，对于高人们是残酷，对于群氓则是毁灭，这是为了强健的生命意志和力量而必要的牺牲。对于这种力量而言，自我毁灭应该被看成一种快乐。强力意志要求在地狱之上的舞蹈，快乐而欢笑的舞蹈，这舞蹈的极致，也就是自我超越和毁灭的极致，即在头顶站立-用头顶站立！超越的极致，是颠覆自身，是超越到头颅之上，但头上不是天外、天上、天国，而恰恰是头颅立足的大地，是在舞蹈和颠覆中刚刚寻找到的安身立命的新的支点和根基——大地！含着（自己的）天空意味的大地！这是一个有趣的、意味深长的隐喻，充分显示了尼采的别有用心。

尼采的启示

查拉图斯特拉极尽其能诱惑、诱导着高人们，这种诱导能否成功，决定着他能否开启信仰政治。但老魔法师似乎看透了查拉图斯特拉："你们这些更高的人啊，我认识你们，我也认识他——我认识这个恶魔，我违背意志而爱他，这位查拉图斯特拉啊：我常常觉得他像一面圣者的漂亮面具。"[1] 在这漂亮的面具下面，掩藏着查拉图斯特拉或者说尼采复杂的面相，混合着真理与谎言、爱与恨、孤寂与凶残的假面舞台上的交响与变奏[2]：

"你？真理的追求者吗？"——他们这样讽刺——
不！只是个诗人罢了！
一头野兽，狡黠、掠夺、伪善，
必须撒谎，必须自知自愿地撒谎：
它贪求猎物，
以彩色伪饰，
他便是自己的面具，
他便是自己的猎物——
这——难道就是真理的追求者？
不！只是个丑角（Narr）！只是个诗人！
只是语言多彩，
在丑角面具后发出多姿多彩的呼喊，
在欺骗的语言之桥上彷徨，
在彩虹之上，与虚伪的天空
和虚伪大地之间，四处游荡，四处飘流——
只是个丑角！只是个诗人！
……

---

[1] 〔德〕尼采：《扎拉图斯特拉如是说》，黄明嘉、姜林译，华东师范大学出版社，2009，第478页，"忧郁之歌"。
[2] 〔德〕尼采：《扎拉图斯特拉如是说》，黄明嘉、姜林译，华东师范大学出版社，2009，第480、482页，"忧郁之歌"。

如鹰似豹的
便是诗人的渴望,
是千层面具下你的渴望,
你这丑角啊!你这诗人啊!
你观察人类
也视人类为绵羊——:
撕碎人类中的上帝,
如同撕碎人类中的绵羊,
一面撕碎,一面大笑——

这,这便是你的极乐!
一种豹和鹰的极乐!
一种诗人和丑角的极乐!——

年迈的魔法师看透了查拉图斯特拉的艰辛和无奈:他追求某种真理,为此,他要扼杀上帝,攫食人类,而且,为此目的,他还得借助面具和谎言。这是一种无人能解的思想,甚至是不可理喻的妄念。为了其不可告人的目的,查拉图斯特拉只能粉饰一番再次登上假面舞台,继续他的鼓惑和诗人的创造,他再次鼓吹的还是**勇气**。为了他天地间最伟岸也是最渺远、最不确定的事业,他向高人们宣告,不是恐惧(Furcht),而是勇气、勇敢(Mut),才是人类历史和精神的本源[1]:

"因为恐惧——是我们的一个例外情形。勇敢、冒险以及对不确定之物、对未曾尝试之物的兴趣——我以为,**勇敢**才是人的整个史前历史。

---

[1] 〔德〕尼采:《扎拉图斯特拉如是说》,黄明嘉、娄林译,华东师范大学出版社,2009,第486页,"科学"。

尼采的启示

> 对于最狂野最勇猛的动物,他嫉妒并掠走它们所有的美德:这样他才能变为——人类。
>
> 这种勇敢最后精细起来,成为宗教的(geistlich),成为精神的(geistig),这种带有鹰的翅膀和蛇的聪明的人类勇敢:我以为,当今它叫做——"
>
> "扎拉图斯特拉!"聚会者一起呼喊,如同一张嘴巴,旋即又爆发一阵大笑。

勇敢对于上帝死后在虚无和深渊中挣扎的人们无疑是最重要的,是关乎 to be or not to be 的大事。查拉图斯特拉应该感到宽慰,因为他谆谆教诲的高人们似乎已经领会了这一点,并把他视为勇敢和精神的化身。但众高人的一阵大笑表明,一方面他们似乎已经步入查拉图斯特拉的教诲之路,开始学会查拉图斯特拉的大笑,另一方面他们的笑似乎具有一种舞台效果,像假面舞会上的表演,像查拉图斯特拉的表演,而不像查拉图斯特拉本人的笑。

查拉图斯特拉当然清楚这点,于是面对大笑的众高人,他"兼具爱意恨意"①。他显然不满,受不了他们的气氛、气味,赶快走到洞外,享受夜晚和他的动物们的清新气息,那是**自然**的气息,高人们离自然还很远很远。洞穴外自然、清纯、强劲的好空气引起了查拉图斯特拉的某种回忆、遐想和思念,思念与男性化的强力意志、与超越和毁灭的力量不同的另外一种少女的柔美和清纯,那是与腐朽、虚无、沉滞的欧洲截然不同的、异域的、东方的好空气。歌曲通过自称是查拉图斯特拉的影子的漫游者之口唱出②:

> 那是我在荒漠女儿中间时所作:——

---

① 〔德〕尼采:《扎拉图斯特拉如是说》,黄明嘉、娄林译,华东师范大学出版社,2009,第487页,"科学"。
② 〔德〕尼采:《扎拉图斯特拉如是说》,黄明嘉、娄林译,华东师范大学出版社,2009,第489、493、494页,"在荒漠女儿们中间"。

——因为她们那里也有同样明亮的东方好空气；那里，我远离了多云、潮湿而忧伤的古老欧洲！

当时我热爱东方少女和另一种蓝天，上面既无云翳，也无思想张惶。

你们不会相信，当她们停下舞蹈时，是多么乖巧地端坐在那里，深沉，但没有思想，像一个个小秘密……色彩绚丽而又陌生！但无乌云……

——我坐在这里，吸入最好的空气，

真是天堂的空气啊，

轻柔透明，放射金光。

这样的好空气只能

降自明月——

……

啜饮这美妙的空气

用膨胀似盆的鼻孔，

没有未来，没有回忆，

我就这样坐在这里，你们，最亲爱的情人啊

……

这是什么样的空气、情景、爱意和美丽？是自然、美、爱的化身。纯美清新的**自然**和**少女**，勾画出的是尼采永恒之爱的对象，是强力意志热望与其永恒相爱并与其婚媾生子的曼妙女人[1]，也是卸下强力意志的羁轭而揽镜自照、归宿于美的瞬间。[2] 这是尼采最刻骨铭心的美梦。她在强力意志之中，更在强力意志之上、之后、之外；在欧洲之外，在遥远而古老的东方荒漠之中的绿洲上。

---

[1] 〔德〕尼采：《扎拉图斯特拉如是说》，黄明嘉、娄林译，华东师范大学出版社，2009，第377页，"七个印章"。

[2] 〔德〕尼采：《扎拉图斯特拉如是说》，黄明嘉、娄林译，华东师范大学出版社，2009，第206页，"高尚者"。

尼采的启示

　　美梦总要醒来，高人们的喧嚣和笑声再度把查拉图斯特拉拉回现实。他强迫自己面对现实，克服对他们的反感和嘲讽，从他们身上寻找可以使自己快乐的东西。在他看来，喧嚣和笑声是康复的征兆。他们在学习查拉图斯特拉的笑，尽管他们学到的还不是**查拉图斯特拉的笑**，但他们已经是**初愈者**，查拉图斯特拉的凤敌**重力的精神**似乎已经软化、逃走，新的希望和新的语言已经充满他们的生命，他们将像查拉图斯特拉那样，即将和新的太阳在长夜之后一起觉醒、出发、升起①！

　　可是，众高人们对驴子的膜拜却让查拉图斯特拉惊奇不已。"他们重又**虔诚**了，又**祈祷**了，真疯狂啊！"看到他们全像孩子和虔诚的老妪一样跪下对着驴子顶礼膜拜，他百思不得其解。②如此高人，为什么要对驴子膜拜呢？我们也许能从曾亲手杀死上帝的最丑陋的人所吟诵的虔诚而奇特的连祷文中听出些端由。

　　　　他身负我们的重荷，他取了仆役的形象，发自内心地忍耐，从不言"否"；凡爱上帝的，就对上帝加以惩罚。
　　　　——驴子却对此"咿——啊"（I-A）叫唤。
　　　　他不说话：除了始终对他创造的世界说"是"（Ja），就是说：他如是赞美他的世界。③

　　为人民服务而无悔，承荷天下而无怨，虽被天下怨恨甚至惩罚而不改其志，一如既往、亘古不移地肯定世界、赞美世界，如此宽厚大爱，何方神圣能比？更不要说睚眦必报并发明了原罪和地狱以惩戒世

---

① 〔德〕尼采：《扎拉图斯特拉如是说》，黄明嘉、娄林译，华东师范大学出版社，2009，第498、499页，"觉醒"。
② 〔德〕尼采：《扎拉图斯特拉如是说》，黄明嘉、娄林译，华东师范大学出版社，2009，第499页，"觉醒"。
③ 〔德〕尼采：《扎拉图斯特拉如是说》，黄明嘉、娄林译，华东师范大学出版社，2009，第500、501页，"觉醒"。

界的《圣经》诸神了。

他有长耳，只说"是"而永不言"否"，这是何等隐而不彰的智慧！他不是按照自己的形象创造了世界吗，亦即极尽可能去愚蠢地创造了么？

当初最丑陋的人之所以要手刃基督教的上帝，就是因为对神正论的愤怒。世界的丑恶该谁来负责？当然是作为世界创造者和见证者的上帝，是按照自己的形象创造并容忍一个丑恶世界的上帝，一个不完美的上帝。从此可知，最丑陋的人之所以杀死上帝，一则是因为愤怒，同时也暗示出他的潜台词：神应该是完美的；即使不完美，也要隐藏这种缺陷，并通过肯定赞美自己所造的世界来隐藏自己的不完美。换言之，最丑陋的人虽然是弑神者，但并非无神者，他只是不满旧神；因此当有谁能满足他的信仰和崇拜要求时，他会第一个跳出来，献出他由衷的膜拜。查拉图斯特拉的影子道出了这一点："最丑陋的人对这一切负有罪过，是他重新唤醒了他。假如他说，从前是他杀死了他：那么，在诸神那里，死亡只是一种先入之见（Vorurteil）罢了。"[①]

神，或者说人对神的需求，是永恒不灭的，最丑陋的人在反诘查拉图斯特拉时表达了人类这种隐匿的真理[②]：

他是否活着，或是已经复活，或是彻底死了——我们两个谁最清楚呢？我问你……哦，扎拉图斯特拉，你这个隐秘者，你这个不动怒的毁灭者，你这个最危险的圣人，——你是个无赖！

最丑陋的人揭露出了查拉图斯特拉这个圣人不可告人的心迹：真正弑神的是查拉图斯特拉！而知道神永远不死的也是查拉图斯特拉。查拉图斯特拉是在隐藏自己，同时也是在尝试，也是在冒险，因为他

[①] 〔德〕尼采：《扎拉图斯特拉如是说》，黄明嘉、娄林译，华东师范大学出版社，2009，第503页，"驴节"。

[②] 〔德〕尼采：《扎拉图斯特拉如是说》，黄明嘉、娄林译，华东师范大学出版社，2009，第505页，"驴节"。

尼采的启示

必须正视人类的信仰或神明需求，并思考如何解决这种需求与他对精神自由和自然诉求之间的矛盾。

从最丑陋的人对驴子的赞美，表明驴子在很大程度上符合查拉图斯特拉的哲学和精神，这说明，查拉图斯特拉在某种意义上理解、赞同高人们的膜拜，尤其是对驴子的膜拜[①]：

你行直路，或曲路；我们人类以为的直或曲，你鲜有关心。善恶的彼岸才是你的王国。你不知何为无辜，这恰是你的无辜。

——驴子却对此"咿——啊"叫唤。

看呀，你永远不把任何人从身边推开，无论乞丐还是国王。你让小孩来到身边，当恶童引诱你时，你只简单地说声"咿——啊"。

——驴子却对此"咿——啊"叫唤。

你爱母驴和新鲜的无花果，你不蔑视饮食。你正饿的时候，蓟草也会令你心内生痒。这里有一种神的智慧。

——驴子却对此"咿——啊"叫唤。

驴子就是道，无所谓弯曲；驴子就是善恶的彼岸；驴子就是绝对的宽容和博爱；驴子酷爱自然，食、色，其性也，驴子就是自然。驴子体现出的乃是智慧，是哲学，是神的智慧和哲学。驴子就是神，当之无愧的驴神，而且，对于富于极端精神的最丑陋的人来说，驴神似乎就是神本身！

逊位的教皇却不这么极端，对他而言[②]，大地上必须有某种东西可以崇拜，"上帝是一种精神"的主张是最危险的，因为它不仅会杀

[①] 〔德〕尼采：《扎拉图斯特拉如是说》，黄明嘉、娄林译，华东师范大学出版社，2009，第501页，"觉醒"。

[②] 〔德〕尼采：《扎拉图斯特拉如是说》，黄明嘉、娄林译，华东师范大学出版社，2009，第503页，"驴节"。

死教皇的上帝，而且会灭绝人类的一切神明甚至信仰。因此，即使驴神只是上帝的廉价的替代品，也是好的，必须的，"宁可以这个形象（Gestalt）来崇拜上帝，总比不用形象好"。精神的良知者道出了驴神信仰的另一个理由："也许我不该相信上帝：但可以肯定，就我而言，这个形象的上帝最为可信"①。

显然，查拉图斯特拉的教诲在高人们身上产生了效果，他们学会了快乐，学会在大地上寻找信仰，驴子毕竟比上帝更接近大地和自然，也更能体现对"人性的、太人性的"的一切价值以及对上帝所代表的价值的批判和摆脱，驴子是自由和解放的第一步。也许，驴神可看成悬在高人们和查拉图斯特拉之间的一个可以被双方接受的妥协象征。当然，查拉图斯特拉并不完全满意或者说并不真正满意这种效果，他对自己和人类有着更高、更远的目标，但面对现实，他做出了妥协，或者说他让自己像驴子那样更加宽厚、宽容，让自己在那最后的恶——同情面前做出让步。他甚至称呼他们为"我的新朋友们"，并盛赞他们的快乐和崇拜："自从你们重又变得快乐！你们真的全如鲜花盛开：我以为，像你们这样的花卉，真有必要办**一个新的节庆**，——一种小小的勇敢胡闹，任何一种礼拜和驴节，任何古老而快乐的查拉图斯特拉式的愚蠢，一阵狂啸的风暴，把你们的灵魂吹拂得明亮。勿忘今宵和这个驴节，你们这些更高的人啊！**这**，是你们在我这里的发明，我视之为吉兆——只有初愈者才能发明这些！"②

如此赞美，出人意料，因为查拉图斯特拉不可能对人如此赞美、宽容、肯定。也许是驴的感染，也许是葡萄美酒使然，也可能都是月亮惹的祸，总之，查拉图斯特拉面对清凉夜色、如水明月和高人们显得满意，像最丑陋的人那样满意。平生第一次感到满意的最丑陋的人

---

① 〔德〕尼采：《扎拉图斯特拉如是说》，黄明嘉、娄林译，华东师范大学出版社，2009，第504页，"驴节"。
② 〔德〕尼采：《扎拉图斯特拉如是说》，黄明嘉、娄林译，华东师范大学出版社，2009，第506页，"驴节"。

尼采的启示

甚至有勇气说出当初查拉图斯特拉勇敢的名言①：

"这曾是——生命么？"我要对死亡说，"那好！再来一次！"

但，从查拉图斯特拉的上述赞美中似乎可以看出，他并没有写实地对待他们的驴神崇拜，而是视之为一种节庆狂欢，一幅信仰的漫画，一种大病之后的自我解嘲和自我解救，一种康复的吉兆。在查拉图斯特拉看来，这已经足够，因为通过这种快乐的节庆他们开始懂得去热爱大地和生命，这显然是查拉图斯特拉最愿意看到的，因为这接近了他的秘密，他的终极真理——永恒回复的奥义。

"夜游者之歌"是一首深邃幽美的诗篇，是作为原计划的该书结尾即第三卷最后两章"另一首舞蹈之歌"和"七个印章"的回响和再现，它再度唱响的是曲名为"再来一次"的永恒回复之歌。

这是沉醉的酒神之歌，适合在古老、深沉又深沉的、神秘的午夜唱响，伴着古老、甜美如古琴的夜半钟声。这是时间和命运的钟声，从父亲的、祖父的、曾祖父的……深沉的痛苦心灵中传来，那是生命最深蕴的痛苦（Schmerz），但这痛苦真正的含义却是渴望痛苦的消失②：

痛苦说："心啊，破碎吧，流血吧！腿啊，漫游吧！翅膀啊，飞翔吧！痛苦啊！向上吧！向上吧！"好啊！起来！哦，我老迈的心啊：痛苦说，"消失吧！"

痛苦渴望的是快乐，痛苦也是一种快乐，是渴望不再痛苦的欲望和意志，痛苦的意志因为渴望快乐而成为生命的动力，成为快乐的一

---

① 〔德〕尼采：《扎拉图斯特拉如是说》，黄明嘉、娄林译，华东师范大学出版社，2009，第509页，"夜游者之歌"。
② 〔德〕尼采：《扎拉图斯特拉如是说》，黄明嘉、娄林译，华东师范大学出版社，2009，第515页，"夜游者之歌"。

部分，因此，快乐和痛苦都是对生命的肯定，在这肯定中，生与死、光明与黑暗、夜与昼、午夜与正午、阿波罗和狄俄尼索斯、爱与恨、成功与失败、上升与坠落，都是紧密相关、**互补**和转化的，都具有同样的生命意义①：

> 你们曾对每一种快乐说"是"了吗？哦，我的朋友们，那你们也应对一切痛苦说"是"。所有事物都相联、相关、相爱，——
>
> 如果你们曾要一次发生的事情都再次发生，如果你们曾说"我喜欢你，幸福啊！瞬间啊！顷刻啊！"那么，你们也就希望一切复返！
>
> ——一切新生，一切永恒，一切相联、相关、相爱，哦，你们就是这样爱这个世界——
>
> ——你们这些永恒者啊，你们永远并且恒久地爱它吧：你们也对痛苦说：消失吧，别再回来！**因为一切快乐希求——永恒！**
>
> 一切快乐希求所有事物的永恒，希求蜂蜜，希求酵母，希求沉醉的午夜，希求坟墓、希求坟墓之泪的安慰……
>
> ——快乐那么丰富，竟至渴盼痛苦、渴盼地域、渴盼仇恨、渴盼耻辱、渴盼残废、渴盼世界，——哦，这是你们熟悉的世界呀！
>
> 你们这些更高的人呀，快乐也向往你们，这极乐无羁的快乐——向往你们的痛苦，你们这些失败者呀！一切永恒的快乐都向往失败者。

生命就是如此神奇和辩证，她的无限的身躯可以包容一切，并使一切快乐和痛苦都归于对生命本身之永恒快乐的欲求和渴望，生命就

---

① 〔德〕尼采：《扎拉图斯特拉如是说》，黄明嘉、娄林译，华东师范大学出版社，2009，第515、516页，"夜游者之歌"。

尼采的启示

是快乐，就是永恒，快乐比痛苦更为深沉！只有懂得快乐与痛苦的辩证法，才能回归对生命本身的无限热爱，才能步入对永恒快乐的希求，才会超越生死苦乐，欲求永恒回复的命运，那是真正完美的时刻，自己的生命在永恒生命的怀抱里，成为一滴自永恒天空滴向大地的甘露，成为一缕永恒的云气和芬芳。[①]

这是真正的永恒，这永恒的钟声不是高人们的耳朵能够听懂的。高人们注定了失败，因为他们无法超越自己，只能接受对一切"咿——啊"说"是"或含糊其辞的驴子的智慧，却没有面对颠覆和毁灭一切以求新生的狮子的勇气。至此，查拉图斯特拉完成了他对信仰和政治的再次考察，并以自己的教诲在现实中的再次失败而结束。

失败是他面对世人和高人的失败，他在似乎接近自己的教化目标时停下脚步，再次从美梦中醒来，再次宣告："这些更高的人还在睡眠，我已醒来：他们不是我真正的伙伴！我在此山等待的不是他们。"[②] 不能说查拉图斯特拉的教诲没有效果，不能说高人们没有进步，但查拉图斯特拉的清醒和自认失败，表明他的彻底和不妥协，他最终战胜了诱惑，即诱惑其犯下最后的罪恶——**对高人们的同情**！他超越了驴子的智慧和道德，因为他真正需要的是狮子的勇气、力量；但与雄狮的怒吼相伴的还有狮子的欢笑和温爱的鸽群，这意味着随着摧毁而来的新生，那是查拉图斯特拉梦寐以求的，是《查拉图斯特拉如是说》正文开篇"论三种变形"中最后要完成的变形[③]：

我的孩子们临近了，我的孩子们。

[①] 〔德〕尼采：《扎拉图斯特拉如是说》，黄明嘉、娄林译，华东师范大学出版社，2009，第515页，"夜游者之歌"。

[②] 〔德〕尼采：《扎拉图斯特拉如是说》，黄明嘉、娄林译，华东师范大学出版社，2009，第519页，"征兆"。

[③] 〔德〕尼采：《扎拉图斯特拉如是说》，黄明嘉、娄林译，华东师范大学出版社，2009，第520页，"征兆"。

卷一 │ 五 信仰与政治

　　查拉图斯特拉的宗教，查拉图斯特拉的政治，也将随之而来，那是孩子们的信仰和孩子们的政治，将在与高人们的世界不同的孩子们的世界成为现实。

　　孩子纯洁无辜、健忘，是一个新的开始、一种游戏、一个自转的轮子、一种初始运动、一种神圣的肯定。①

　　查拉图斯特拉不会拒绝神圣，如果留心，在全书的结尾，在"夜游者之歌"中就能看见神的影子。

　　世界和驴神崇拜的众高人们实际上是以查拉图斯特拉为崇拜对象的。查拉图斯特拉拒绝被耶稣化，而是仅仅把自己当成先知，或教授超人的导师，或生命、痛苦、永恒回复的代言人（Fürsprecher），而绝不傻乎乎地同意把自己神化或与神一体。同时，心性高洁、志在千里的查拉图斯特拉终究不会与高人们的这个世界妥协，他拒绝世界伸出的双手，因为他的皮肤过于纯洁②：

　　　　哦，世界呀，你要我吗？你认为我是属世的吗（weltlich）？你以为我是宗教的吗（geistlich）？你以为我是神圣的吗（göttlich）？可是，白昼和世界哟，你们都过于愚笨，——

　　　　——要有更聪明的双手，去抓住更深沉的幸福、更深沉的不幸，抓住某个神吧，但不要抓我：

　　　　——我的不幸和幸福深沉，你神奇的白昼呀，可我不是上帝，不是上帝的地狱：**它的痛苦深沉**。

　　　　你，神奇的世界呀，上帝的痛苦更为深沉啊！抓住上帝的痛苦吧，可别抓我！我是什么！是沉醉的甜美古琴，——

　　查拉图斯特拉自道不是上帝，不是人们的世界的神，而是"沉

---

① 〔德〕尼采：《扎拉图斯特拉如是说》，黄明嘉、娄林译，华东师范大学出版社，2009，第57页，"论三种变形"。
② 〔德〕尼采：《扎拉图斯特拉如是说》，黄明嘉、娄林译，华东师范大学出版社，2009，第513、514页，"夜游者之歌"。

· 191 ·

尼采的启示

醉的甜美古琴",是来自永恒的琴音,永恒的音符通过查拉图斯特拉被奏响,查拉图斯特拉是永恒的代言者。世界有宗教,有神圣,但那不是高人们所属的那个世界的神圣,而是更纯洁、更神奇、更聪明的双手才能抓住的神圣。这是**查拉图斯特拉的**神圣,这神圣何谓?是狄俄尼索斯?是永恒?是生命?是自然?查拉图斯特拉没有明言这神圣是什么意义上的,但肯定是与群氓和高人的世界的神明截然不同,它根本上应该是查拉图斯特拉的孩子们的神圣,是幸福与不幸、快乐与痛苦同样深沉的神圣,是符合"**真正的人**"[①]的信仰和政治的神圣,是属于未来、在未来才能降临世界的神圣。世界依然,世界永远是唯一的世界,大地永远是同一个大地,但一切必将改变,因新的人和新的神的一起降临而改变,降临这同一个世界,同一个大地。

全书的结尾,一如全书的开头,查拉图斯特拉再度起身,准备他新的、又一轮的历程,他走出洞穴,炽热而强健,犹如从阴暗群山中升起的一轮朝阳。他要像太阳那样升起,开始他伟大的白昼,奔向他生命的顶峰——他的伟大正午!虽然太阳终究要坠落,落入比白昼以为的还要深沉的深夜,但这不改其要照耀一切的伟大星球之志。那么,在查拉图斯特拉近乎徒劳地漫游之后,又要开始其西西弗斯似的轮回之际,我们当如何看待他的行为?尼采明确告知我们,他追求的不是幸福,仅仅是工作,一次一次的轮回,不是为了幸福,而是为了工作。也许他很清楚,虽然他常会纠结于此,基督教与启蒙运动所共同主张的拯救,拯救世界,拯救人类,仅仅是一个神话,一种妄念;人唯一可能的拯救,只能是拯救自己,而所谓拯救自己,不过是让自己永葆生命和活力,让自己像太阳那样强健、充沛和照耀,照耀不是为了照耀**什么**,而仅仅是为了证明自己**能够**照耀,证明自己的生命,证明自己在工作。这是来自**自然**的启示。太阳有上升,有下落,有白昼也有

---

① 〔德〕尼采:《扎拉图斯特拉如是说》,黄明嘉、娄林译,华东师范大学出版社,2009,第519页,"征兆"。

黑夜，但白昼与黑夜都是好的；生命有上升，有下落，但生与死都是好的，因为生死轮回之间正是无尽的生命。查拉图斯特拉深谙自然与生命之道，这道即是工作，这工作就是生命的本身和全部，就是生命的快乐。**工作，生命，快乐，是一回事。**

查拉图斯特拉是有信仰的，是渴望伟大政治的，但他如太阳一样永恒上升－坠落－上升的永恒轮回的逻辑，却让人感到某种个人英雄主义的无奈，散发出审美的悲剧气息。《查拉图斯特拉如是说》本质上是艺术的、诗意的，不仅是语言修辞上的诗意，更是旨趣精神上的诗意。诗把某种现实中无法实现的东西表达为悲剧和唯美的理想，表达为生命的深邃梦想，表达为精神永恒不移的意志，表达为人生更高的真理。

艺术能够达到信仰和政治不能完成的心灵成就。不过诗是为诗人，为能够感悟诗意者准备的，而且这种感悟本质上是一种心灵的共鸣和移情，很难被完全认定为尼采所渴望的精神和生命的最后一种变形。换言之，现实的宣教和政治，乃至于纯粹的诗教，似乎都无法真正实现查拉图斯特拉或尼采的教化理想。他的理念，不能系于任何现存意义上的人类，而只能系于孩子，自己的孩子，那自己生产、同时代表自己之新生的孩子，那是自我超越和自我克服的"自己－他者－新生的自己"，是超越一切价值秩序、生命无限高迈的游戏境界。孩子本质上仅仅是关于**自己**的寓言，自己－自弃－自生－再生－游戏－自然。哲学不求也无力觉他、救他，而是自觉、自救，哲学本是关于**自己**的生活、生存、生命方式的思考、实践、自觉；自觉于自然和生命之道，绽放自己的命运天空。

然而，即使如此，即使哲学只是哲学家**自己**的哲学，它也必将属于世界，因为哲学不仅是哲学家个人的，而且必然是世界的，再个己的哲学也总是人类自我反思的某种代表。另外，哲学的意义和效果不是直接的现实实践可以衡量评判的。一方面，哲学需要时间，另一方面，哲学对世界的意义是通过其立法功能实现的。哲学的立法在于创造出某种理念、观念。伟大哲人所创造的理念，表面看来可能文弱不堪甚至微不足道，但"最寂静的话语，能激起狂飙。以鸽足行走的思想，能引导世界"[1]。人类从来都是生活在圣人、哲人的创造性思想中。尼采深信自己思想之意义和力量，也深知世界需要时间来理解、接受自己的思想。而且，尼采并不担心自己的思想**是否能够被**理解和接受，而是担心**如何被**理解和接受。对此尼采格外在意，因为他的查拉图斯特拉总是被误解和歪曲。他只期待以他所期待的方式被理解和接受。

---

[1] 〔德〕尼采：《扎拉图斯特拉如是说》，黄明嘉、娄林译，华东师范大学出版社，2009，第252页，"最寂静的时刻"。

卷二
超善恶

一
假如真理是个女人

无论从形式还是从内容来看，成书于 1886 年的《善恶的彼岸》算得上尼采最具哲学意味的著作，该书的序言在 1885 年 6 月已经写成，序言的第一句话却不是以哲学的方式而是以诗的方式呈现出来的：Vorausgesetzt, dass die Wahrheit ein Weib ist——, wie？"假如，真理是个女人——那会怎样？"[①] 尼采使用的是 Weib，《查拉图斯特拉如是说》"七个印章"中那个"我"期望与其生子的永恒之爱的女人也是用的这个词，这是成年的女性，是成熟或者说"被"成熟的女性，是女人。当"真理"这个西方最传统、最恒久、似乎也一直是最确定的哲学概念被尼采直接抛入诗的语境，而且是抛入"（'被'）成熟"女人的诗意隐喻语境时，意味着问题和性质都在发生变化。尼采注定了要改变很多东西，而且是根本性的改变，因为很多现成的东西被他根本性地悬置于疑问之中，再次成为问题。面对耶稣基督的真理，尼采把自己变成了彼拉多：

耶稣回答说："我是王，我为此而生，也为此来到世间，特为给真理作见证；凡属真理的人就听我的话。"彼拉多说："真理

[①] 〔德〕尼采：《善与恶的彼岸》，梁余晶等译，光明日报出版社，2007，第 1 页，"序言"。该书汉译以此书为主，引文会据 KSA 版原文修改，以下不一一注明。

尼采的启示

是什么？"①

从古希腊哲学伊始，西方思想对真理的探求和反思就不曾停止过。通过对本原的思考，通过巴门尼德的存在，特别是通过柏拉图的理念思想，基本确立起西方对真理概念的理解，而这种理解在《新约》得到经典体现。耶稣独断地宣称"我就是道路、真理、生命"②。那么，如何理解柏拉图-基督教共谋的这种教条独断的真理观呢？真理的探求和思考，是一种追寻，一种亘古不息的人类追寻，旨在寻找那既可以支撑世界又能支撑自己人生的，具有绝对性、普遍必然性和决定性的永久可靠的东西，这是西方哲学、科学和宗教一直共同致力的旨趣。

一个人如果找到不仅"一次性地适用于一个人"的、而且还适用于全人类的"盲目的印记"（blind impress），他可能才会心满意足。再设想找到这样的"印记"就是发现人的普遍的生存条件，或者说发现人生永存的历史因缘。这些都是传道士一度宣称要做的事情。后来，希腊哲学家，经验主义科学家，德国唯心主义思想家，相继都宣称要这样做。他们要向我们解释权力的最终所在场合，以及现实的本质。借此，他们还告知我们众生的真正面目以及我们是被权力，而不是由我们自己，塑造成现在这个样子。他们要展示烙在我们所有人身上的印记。这个印记……是必然的，本质的，有目的的，包含着人之所以为人的东西。它将给我们提出一个奋斗的目标，一个唯一可能的人生目标，即：对那最根本的必然性的充分认知，对我们的本质的自我意识……如果理解到我们生命的必然规律，那么我们就获得与宇宙一样长久的思想认识……没有更多的事要做了，因为他已与真理同在；根据

---

① 《新约·约翰福音》18：37、38。
② 《新约·约翰福音》14：6。

传统的这种观点，真理是永不消逝的精神。所消亡的只是个体的动物性范畴的东西。①

罗蒂对这个本质主义、绝对主义、普遍主义、决定论的、形而上学的真理传统有深刻理解和批判，这是道、理念、Logos 之本体论和目的论的传统，是个人和偶然被普遍必然的权力吞没的传统。实际上，尼采正是这种现代批判思想的鼻祖，对传统真理观念的反思批判出现在他的早期作品中，而且，这些早期作品充分表明，尼采的批判不是简单的批判，而是意味着他要开创新的真理理解②：

> 真理是什么？真理是一隐喻、转喻和拟人之流，即人之关系的总括，被诗意地、修辞性地强化、译转、修饰过，成为民众长久、稳固、规范的运用：真理乃幻象……

尼采一上来就断绝了人和真理一味诉求的某种绝对本质之间直接关联的可能性，甚至，连这种所谓的本质本身及其理解也成了问题。认定有某种永恒不变的藏在现象背后的决定性本质，认定人可以直面、认知这种本质，这是独断教条主义。没有什么不变的本质，如果要认定或必须认定什么基础，只能是假定，假定冲动、欲望、强力意志的本能，这本能之流裹挟着一切，没有目的，没有必然，自然而然地生成不息、涌流无垠。一切都在其之中，一切又都是其涌流的自然显现，这种显象并不意味着现象与本质的关系，更非此岸与彼岸的关系，并且不是一种内外、彼此之间的因果关系，而仅仅是本能力量的自我绽显，难以静止、固定、精确地表达，而只是流动着的真实效果，在效果中形象和意义经历了转换、转译、错位、拟人化、象征，经历

---

① 〔美〕理查德·罗蒂：《自我的偶然性》，见汪民安、陈永国编《尼采的幽灵》，第428、429页，社会科学文献出版社，2001。
② 〔德〕尼采：《道德意义之外的真理与谎言》，Ueber Wahrheit und Lüge im aussermoralischen Sinne. KSA 1, 第880页。

了诗的修辞化和创造，看似幻觉，实乃隐喻之自然与真切，由此而形成一种审美关系，这种审美关系即是隐喻一词的真实含义。真理本来就是这个意义上的隐喻，隐喻可以总括人对事物、世界、自我的全部认知、感觉、理解关系。人的全部意识，正是隐喻的汪洋，隐喻中人生成、挣扎并最终消逝于自己所由的本能世界。隐喻是生存的家园。隐喻就是解释，人对世界的解释，但人的问题在于把这种流动不息的生命解释形而上学化，把生命之流截断、凝固，想一劳永逸地把真理、把自己对真理的理解、把真理和自己的关系固定下来，以为真理就在那里，就在面纱后面，只要揭去面纱，真理就会露出永恒妩媚的微笑，就会随时成为让你销魂的怀中尤物，真理遂真的成为幻象、假象和谬误，因为这本是审美之真实流动的隐喻幻觉，却要被教条独断地烧制焙烤定型，成为确定的实证科学对象，成为人们不可怀疑和颠扑不破的异在和他者，成为人的偶像，成为人据之即可号令天下普照四海的法宝神器。这样一来，流动的、时时常新的、艺术创化的隐喻之美，被吸尽鲜活姿色，"隐喻已被用旧，不再有激发性感的力量"①，并最终沦落为"不可驳倒的谬误"②。

> 我们不再相信，真理依旧还是真理，如若有人把它的**面纱**扯掉。③

赫拉克利特认为自然善于掩藏自己，他的意思应该是，自然拒绝人类对待自己的那种方式和态度。人类难以直面作为文本（Text）的自然，无法直面或承受"真理本身"，只能在自己的解释中间接地完成自己与 Text 的全部关联。真理不在面纱后面，就在隐喻之中，在解释的虚构或创造激流之中，她，拒绝、逃逸任何教条主义的捕捉、把

---

① 〔德〕尼采：《道德意义之外的真理与谎言》，*Ueber Wahrheit und Lüge im aussermoralischen Sinne*. KSA 1, 第 880 页。
② 〔德〕尼采：《快乐的科学》，黄明嘉译，华东师范大学出版社，2007，第 259 页，§265。
③ 〔德〕尼采：《尼采反瓦格纳》，卫茂平译，华东师范大学出版社，2007，第 157 页。

卷二 | 一 假如真理是个女人

玩，像个女人①：

假如，真理是个女人——那会怎样？难道我们就不能去怀疑，既然所有的哲学家们都是些教条主义者，他们其实一点也不了解女人？难道就不能怀疑，迄今他们接近真理时所特有的可憎的认真态度与笨拙的鲁莽行为，对于追求女人而言是拙劣且不恰当的方式？可以确定的是，她还从未答应过谁的求爱——于是今天每一种教条主义都还是垂头丧气、失魂落魄地站在那里。假如它们还是站着的话！因为有嘲笑者声称它们已经倒下了，所有的教条主义都已濒临死亡，奄奄一息。

既然是尤物佳人，当然无法忍受一切的教条和独断对自己的强权和霸占。女人真正需要的，只是爱，以及爱的智慧。而爱的前提，是对被爱者的充分的了解、理解和尊重。哲学作为男人的强权政治，有的只是教条和独断的、阳具之自我中心的粗鲁和幼稚，自以为真理在握，实则迷失于谬误而不自知。原因何在？在于他们根本不知女人为何物！

是啊，生命就是女人！（Ja, das Leben ist ein Weib!）

《快乐的科学》第339节的标题是拉丁语Vita femina，意即"女人的生命"。该节的主题是美的罕见与隐匿，那终极之美（Die letzten Schönheiten）几乎无从窥见，"一切美好事物，不管是作品、行为、人，还是自然，其极致至今仍不为大多数人所了解，甚至对最优秀的人物也隐而不彰。极致即使显露了，也**只向我们自我显露一次**而已。希腊人曾经祈求过：'让所有美的东西展现两三次吧！'唉，他们如此吁请神明是很有道理的，因为无神的现实根本不给我们提供美的东

---

① 〔德〕尼采：《善与恶的彼岸》，梁余晶等译，光明日报出版社，2007，第1页，序言。

尼采的启示

西，要么只提供一次！我说，世界充满美的事物，然而他们得以展露的美妙时刻（schönen Augenblicken）实在罕见。但这也许正是生命的最大魅力所在了：一块用黄金编织的、充满美好机遇的面纱屏蔽着生命，蕴含着希望、抗拒、羞涩、嘲讽、同情、诱惑……是啊，生命就是女人！"①

在尼采的文本中，关于女人的用词含义丰富、混杂且常常不乏贬义。《快乐的科学》第361节标题为 Vom Probleme des Schauspielers，"演员的问题"，Schauspieler 也可理解成表演艺术家、戏子，该词是尼采《善恶的彼岸》第七节的关键词。在论述"演员的问题"时，尼采把女人和江湖骗子，和最具表演天赋的犹太人等都归属于演员②：

> 最后是女人。想想女人的整个历史吧，难道她们不是最先且首要成为女演员的吗？人们听医生说，对女人（Frauenzimmer③）施行了催眠术，人们就会爱上她们，继而，人们又被她们"催眠"！结果呢？结果是她们"献身了"。当然，即使她们献身……女人是如此地艺术呀（Das Weib ist so artistisch）……

表演天赋的始祖和导师不是犹太人，而是女人。表演意味着面具，假象，自我遮蔽或掩饰，伪装，同时意味着距离和诱惑。距离加剧了诱惑，诱惑把被诱惑者的目光引向面具或面纱之后，正是由于面具或面纱的存在，诱惑才能得逞。而且，惑人的面纱往往意味着、暗示着面纱之后的绝美与深刻。

人们以为女人深刻——为什么？因为人们从未对女人寻根究底。女人甚至未曾肤浅过。④

---

① 〔德〕尼采：《快乐的科学》，黄明嘉译，华东师范大学出版社，2007，第315页，§339。
② 〔德〕尼采：《快乐的科学》，黄明嘉译，华东师范大学出版社，2007，第364页，§361。
③ 该词有贬义。
④ 〔德〕尼采：《偶像的黄昏》，卫茂平译，华东师范大学出版社，2007，第35页，"格言与箭"第27节。

卷二 | 一 假如真理是个女人

在深刻与肤浅之间晃荡的女人显得玄妙莫测，但女人既非深刻，也非肤浅，或者说，女人谈不上是深刻或是肤浅，因为女人本然是空洞无物①。字面上看，这是对女人的贬抑和不敬，但作为隐喻，却意味深长。女人，以表演为天赋的女人，乃是自我解构的隐喻，她长袖善舞，用自己神秘的面纱，诱导着哲学的强权，引之入于虚无②：

  根本就没有女人的本质这类东西，因为女人逃避了，她逃避了自我。出离了深不可测的无底深渊，她吞没和扭曲了所有的本质性、身份和特性。被蒙蔽的哲学话语触礁沉没了，被投入无底深渊而彻底毁灭。根本就没有女人的真理这样的东西，但这是由于真理具有深不可测的分歧，由于谎言即"真理"。女人只不过是真理之谎言的一个名称。

显然，无底深渊和空洞无物有质的区别。那么，在女人那黄金编织的迷人面纱后面，到底遮掩着什么？是美的极致，还是空洞无物，还是无底深渊？也许，如德里达所言，"尼采很可能有点迷失在自己的文本之网中，宛如一只发现与自己所织的网不相配的蜘蛛"③；也许，德里达低估了尼采，忽视了尼采在其蛛网文本上留下的重要暗示和路标，同时也低估了尼采阅读者的解释能力。在解释的创造视野中，尼采的看似矛盾、混乱和悖谬，也许恰是他的深刻。女人这一隐喻的复杂，正好能够隐喻真理历史与真理观念的复杂。尼采想穷尽观念的各种可能性，并借以展示他的意图。这个意图体现在"生命就是女人"这个表述中。"世界充满美的事物，然而他们得以展露的美妙时刻实在罕见。但这也许正是生命的最大魅力所在了：一块用黄金编织

---

① 〔德〕尼采：《偶像的黄昏》，卫茂平译，华东师范大学出版社，2007，第35页注1。
② 〔法〕雅克·德里达：《马刺：尼采的风格》，曹雷雨译，见汪民安主编《新尼采主义》，广西师范大学出版社，2007，第52页。
③ 〔法〕雅克·德里达：《马刺：尼采的风格》，曹雷雨译，见汪民安主编《新尼采主义》，广西师范大学出版社，2007，第70页。

的、充满美好机遇的面纱屏蔽着生命"。终极之美，空洞无物，无底深渊，诱惑与抗拒着的女人……这些都是对生命的解释，显示的是生命的无限可能性。重要的，是如何在生命的迷宫中斩杀怪物弥诺陶洛斯（Minotaur）、如何找到阿里阿德涅（Ariadne）的线团以安全走出迷宫。为此，最重要的是能够把握住那"美妙的时刻"！这关键的 Augenblick，是选择的时刻，也是生死攸关的瞬间，一边是生命的无限美好，一边是生命的无底深渊，to be or not to be，选择就在一瞬之间！

尼采不愧是天才的艺术家，其艺术天赋不仅超过犹太人，甚至远高于"如此艺术"的女人。他瞬间把自己变成了生命、真理、女人、艺术的化身和代理人，创造、导演出刺激、悬疑、充满戏剧效果的悲剧场景，让他的解释者瞬间变成被解释者，变成演员，而且是尼采生命悲剧中的主角，扮演着英雄般的角色，在生死攸关的瞬间作出生死攸关的抉择！

剧情紧张刺激，不过让我们冷静一下，暂且抽身其外，回到后台稍息，或者做一会儿观众，以免被尼采"解释"得太苦。必须要问的问题是：尼采意欲何为？他为何要把概念、理论、存在问题变成发生、戏剧、情景、Ereignis、生存问题？这种改变的真实含义是什么？含义就藏在 Vita femina 之后的三节，更准确地说，藏在"生命女人"一幕之后的三幕或三个场景中。这三幕戏剧的标题依次为：**临终时的苏格拉底，最重的分量，Incipit tragoedia（悲剧开始了）**。

在尼采的著述中，苏格拉底是个含义重大而复杂的符号，作为西方哲学乃至于西方思想与精神历史的主要开端和内涵，他既要承受伟大的赞誉，也要承担重大的历史责任。苏格拉底充满智慧和勇气的沉默，以及他极具蛊惑性和征服力的话语，都使尼采十分心仪，但他那句临终遗言，却破坏了他在尼采心目中的形象[①]：

克里同，我还欠阿斯克勒庇俄斯一只公鸡呢。

---

① 〔德〕尼采：《快乐的科学》，黄明嘉译，华东师范大学出版社，2007，第316页，§340。

一般而言，这可以看成苏格拉底对医药之神阿斯克勒庇俄斯以及诸神的虔敬，但尼采却看出了苏格拉底的真实心迹：对生命的仇视、怨恨和恶毒！"作为须眉男子，苏格拉底在众人眼前犹如猛士，活得潇洒、快乐，可谁料到，他竟然是个悲观主义者呢！他直面人生，强颜欢笑，而把自己最深层的情愫、最重要的评价隐藏，隐藏了一生呀！苏格拉底啊，苏格拉底**深受生命的磨难**！但他对生命也实施报复——使用隐晦、可怖、渎神的言语！"如此看来，苏格拉底临终遗言的真实含义就成了："克里同，**生命是一种疾病啊**！"[1] 如今，医药之神用死亡医治好了苏格拉底一生的疾病，使他摆脱了今生的磨难。

这确实是苏格拉底的想法，是他饮鸩就义前向自己的弟子门徒所宣讲的显白教诲。苏格拉底的一生，无疑是最经典的哲学家的一生，而哲学根本上是要为死亡做准备[2]：

> 一般人大概不知道，那些真正献身哲学的人所学的无非是赴死和死亡。

生命是一种无法自拔的苦难和痼疾，要从中解脱出来，只能通过哲学的不断修炼和努力，并最终通过哲学所创造的死亡而真正治愈今生的顽疾，求得永生的健康与快乐。因此，苏格拉底自己所宣扬和选择的死亡，不是世俗意义上的死亡，不是自然的死亡，而是哲学意义上的死亡，只有这种死亡才能成为生命的目的，而且是崇高的、终极的目的。哲学的死亡，是以个己的灵魂自由、精神独立、意志自律为实质的理性选择，意味着人通过哲学所实现的自我存在的觉醒，对自我命运的觉悟，意味着一种生命的启蒙，这种启蒙的核心，是要论证、

---

[1] 〔德〕尼采：《快乐的科学》，黄明嘉译，华东师范大学出版社，2007，第316页，§340。
[2] 〔古希腊〕柏拉图：《斐多篇》64A。见《柏拉图对话集》，王太庆译，商务印书馆，2004，第216页。

尼采的启示

认证、亲证、凸显一个纯粹、独立、自在、优势、永恒的精神灵魂世界的存在，以此支撑个己以及生命整体、宇宙自然的存在、意义和价值。苏格拉底用一生的哲学努力，用对自己死亡的选择，最大限度地亲证了哲学的价值以及一个永恒的精神世界的存在与价值。换言之，苏格拉底是用死亡这一生命的极限来亲证生命的自由与可能。在死亡这一抉择和事件中，一个不朽的灵魂世界，和个己绝对的自由一起诞生，并相互印证。

尼采显然是要从自己的视角来解读苏格拉底之死，解读苏格拉底对待生命的态度。而对待生命的态度，乃是尼采真理戏剧中最核心的关切。在尼采看来，苏格拉底以死亡克服、治愈生命之疾，充分暴露出他对生命的仇视、怨恨和恶毒。也正是苏格拉底的这种教诲，使古代最美好的人物柏拉图中毒、患病、堕落[1]，并造成极其严重的后果，即，使得后者犯下不可磨灭的历史错误[2]：

> 我们必须承认，从古到今人类犯下的最恶劣、最持久和最危险的错误就是教条主义者所犯的错误——即，柏拉图所发明的纯粹精神和善的理念（reinen Geiste und vom Guten an sich）。

多亏苏格拉底仇恨生命的教诲，以及希腊人承自远古的民众迷信，譬如对灵魂、主体（主词）、自我的迷信，柏拉图建立起超自然、超尘世的（überirdisch）学说，其精髓就是发明了纯粹的精神和与之相应的作为世界最高本质的超验理念，于是自我与灵魂的迷信终于在绝对、普遍、必然、超验的理念中找到永恒的归宿。像古老的占星术一样，柏拉图的发明仅仅是一个跨越千年的诺言，是一个教条主义惯戴的恐怖唬人的面具（Fratze）[3]。这个诺言和面具后面隐藏的寓意，

---

[1] 〔德〕尼采：《善与恶的彼岸》，梁余晶等译，光明日报出版社，2007，第3页，"序言"。
[2] 〔德〕尼采：《善与恶的彼岸》，梁余晶等译，光明日报出版社，2007，第2页，"序言"。
[3] 〔德〕尼采：《善与恶的彼岸》，梁余晶等译，光明日报出版社，2007，第2页，"序言"。

是对大地、对生命的仇恨、否定①：

> 当一个人像柏拉图一样地谈论精神与善之时，那就意味着真理的颠倒，意味着对作为一切生命基本条件的**视角性东西**（das *Perspektivische*, die Grundbedingung alles Lebens）的否定。

这是《善与恶的彼岸》序言中尼采对苏格拉底和柏拉图的基本评判。在经历了基督教和基督教道德千年洗礼后的19世纪的欧洲，尼采如此评价有他的理由。但更大的理由来自尼采的强力意志，亦即尼采创造自己哲学的需要。尼采以生命为本，这是大地上的而非天堂里的生命，这种生命拒绝绝对、普遍、超越、彼岸、唯一、抽象的视野，而立足于具体的、**自己的视角**，这视角是每一个具体生命的基本存在条件，而且是每一个生命每一个生存瞬间的基本存在条件。视角乃是永恒变化流动着的视角。柏拉图颠倒了真理，尼采颠倒了柏拉图，只为回到真理，具体的生命真理。

可是，当我们回到尼采自己的学说或教诲时，我们看到了什么？

> 人类是一种应该被超越的东西。（查拉图斯特拉前言3）
>
> 真的，人是一条肮脏的河流。为了接纳这条脏河，人们必须是海，才能本身不受污染。（同上）
>
> 人类之所以伟大，是因为他是一座桥梁，而非目的；人类之所以可爱，是因为他是一种过渡，一种**坠落灭亡**（untergang）。（同上4）
>
> 我爱那些人，他们首先不在星辰的彼岸寻找一个坠落和牺牲的理由：而是为大地而牺牲，使大地终为超人的大地。
>
> 我爱那一类人，他活着为了求知，并为求知而让超人有朝一日得以生存。于是，他情愿自己坠落灭亡。（同上）

---

① 〔德〕尼采：《善与恶的彼岸》，梁余晶等译，光明日报出版社，2007，第2页，"序言"。

人的生存（Dasein）是阴森可怕的，且总无意义。（同上7）

而尼采最经典的说法是：**地球患上了一种皮肤病，这疾病的名字叫人类**。显然，关于人类，关于生命，苏格拉底的态度几乎就是尼采的态度，苏格拉底几乎就是尼采的一个面具！尼采用苏格拉底这个面具实现了对人对生命的彻底反思，这反思正是尼采的自我反思与批判。当然，尼采在反思之后还是要把自己与那个恶毒的面具明确地加以区别：苏格拉底指望在生命死亡之后的彼岸的永生，而尼采自己则是要通过人的自我毁灭而自我超越，而为大地的意义，而为超人。总之，尼采渴望的是更高的生命，是想以此真正获得真理的芳心，窥见生命女人那终极之美。

不过，至今一直都是哲人自己在喋喋不休，生命呢？生命会怎么说？

生命女神的出场不同寻常，需要爱神在场，需要林间茵茵绿草上爱神与清纯少女们的轻歌曼舞。这是"舞蹈之歌"中的迷人一幕。深不可测到几乎让查拉图斯特拉茫然迷失的生命对查拉图斯特拉如是说①：

我变幻无定，狂野，完全是个女人，但不讲道德；尽管你们男人叫我"深渊"，或叫我"忠实"、"永恒"或"神秘"，但你们男人总是把自己的道德赠给我们——唉，你们这些道德家啊！

男人是个强权动物，是个道德动物，是个价值评判者和价值标签的张贴者。他无视或者不清楚他所面对、所身处的生命的本性，那是远在其权力和道德之外、之上的。男人自以为是，实际上是无能为力、望尘莫及，因为男人都是柏拉图主义者，都是 Being 思维，

---

① 〔德〕尼采：《扎拉图斯特拉如是说》，黄明嘉、娄林译，华东师范大学出版社，2009，第190页，"舞蹈之歌"。

追求的是"完满的、一元的、固定不动的、（空虚的）、饱和的（沉重的）"东西，而生命智慧把这些视为恶，生命之善、之美表现为 Becoming，表现为狂野、超道德、变幻无定的生生不息，生命明确告诉查拉图斯特拉："可是我身上的忠诚和永恒即是我的暂时性、倏忽性（Vergänglichkeit）。/你应如此称赞我的暂时性：我的执拗要这样"①。

这是哲学面对真理和生命时的根本困窘，也是《快乐的科学》第339节那生命的极致之美难以被窥视的根本原因。哲学热衷于追求"最后、最终的知识"（letzte Wissen），而在生命看来并没有这种知识，有的只是生生不息和时时常新的流变之美："真的，我不称赞的东西是：不再有意愿，不再有爱，不再活着！/完满的，一元的，固定不动的，（空虚的），饱和的，（沉重的 das Schwere）——我以为这些东西都是恶/是无梦的睡眠——简直是最沉重的（schwerste）梦魇，我把所有最终的知识称为我的最大危险/生命有一次问我，什么是认知？我满怀爱心地答道，认知么？认知就是一种渴求，一种（价值的评估、创造、争斗）的点点滴滴的啜饮，一种强烈的渴求。/认知就是透过面纱窥视，犹如用细柔之网捕捉/哦，智慧呀！我们这些认知者都被你的钓饵引上了钩——微不足道的一点点美总是诱使最聪明的鲤鱼上了圈套！智慧是变化无定的东西，执拗的东西，我经常瞧见智慧违背己意倒梳其发！/它是说自己坏话的一类，但它诱惑别人。"②

尼采借查拉图斯特拉之口道出了另一种哲学理解，这种哲学，作为一种知识，根本上区别于以柏拉图理念论为代表的形而上学，后者是一种追求一元、固定的最终知识的独断论和教条主义，它没有意愿，没有爱，也就是没有生命；而"另一种"哲学乃是充满意愿、热爱生命的知识，这种生命之爱把知识追求变成了智慧之爱，它对生命的欲

---

① 〔德〕尼采：《扎拉图斯特拉如是说》，黄明嘉、娄林译，华东师范大学出版社，2009，第191页注1。参见 KSA 14，第300页。
② 〔德〕尼采：《扎拉图斯特拉如是说》，黄明嘉、娄林译，华东师范大学出版社，2009，第191页注2。参见 KSA 14，第300、301页。

望不可遏制,啜饮着生命的点点滴滴,以最大的热情和努力捕捉生命哪怕是微不足道的一丝一毫美色。

但,生命之爱不是一件容易的事,生命的知识更是何其艰难!因为生命完全是狂野、变幻不定、超秩序、超节奏、超流动的汹涌深渊,知识的双眼难以捕捉她风一样的身影,沉重笨拙的哲学难以跟上她自由放荡的舞步。生命的道德远超哲学家的道德一万英尺以上。问题的关键在于,重力精神(der Geist der Schwere)这一至高至强的魔鬼,乃是人生和世界的主宰!重力精神一如地球的引力,乃是自然和人性的先天本性,使一切沉落、凝滞、固定、停顿和死亡的本性。"舞蹈之歌"是用来对抗、讽刺沉重的重力精神的,查拉图斯特拉代表舞蹈与飞翔,这是沉重精神的天敌、死敌。但,舞蹈和飞翔的查拉图斯特拉精神,同时暗示着自己的牺牲和死亡,因为只有死亡或死亡的隐喻,才能真正摆脱沉重精神的羁绊,跟上生命那生生不息的轻盈步履,才能顺遂于造化自然。苏格拉底对生命之疾的克服,体现的正是这种隐喻。我们看到,紧随着**临终时的苏格拉底**一幕的下一幕,正是**最重的分量**(das größste Schwergewicht)。

最重的分量,是对永恒循环的感觉和意识,从这一幕开始,到《查拉图斯特拉如是说》,再到《善与恶的彼岸》,尼采对永恒循环的思考不断地深入,由最沉重的分量,逐渐演变为最渊深、最惊人的真理,而这种变化的关键来自人自身的思想和选择。一开始,这是一种恶魔般沉重的意识,因为,"你现在和过去的生命,就是你今后的生命。它将周而复始,不断重复,绝无新意,你生命中的每种痛苦、欢乐、思想、叹息,以及一切大大小小、无可言说的事情皆会在你身上重现,会以同样的顺序降临,同样会出现此刻树丛中的蜘蛛和月光,同样会出现现在这样的时刻(Augenblick)和我这样的恶魔。生存(Daseins)的永恒沙漏将不停地转动,你在沙漏中,只不过是一粒尘土罢了!"[1] 面对这恶魔,这恶魔的话,这恶魔般的话,实际上是你自己恶魔般的沉重思想,你

---

① 〔德〕尼采:《快乐的科学》,黄明嘉译,华东师范大学出版社,2007,第317页,§341。

要么被其压碎,放弃渴望和追求(um nach Nichts *mehr zu verlangen*),认可并安于这最后的、永恒的、沉重的确定(als nach dieser letzten ewigen Bestätigung und Besiegelung),要么这样回答恶魔:"你是一个神明,我从未听见过比这更神圣的话!"并且坚定而快乐地喊出:"我还要这样,而且要无数次地这样!"① 这是一种生存的勇气,是对待生存的一种态度,是思想的转变和意志的选择。摆脱永恒循环这一切分量中最沉重的分量的重压,关键在于你自己,在于你的思想观念(Meinungen, Gedanken),因为正是思想决定了你的选择。②

思想如何转变?这取决于对 Augenblick 的深刻理解。在"论面貌和谜"③中,Augenblick 是个时间概念,也是个空间概念,作为瞬间、此刻、此处,它位于通向过去的永恒和通向未来的永恒之间,是个中点、中间、中介。作为中介,它意义重大,它要通过自身,突破沉重的精神所代表、所制造出的弯曲的真理和时间的圆环,要让恶魔般的永恒循环思想发生变形,让蛇的圆环通过鹰的翱翔而自我毁灭、超越、上升中蜕变、新生。这是年轻牧人的寓言所要传达的。被黑色大蛇咬住喉咙几近窒息的年轻牧人,靠超人的勇气,咬断蛇头,从而摆脱了沉重精神的永恒循环,得以新生,此刻,他"不再是牧人,不再是人——而是一位变形者(ein Verwandelter),一位周身闪耀者(ein Umleuchteter),他**笑了**!大地上从未有人像**他**这样笑过"!一个变形者,靠的是勇气(Mut),勇气于此刻"杀死了我的一切忧伤",对沉重的精神吹响了生死决战的号角,并彻底摧毁了沉重精神之永恒循环,并将之变形、新生为新的永恒循环,为永恒回复④:

---

① 〔德〕尼采:《快乐的科学》,黄明嘉译,华东师范大学出版社,2007,第317页,§341。参见 KSA 3,第570页。
② 〔德〕尼采:《快乐的科学》,黄明嘉译,华东师范大学出版社,2007,第317页注2,§341,参见 KSA 9,第496页。
③ 〔德〕尼采:《扎拉图斯特拉如是说》,黄明嘉、娄林译,华东师范大学出版社,2009,第265~268页,"论面貌和谜"。
④ 〔德〕尼采:《扎拉图斯特拉如是说》,黄明嘉、娄林译,华东师范大学出版社,2009,第265页,"论面貌和谜"。

尼采的启示

> 勇气是最佳的杀人短棍,勇气发起攻击:它还杀死死亡,因为它说:"这就是生命吗?好吧!再来一次!"

永恒回复之所以是最渊深的思想,乃在于它敢于死亡并最终战胜死亡的勇气和力量,这种强力的变形,道出了生命的真谛:不是生命终归于死亡,而是死亡在永恒回复中永远归属于生命,只有生命永恒,因为生命乃是强力意志,它"不可毁伤、不可掩埋、却可炸毁岩壁之物"[1],而这强力意志生命的秘密乃在于自我超越[2]:

> 生命亲自对我诉说的秘密:"你瞧,"它说,"我就是必须永远超越的自我。"

生命是一切的创造者,也是死亡的创造者,因为一切被造很快就会被生命抛弃,成为生命及其创造本能的敌人,生命就是要自我抛弃、自我超越。生命就是生与死之间永恒的循环,是生命的充盈与空乏之间永恒的循环,而生命,作为强力意志的生命,此刻的生命,自我的生命,或者说,通过自我的生命,乃是整个生命循环的核心、枢纽、中介,这创造和强力意志的自我的本性在于:把 Es war(曾是)变成 aber so wollte ich es(我要它如此)[3],把被动的**你应该**(Du sollst)的必然性,变成创造的**我要**(Ich will)的必然性[4],这此刻的自我在自我超越中再造了过去的永恒,与过去的时间和解,同时使过去时间的**旧**或**已经**,和未来时间的**新**或**将要**通过自己的创造意志而成为同质,

---

[1]〔德〕尼采:《扎拉图斯特拉如是说》,黄明嘉、娄林译,华东师范大学出版社,2009,第197页,"坟墓之歌"。

[2]〔德〕尼采:《扎拉图斯特拉如是说》,黄明嘉、娄林译,华东师范大学出版社,2009,第200页,"论自我超越"。

[3]〔德〕尼采:《扎拉图斯特拉如是说》,黄明嘉、娄林译,华东师范大学出版社,2009,第243页,"论拯救"。

[4]〔德〕尼采:《扎拉图斯特拉如是说》,黄明嘉、娄林译,华东师范大学出版社,2009,第56页,"论三种变形"。

成为一种永恒的循环复归，复归于创造的、作为生命代言人的、作为永远创化不息之 Augenblick 的自己，永恒复归因这自己而可能，永恒复归就是这永恒创造的自我意志的复归，且仅仅是永远起始于并复归于这生命意志的自我、自己的悲剧，正是它担当着这整个永恒复归悲剧的总导演和幕后操纵者，在永恒复归中真正永恒的是**自己，生命自己**。

生命的循环悲剧，与其说是过去与将来之间时间的循环，不如说是上与下、有与无、满溢与空乏的循环，是上升与沉落的循环，这种上升与沉落，不是遵循沉重的重力精神"凡高抛之石必定下落"的逻辑[①]，而是依照太阳的逻辑：清晨，太阳升起，普照万物，展示它无尽丰盈的光辉、智慧、生机和蜜汁；傍晚，太阳要落下，要下山，满目余晖，似乎炭尽薪熄，归于死寂，实则不然，而是"降落在海的背后，并给另一个世界送去光明"。这是生命真理的最高写照：生命是永恒的光辉，从不曾熄灭，只是在世人眼里，日升日落、生死循环而已。太阳的逻辑正是查拉图斯特拉的逻辑：10 年里他在山中以孤独和思考为乐，窥得生命真理那极致之美，自然要效法顺遂生命的舞步，像太阳一样下山，"我必须像你一样'落'下去，下山，到人群中去"，把 10 年密酿的满怀快乐的智慧倾泻给人间，倒空自己，献身自己[②]：

"看呀！这杯子又将空空如也，查拉图斯特拉又将再度变成人了。"如此，揭开了查拉图斯特拉下山的序幕。

如此，**Incipit tragoedia，悲剧开始了**。查拉图斯特拉要告别山中孤独下到人间传布他的教诲，倒空他的生命智慧，又把自己变成、变回

[①] 〔德〕尼采：《扎拉图斯特拉如是说》，黄明嘉、娄林译，华东师范大学出版社，2009，第 263 页，"论面貌和谜"。
[②] 〔德〕尼采：《快乐的科学》，黄明嘉译，华东师范大学出版社，2007，第 319 页，§342。

人。那么,他是从什么变成人的?从神?从超人?尼采没有交代,不过尼采导演的这场悲剧,却足以透露哲学或哲人的天机,我们将看到,哲学在尼采这里的意义和在苏格拉底那里几乎是一样的。

哲学以探求真理为己任。如果真理是女人,是生命,那么哲学本质上应该是爱,区别于教条主义哲学爱的无能无当,尼采哲学要成为生命之爱的象征和寓言。那么,如何界定、理解爱呢?西方哲学中最经典的爱欲(Eros)理解来自柏拉图的《会饮篇》。

人们习惯上总是把 Eros 称为爱神,但蒂俄提玛(Diotima)告诉苏格拉底,Eros 不是不死之神,当然也不是有死之人,而是介于神和人之间的精灵(Daimon,Spirit)。我们知道,这 Daimon 正是苏格拉底内心深处那个引导他的精灵和声音,这精灵实际上就是哲学的隐喻和象征,哲学(家)所担当的就是这一人神之间中介的角色。哲学就是E-ros。作为神和人的中介,Eros 负责"把人们的祈求和献祭传译和转达给神们,把神们的旨令和对献祭的酬报传译和转达给人们;居于两者之间,精灵正好填充间隔,于是,整体自身自己就连成一气了"①。没有 Eros,没有爱欲,没有爱,人和神就无限分离,无法沟通,世界就不成其为一个完整的世界,是爱,是哲学使世界成为世界,使分离可以连接、交流。而这种中介、沟连本质上是把不同或相异的东西互相转译,以爱的方式转译,或者说,只有爱可以使这种转译成为可能,而转译,根本上就是隐喻,爱的隐喻就是一种性爱、性欲、生殖、生产、创造的冲动,是生命和自然最原始、最永恒的本能、力量、意志。这 Eros 有一种内在的 Logos,由其出身和谱系所先天获取的 Logos,这 Logos 乃是一种永恒循环或永恒回复。

美神阿弗洛狄忒出生时,诸神欢宴庆贺,丰饶之神波若斯(Poros)多饮了几杯,醉倒在宙斯的花园,而贫乏之神珀尼阿(Penia)前来乞讨,看到沉醉不醒的波若斯,就想要沾点儿丰饶之神的光,于是就靠近波若斯的身躯……于是她在美神生辰这天怀上了 Eros,这也

---

① 〔古希腊〕柏拉图:《柏拉图的会饮》,刘小枫译,华夏出版社,2003,第75页,202e。

是 Eros 生性爱美的原因：爱（哲学）就是爱生命之美。Eros 的出身，决定了他总是在丰饶、富足、充溢、生机盎然、智慧和空乏、贫穷、疲弱无力、无知之间犹如四季荣枯般轮回游弋。爱总是满怀激情、欲望和力量，追求美与智慧，但这些财富又总会一点一点地耗尽、流走，使他归于空乏，濒于绝境；但他毕竟是丰饶之子，天赋一份神性和神力，总会使得他起死回生，冬去春来，生死轮回。神即智慧，因而神不会也不需要求智慧，不需要"爱－智慧"（philo-sophia），即不会去搞哲学；而无知之人也不会去求知、爱智，因为无知者不会有求知的想法和愿望，只有介于智慧和无知之间的 Eros 才会爱美、爱智慧，也就是说只有 Eros 才会"爱－神"、爱智慧，才适合搞哲学，才是哲学家。而哲学就是不死与有死之间、人神之间、智慧与无知之间、无限丰饶的生命和极度匮乏的生命之间的中介或历程，是生命自我循环、轮回、复归的隐喻、化身、代言人。哲学体现的就是生命的永恒回复，是永恒回复的生命。这是生命的真理，是哲学的真理，是查拉图斯特拉的真理，查拉图斯特拉就是爱神的化身、新生。在 1889 年少量印发的《尼采反瓦格纳》的结尾诗中，尼采重复了《会饮篇》中 Eros 神话的隐喻。这首名为"关于最富有者的贫穷"的结尾诗，几乎是尼采在他理智清醒的最后时刻的吟唱，是他对自己的哲学和生命最后的言说[①]：

> 十年过去了——，
> 没有一颗雨珠落到我这里，
> 没有湿润的风儿，没有爱的玉露
> ——一片少雨的土地……
> 于是我请求我的智慧，
> 在这场干旱中不要吝啬：

---

① 〔德〕尼采：《尼采反瓦格纳》，见《瓦格纳事件/尼采反瓦格纳》，卫茂平译，华东师范大学出版社，2007，第 162～167 页，"关于最富有者的贫穷"。

尼采的启示

自己溢出，自己滴下露珠
自己是这片枯黄的荒野的雨水！
……
谁是我的父母？
父亲于我难道不是过度富裕的王子
母亲不是静谧的微笑？
难道不是这两者的联姻生出
我这个谜样的动物，
光的恶魔，
我这个一切智慧的挥霍者查拉图斯特拉？
……
查拉图斯特拉，你真可悲！
你看上去，像是一个，
吞下金子的人：
别人还会剖开你的肚皮……

你太富有……

你想赠送，送走你富裕的过剩，
可你自己是最大的过剩者！
放聪明些吧，你这个富人！
先得把你自己送掉，啊，查拉图斯特拉！
……
你牺牲自身，你的财富把你**折磨**——，
你交出自己，
你不珍惜自身，你不爱护自己：
那巨大的苦恼时刻压迫着你，
过满的谷仓，过满的心灵的苦恼——

可不再有人谢你……

你得变得更加贫穷，
聪明的笨蛋！
倘若你想受人爱戴。人们只爱那些受难者，
人们只把爱给予挨饿的人：
先得把你自己送掉，啊，查拉图斯特拉！

——我是你的真理……

在丰饶与贫乏、生与死之间循环，但这生与死不是别人的，不是外在的，而是自己的，如果说上升与下降无限循环的查拉图斯特拉是生命真理的隐喻，那么尼采要把自己变成查拉图斯特拉的真理，变成生命自我牺牲、自我超越、自我轮回、自我永恒的真理和隐喻，把自己变成女人，经历生死交替般性爱、受孕、生殖分娩的女人，献出自身，产下自己的孩子，这是生命得以永恒不朽的基本路径和隐喻。这一点把尼采的真理和苏格拉底的真理根本区别开来，因为苏格拉底只是个自己无法生育的助产士，"为别人接生是神交给我的任务，神却剥夺了我的生育能力"（《泰阿泰德》150c）。

显然，尼采回到了希腊，而且似乎是苏格拉底的希腊，但他回到的不是理念论的希腊，而是生命的希腊，如果说前者导致了教条主义哲学的真理和基督教的上帝，那么后者导向的则是关于生命之爱和新的神灵的真理，这新的真理，乃是真正自然、本能、健康的生命真理[①]：

走开，走开，你们这些

[①] 〔德〕尼采：《尼采反瓦格纳》，见《瓦格纳事件/尼采反瓦格纳》，卫茂平译，华东师范大学出版社，2007，第163页。

尼采的启示

> 目光阴郁的真理!
> 在我的山上
> 我不愿见到严厉烦躁的真理。
> 今天,带着灿烂的微笑
> 这个真理靠近我的身躯,
> 被太阳照得可人,被爱灼成褐色,——
> 一个成熟的真理我只从树上摘取。

新的神灵,是与柏拉图的上帝根本对立的、仅仅属于查拉图斯特拉和尼采的狄俄尼索斯[①]:

我是第一人,为理解那较古老的、仍然丰盈甚至充溢而出的希腊本能,而认真看待那名为狄俄尼索斯的奇妙现象:这唯独从力的过剩出发才能得到解释……只有在狄俄尼索斯的神秘仪式里,在狄俄尼索斯的心理中,希腊人本能的**根本事实**——其"**生命意志**"才得以表达。希腊人以这样的神秘仪式保证什么?那**永恒的生命**,生命的永恒轮回;未来在过去中得到预告和供奉;对于超越死亡和变化之生命的胜利首肯;通过生殖,通过性的神秘仪式,**真正的生命作为整体的继续生存**。所以,对希腊人来讲,**性的象征**,是庄严的象征自身,是整个古代虔敬(Frömmigkeit)内含的真正深意。交配、怀孕和分娩(等性爱)行为的所有细节唤起最高昂和最庄严的情感。在神秘仪式的学说中,**痛苦被神圣地言说**:"产妇的呻吟"完全让痛苦神圣化,——所有的生成和生长,所有未来的担保**取决于痛苦**……为了有永恒的创造喜悦,为了生命的意志永恒地肯定自身,也必须有永恒的"产妇的阵痛"……这一切意味着狄俄尼索斯这个词:除了这个**希腊的**、即

---

① 〔德〕尼采:《偶像的黄昏》,卫茂平译,华东师范大学出版社,2007,第186~189页,"我感谢古人什么"。

这个狄俄尼索斯的象征表达，我不知道有比这更高级的象征表达。在此之中，可以宗教地感受到生命那直指生命之将来、生命之永恒的最深邃本能，——通往生命自身的道路，生殖作为**神圣的道路**……只有基督教，带着它从根本上反对生命的怨恨，把性当作某种肮脏的东西：**它把污秽之物泼洒到开端上**，即我们生命的前提上……

孕育和分娩的痛苦，乃是死亡的象征，更是生命死而复生、生生不息无限延续的最高隐喻，死亡意味着过去的结束和新生命的开启，永恒轮回思想之真谛正在于此，性爱与生殖中蕴含着生命全部的奥秘与神圣。这是悲剧，查拉图斯特拉之下山是"悲剧的开始"，查拉图斯特拉的下山，意味着他的自我牺牲和哲学的自我献祭，但这悲剧不等于灭亡，不同于悲观主义，而是永恒生命自我克服、自我超越、自我再生的一个环节，这死亡的痛苦恰恰是生命未来延续的保证，意味着更大的喜悦①：

> 生命意志在其最高类型的**牺牲**中为自己的不可枯竭而欣喜万分——我称这为狄俄尼索斯的，我猜这是通往悲剧诗人之心理学的桥梁。不是为了摆脱恐惧和同情，不是为了借助激烈的发泄，让自己从一种危险的情绪中得到净化——亚里士多德就是这么理解——：相反是为了，超越恐惧和同情，成为生成之永恒的喜悦自身，——这种喜悦还包含着对于毁灭的喜悦……由此我再次触及我的出发点——《悲剧的诞生》曾是我对一切价值的首次重估：由此我重新站回到培育出我的意愿和我的能力的土地上——我，这个哲学家狄俄尼索斯最后的信徒，——我，这个永恒轮回的老师……

---

① 〔德〕尼采：《偶像的黄昏》，卫茂平译，华东师范大学出版社，2007，第189~190页，"我感谢古人什么"。

尼采的启示

尼采总是忘不了苏格拉底，并把他的 Eros 变成了查拉图斯特拉，变成了哲学家狄俄尼索斯，变成了哲学家狄俄尼索斯的最后的信徒尼采，而尼采正是那教授永恒轮回的导师。作为 Eros 的哲学，本是神和人之间永恒距离的中介，这种中介是如何可能的呢？苏格拉底或柏拉图发明了灵魂不朽，从而在纯粹的精神和善的神圣理念之间建立起某种共谋、共生、互证的关系，使人通过哲学可以超越身体自然的限制与神同在，并从中衍生出自由和理性的绝对精神，这自由和理性因而是在精神层面上存在的。尼采呢？尼采发明、发现了狄俄尼索斯。狄俄尼索斯隐喻中包含着尼采哲学的基本考量。有关狄俄尼索斯神话和宗教的研究，将有助于对此的理解。

（1）颠覆与重估。"狄俄尼索斯必然会招致对抗与迫害，因为他所激发的宗教体验威胁到了整个生活方式以及普遍价值"，因为狄俄尼索斯意味着某种绝对性的宗教体验，"因为要得到这样的体验，只有否弃**其他所有的一切**（无论是内心的平静、人格、意识、理性，还是别的什么等等）"[①]。狄俄尼索斯所代表的绝对体验包含两个层面或可能性。一是提升自己的生命感受和状态，自我超越于一种艺术的、诗的悲剧性生命情感中，达致生命更为深邃、本真、自由的自然创化状态。二是通过生殖，使生命在对苦难和死亡的自我超越中新生、再生和永恒延续。这两种状态和体验，代表了生命超越与创造的基本内涵，是生命之永恒轮回的两个维度，且都与性爱（Eros）体验有关。**生命**的性爱、婚媾、分娩，具有两种效果：以再生具有更高生命力的自己（作为自我的超越与变形），并生下作为更高生命形态的孩子（作为自我的永生和精神最后的变形）。

（2）生死合一。狄俄尼索斯周期性地显现和隐匿，使其成为植物神，他与"植物的生命休戚相关：常春藤与松树几乎成为他的标志，而他最流行的庆典也与农业历法相符合。但是，狄俄尼索斯是与整个

[①] 〔美〕米尔恰·伊利亚德：《宗教思想史》，晏可佳等译，上海社会科学院出版社，2004，第307页。

生命相关联的，正如他与水和萌芽、血或精液的关系，以及在他的动物化身（公牛、狮子、山羊）中所表现出来的充沛的生命力。他无法捉摸的显现和隐匿在某种程度上反映了生命本身的出现和消失，即生死的交替及其最终的合一"[1]。赫拉克利特残篇 15 有言："哈得斯和狄俄尼索斯……是同一回事。"[2] 英译和评注者 T. M. Robinson 对此有如下评注："狄俄尼索斯应当被等同于生和死（哈得斯，冥府之神）吗？这是一种合理性的推测，也是许多人作出的理解；关于它们是同一的进一步的声明，用弗洛伊德的术语来解释，就意味着再生自我的渴望与死的愿望是'同一〈冲动〉'。"[3] 尼采显然是把死纳入、归属、包含于狄俄尼索斯之中，成为生命自我循环的环节和内涵。

（3）贯通人神。狄俄尼索斯是宙斯与凡间女子塞墨勒所生，先天具有沟通人神的禀赋。狄俄尼索斯的神秘体验乃是一种迷狂（mania）和被神所充满（entheos）的心理状态，在这种纵欲狂欢中，洋溢着生命和力量，充满痛苦和狂喜交织的悲剧情感，感受到了狄俄尼索斯超人的、无懈可击的力量，这是一种完全的释放，"获得一种人类所难以达到的自由和自在……这种狂热揭示了一种与生命及其宇宙力量的沟通，它只能被解释为一种神灵附体"。虽然狄俄尼索斯是所有神人结合的后代中唯一的神，但他对人而言具有先天的亲和性，"人可以接近他，甚至与他合二为一，而迷狂（mania）的出神则证明了人的状态是可以超越的"[4]。换言之，狄俄尼索斯神话和隐喻的精髓，是人可以自我超越，超越于自身之上。苏格拉底也自我超越，但他的超越使他远离了自然生命，狄俄尼索斯的自我超越则不同，这种自我超越

---

[1] 〔美〕米尔恰·伊利亚德：《宗教思想史》，晏可佳等译，上海社会科学院出版社，2004，第 307 页。
[2] 〔古希腊〕赫拉克利特：《赫拉克利特著作残篇》，希、英、汉对照评注本，楚荷译，广西师范大学出版社，2007，第 25 页。
[3] 〔古希腊〕赫拉克利特：《赫拉克利特著作残篇》，希、英、汉对照评注本，楚荷译，广西师范大学出版社，2007，第 155 页。
[4] 〔美〕米尔恰·伊利亚德：《宗教思想史》，晏可佳等译，上海社会科学院出版社，2004，第 312~318 页。

尼采的启示

恰恰是要超越并回归到自然生命的真理中去，这生命的真理正是生命和宇宙那本原、本能的无尽力量，哲学家狄俄尼索斯之超越回归于生命，是要给生命这永恒的女性，这查拉图斯特拉唯一想与其生子的女人，以及他自己，戴上戒指中的婚戒——轮回之戒，这"性爱－生殖－死亡－再生"的永恒轮回之戒。①

这是尼采的哲学，是狄俄尼索斯的哲学，是关于生命的真理和宗教。没有超验的神明和彼岸天国，只有一个自然生命永恒轮回的世界，问题不在于如何超离她，而是如何回归她。

---

① 〔德〕尼采:《扎拉图斯特拉如是说》，黄明嘉、娄林译，华东师范大学出版社，2009，第377页，"七个印章"。

二
"整体"哲学

思考整体、整全、大全、绝对统一性等,是西方哲学传统的一个基本理路,从巴门尼德的存在、柏拉图善的理念,到黑格尔的绝对精神、谢林的绝对同一、雅斯贝尔斯的大全等,都在不断表明这一理路的源远流长和重要性。哲学家们从各自不同的角度面对"整体"问题,从中可以管窥他们各自最幽深的哲学思考,而尼采的有关思想特别值得重视,因为他的"整体"意味着新的哲学观念。[①]

哲学总是在寻找具有最终确定性和决定性的东西,这种东西被定名为真理。尼采也不例外,作为哲学家,他也一直在努力寻找,不过他的寻找,恰恰是在对传统哲学及其真理观的批判和解构中进行的。《善与恶的彼岸》就是在这种批判和解构中开始的。真理概念,深刻体现出传统哲学的偏见与迷失,对最确定最本质最真实东西的探究,使西方哲学和精神从一开始就误入歧途。西方哲学史所呈现出的真理史,乃是真正"谬误的历史",在这漫长的历史中,那当初被视为绝对真理的东西,一步一步变成虚无,一个曾经的"真实世界"(Wahre Welt)一步一步失真,最终变成了寓言。

在《偶像的黄昏》中,尼采用极为简洁生动的文字,勾画出西方

[①] 关于尼采对"整体"的思考,叶秀山先生从不同的角度有不同的理解,参见叶秀山《试释尼采之"永恒轮回"》,见《哲学作为创造性的智慧——叶秀山西方哲学论集(1998-2002)》,江苏人民出版社,2003,第168页。

尼采的启示

哲学的心路历程。这节文字题为"'真实的世界'如何最终成了寓言——一个谬误的历史",首段如下①:

> 真实的世界,哲人、虔诚者和有德行者是可以达到的,——**他生活于其中,他就是它**。
> (理念最古老的形式,比较明智、简单、令人信服。对这个句子的改写:"我,柏拉图,就是真理")

柏拉图用他的理念思想几乎一劳永逸地确定了西方哲学的根基和品性,理念就是真理,而看见、把握、领会了永恒理念的人,就是哲人,就是虔敬和道德的化身,同时也就是真理的化身。哲学坚信绝对的求真意志或纯粹的精神可以达到绝对的真理,而这种达到同时意味着他们自身生命存在、生活方式的改变和真理化,意味着他们的信仰和道德。哲学,亦即热爱智慧、追求真理,正是他们的生活方式。

但尼采不这么看,他对柏拉图的批评格外严厉,因为他在柏拉图那里发现了整个谬误历史的根源②:

> 从古到今人类犯下的最严重、最持久和最危险的错误就是教条主义者所犯的错误——即,柏拉图所发明的纯粹精神和善本身。

关于柏拉图的伟大发明,尼采从他的角度火力全开,无情揭批,自有其深刻和用意。但我们从我们自己的角度可以从中看到另外的东西,可以另有收获和启发。

尼采所谓纯粹精神(reine Geiste)的经典表述出现在柏拉图的《斐多篇》中。牢房中即将告别人世的苏格拉底,向斐多们讲述了他

---

① 〔德〕尼采:《偶像的黄昏》,卫茂平译,华东师范大学出版社,2007,第62页,"'真实的世界'如何最终成了寓言——一个谬误的历史"。
② 〔德〕尼采:《善与恶的彼岸》,梁余晶等译,光明日报出版社,2007,第2页,"序言"。

当初所经历的重大思想变化。苏格拉底一直是按照自然因果关系的方法来探究事物的原因,直到有一天,情况发生了变化:"后来有一天听见一个人说从一本据说是阿那克萨戈拉所写的书里看到,是'心灵'(nous, mind)安排并且造成万物的。我很喜欢这种关于原因的说法,觉得说心灵是万物的原因多半是对的,心里想如果是这样,心灵在安排事物的时候就会把每件事物都安排得恰到好处"①。从阿那克萨戈拉作为宇宙精神的 Nous,到苏格拉底的灵魂,再到后来日益主观个体化的 mind(心灵)、Vernunft(理性)、Geist(精神),虽然概念的含义不断有变化,但一个精神、灵魂的世界通过柏拉图对话被永恒地开启或确定下来。苏格拉底发现了**真理**,这个真理始于心灵,**就是**心灵,心灵意味着一种关于世界和事物真正确定性和决定性的能动和善的法则、力量、秩序。《斐多篇》所揭示的,就是心灵、灵魂的善的本性,这种善的本性具有神圣性和永恒性,即理念性;柏拉图确立了灵魂和理念的共谋、共在关系,理念是永恒不灭的,灵魂因为看见、拥有了理念而同样是不朽的,实际上,柏拉图的灵魂和理念本质上是一回事。这种同一性关系乃是划时代的文明创举,是西方哲学和西方思想的真正起点和根基,是苏格拉底,或者说柏拉图笔下的苏格拉底对西方文明的致命贡献所在,正是由此,尼采在苏格拉底身上看到了世界历史的那个转折点和漩涡。② 也正是由于这个原因,基督教本质上得益于柏拉图或柏拉图主义,"基督教对于'民众'而言就是柏拉图主义"③,因为,灵魂不朽和绝对神圣的善,正是基督教信仰最重要的两个维度。柏拉图所开创的哲学和道德,本质上就是基督教的哲学和道德。

---

① 〔古希腊〕柏拉图:《斐多篇》97C,见《柏拉图对话集》,王太庆译,商务印书馆,2004,第261~262页。在 F. 施莱尔马赫的德译柏拉图全集中,他把这里的 nous 译为 Vernunft。见 Platon, Sämtliche Werke, Band 2, übersetzt von Friedrich Schleiermacher, 158, Hamburg, 1994.
② 〔德〕尼采:《悲剧的诞生》,杨恒达译,凤凰传媒出版集团、译林出版社,2007,第91页,§15。
③ 〔德〕尼采:《善与恶的彼岸》,梁余晶等译,光明日报出版社,2007,第3页,"序言"。

尼采的启示

那么，一个纯粹、不朽、神圣的精神、心灵、灵魂意味着什么？意味着人生最核心、最重要的内在精神世界的存在，这个精神世界因其神圣和不朽特质而独立，而自由，这种具有绝对独立自由特质的精神确保了人之为人的品格和价值，一个具有独立自由之精神的人，就是一个具有绝对价值和本性的人，他因此而享有一种至高无上的人格、人性的内在权力，借此，他可以以一己之身对抗包括身体、物质、世俗伦理道德、政治社会威权乃至于宗教信仰在内的一切外在的权力和压力，并不惜因之而以身殉道。当他在人生的战场上折戟沉沙之际，他可以回归自己的精神世界以自慰，当他在现实中粉身碎骨之时，他可以魂归永恒而安息，换言之，无论如何，无论何时、何地，他都有个永恒的精神母体像大地一样永远地支撑他、滋养他、拥抱他、抚慰他并最终接纳他。没有这个永恒独立的精神母体，人的自在、自由和独立就无从谈起，人性和人格也就无从谈起，与之相应，因精神自由而来的一切科学、艺术、道德、信仰也将荡然无存，人生沉入现实政治和世俗道德的荒漠，一如无边的黄土高原被雨雪江河所遗弃。充分体现于西方哲学、西方科学和西方宗教信仰中的追求真理的绝对意志，根本上就是这种纯粹精神的意志，有了纯粹自由绝对的灵魂和精神，必然有绝对的求真意志，绝对的精神必然意味着要尝试以自己的力量来穿透、支配、创造一切，而这充分展现出精神作为强力意志的本性。

相比而言，我们华夏文明的历史似乎并未充分展示出这种纯粹精神世界的存在，不是庄子的"吾"学和陆王心学，而是孔孟之学和程朱理学才是华夏文明的主流意识形态，作为个体和世界绝对灵魂的精神似乎离我们很远，我们有人性的光辉，有道德的力量，有民族的气节，有求道的精神，但一个绝对独立的内在精神世界的存在并不明显，那似乎不是我们这个古老的东方文明的趣向所在，不是我们安身立命的根基，我们一直有另外的追求，经验现实的幸福经常会高于一切，引无数英雄竞折腰的总是道德、民族、国家、政治等外在现实的理想。

总之，另外一种存在，另外一个世界，以及这"另外"所据的那个内在的精神世界，一直没有很好地开发、建立起来，一直不是中华民族的工作重点。这就是文明的差异，也许是文明的基因差异所致，也许是因为我们的圣人关注"性与天道"太少所致①，也许是柏拉图的苏格拉底太幸运了，发明出了纯粹的精神，从而根本改变了西方乃至于地球的命运。

尼采站在历史的制高点上，对柏拉图的伟大发明表达出极大的不满，但我们将看到，尼采并不是要真的消灭摧毁这个纯粹的精神世界，而是要摧毁对纯粹精神传统的理解或解释方式，并尝试全新的解释，这两个方面的努力体现在 Umwertung 一词中，这是尼采的标志性用语，意即"重估一切价值"（Umwertung aller Werte）的"重估"，这个关键词的含义是：颠覆、翻转、改变。尼采全面评估西方哲学的思路，集中炮火，对准其核心概念，颠覆性地重新诠释。这些核心概念以纯粹精神为基础，包括真理、灵魂、自我、思、自由意志、自因等。

追求真理的意志（Der Wille zur Wahrheit）一次又一次地诱使我们去为真理而冒险，但到底我们身上什么东西在想要、在渴求"真理"呢？为何要的偏偏是真理，而非谬误（Unwahrheit，非真理）、不确定性（Ungewissheit）或无知（Unwissenheit）呢？换言之，这种真理意志的价值何在？或者说，真理的价值何在？这是个事关重大的质疑，是尼采在《善与恶的彼岸》首节所提出的问题。② 我们面对真理或真理的价值，正如俄狄浦斯面对斯芬克斯时的情形，要么猜中答对，要么死路一条！真理和哲学的问题，乃是生死攸关的问题，而非单纯的理论问题，"因为提出这个问题是有危险的，也许比其他任何一种危险都要大"③。危险何在？因为真理价值问题的提出往往意味着一场思想、道德、信仰的暴力革命即将发生，这是真正改朝换代颠覆性的革

---

① 《论语·公冶长》5.13。
② 〔德〕尼采：《善与恶的彼岸》，梁余晶等译，光明日报出版社，2007，第 3 页，§1。
③ 〔德〕尼采：《善与恶的彼岸》，梁余晶等译，光明日报出版社，2007，第 4 页，§1。

命，革命必然要流血。有趣的是，尼采把这个问题再度前伸："真理的价值问题摆在了我们面前——或者是不是我们自己来到了它的面前？这里哪边是俄狄浦斯？哪边是斯芬克斯？"①借助神话，尼采是想宣告：一旦这个问题被提出，我们和真理彼此都会面临生死存亡的危险。

此刻，我们别无选择，唯有想法走出险境（我们将发现，尼采的这种努力，实际上是真理意志的又一次生动体现）。

不过，首先要搞清楚：险从何来？来自要与上帝和它所代表的整个世界秩序和价值作对，因为质疑真理就是质疑上帝，因为"禁欲主义理想迄今依旧统治着所有的哲学，因为真理被确定为存在、上帝、最高法庭本身（oberste Instanz selbst），因为对真理不允许有任何异议"②。不过，尼采不会白白去冒险，他的勇敢来自他的智慧，因为他看透了"上帝"的真相和把戏，找到了"上帝假象"产生的根由，因而有把握颠覆、根除之。这种根由在于古今一切形而上学家们的某种根深蒂固的偏见，这种典型的偏见表现为某种信仰，"形而上学家的根本信仰是信仰价值对立（der Glaube an die Gegensätze der Werthe）"③。世界存在于对立的价值中，有真理有谬误，有善有恶，且对立者水火不容，绝不可能美丑相生、善恶相成④：

> 万物怎能由其对立面产生？比方说，真理出自谬误？追求真理的意志源于想要欺骗的念头？无私的行为来自于自私？或者，智者心清目明乃是源自贪欲这些都是不可能的；凡是这样想的人都是傻瓜，甚至连傻瓜都不如；价值最高的事物必有另一种独特的来源——它们不可能来自于这个转瞬即逝、诱惑重重、虚幻不实、不值一提的世界，不可能来自于这一团妄想与欲念交织的混

---

① 〔德〕尼采：《善与恶的彼岸》，梁余晶等译，光明日报出版社，2007，第3页，§1。
② 〔德〕尼采：《道德的谱系》，§3.24，KSA 5，第401页。
③ 〔德〕尼采：《善与恶的彼岸》，梁余晶等译，光明日报出版社，2007，第4页，§2。
④ 〔德〕尼采：《善与恶的彼岸》，梁余晶等译，光明日报出版社，2007，第4页，§2。

乱之中。确切地说，其来源在存在的怀抱里（im Schoosse des Sein's），在那永恒之中，在看不见的上帝那里，在"自在之物"中——它们的根源必定在那里，不可能在别处。

这就是古今哲学家的偏见和偏见的根源，我们知道，这种信仰对立价值的偏见从巴门尼德区分存在与非存在正式开始，而这种偏见的真正完成和确立则根本上归功于柏拉图的理念论，并借助基督教的彼岸信仰深入西方文明的各个角落，其逻辑核心，是对生成变易之现实世界的贬抑和逃避。

针对形而上学家们的偏见信仰，尼采的口号是"怀疑一切"和"重估一切价值"。"究竟有没有对立物存在，这是首先值得怀疑的地方；其次形而上学家们推崇的这些流行的评价方式和对立价值观是否只是肤浅的评价，一时的透视（Perspektive），甚至可能是从某一角落而来的透视，也许是从下往上看到的景象，这里借用一下画家的表达方式：青蛙的视角（Frosch-Perspektive）。"[①] 但柏拉图们把这极为个己、具体、特殊、流变中的视角，截断、静止化，并提升为普遍、绝对、永恒、至高无上的视角，等于把其"真理"抽象扼杀为木乃伊[②]：

> 哲学家都有哪些特异体质？……比如他们缺乏历史意识，他们对于生成之表象自身的憎恨，他们的埃及主义。当他们从永恒的视角出发（sub specie aeterni），将一件事非历史化时，——当他们把它做成木乃伊时，自以为在向一件事表示尊敬。几千年来哲学家们处理过的一切，是概念的木乃伊；没有什么真实的东西生动活泼地出自他们之手。这些概念偶像的侍从，当他们朝拜时，

[①] 〔德〕尼采：《善与恶的彼岸》，梁余晶等译，光明日报出版社，2007，第5页，§2。
[②] 〔德〕尼采：《偶像的黄昏》，卫茂平译，华东师范大学出版社，2007，第54~55页，"哲学中的'理性'"。

尼采的启示

他们在杀戮,他们在制作标本,——当他们朝拜时,对一切的一切造成生命危险。死亡,变化,年岁,如同生育和生长,这些对他们来说是异议,——甚至是反驳。存在的不生成;生成的不存在(Was ist, *wird* nicht; was wird *ist* nicht)……

尼采从认知发生学的角度揭示了传统哲学偏见的根源,并把问题引向深入,引向他自己的思路。哲学家们总以为自己是在清醒地、有意识地、理性地思考和发明,但其实不然,尼采发现他们并不自由[1]:

在长时间地研读哲学家的著作以及思考他们那些言外之意以后,我对自己说:到目前为止大部分有意识的思维还是属于本能活动(Instinkt-Thätigkeiten),甚至哲学思维也是如此。这里我们必须进行再认识,就像人们曾被迫再认识遗传和什么是"天生(Angeboren)"。人的分娩这一行为在整个遗传过程中并无特别之处,同样的道理,在任何决定意义上"有意识"(Bewusstsein)都不会是本能的反义词:一个哲学家绝大部分有意识的思维都被他的本能暗中操纵着,并被强迫着遵循某种思维模式。

不是意识,而是本能在支配着哲学家的思维方式,"一些生理上的要求,要求保持一种特定的生命类型。比方说确定的东西比不确定的东西更有价值,表面现象的价值比不过'真理'"[2]。如果是这样,那么,苏格拉底们的本能而非其理性应该为他们的偏见"负责"。但在这个问题上尼采在其他著述中有不同的表达。"苏格拉底和柏拉图是没落的征兆,是希腊解体的工具,是伪希腊的,是反希腊的"[3],"我对柏拉图的不信任是深刻的:我觉得他如此偏离希腊人的所有基

---

[1] 〔德〕尼采:《善与恶的彼岸》,梁余晶等译,光明日报出版社,2007,第5~6页,§3。
[2] 〔德〕尼采:《善与恶的彼岸》,梁余晶等译,光明日报出版社,2007,第5~6页,§3。
[3] 〔德〕尼采:《偶像的黄昏》,卫茂平译,华东师范大学出版社,2007,第44页,"苏格拉底的问题"。

本本能，如此道德化"①。也许，穿越尼采自身不一致表述的路径在于，苏格拉底柏拉图顺从了自己的片面的生理和本能支配，而违背了希腊本来的、整体的本能。但，苏格拉底为何要用自己的"本能诉求"，即"理性"来违背、扼杀、遮蔽希腊的本能呢？我们看到，尼采非常历史性地分析了这一问题。因为希腊的本能将要或正在陷入混乱和绝境。"不过，苏格拉底预测到了更多的事情。他看穿了高贵的雅典人。他领会到，他的病例，他的病例的特异反应性，已经不是例外。同类的蜕化到处在悄悄地酝酿着：古老的雅典天数已尽。——苏格拉底明白，大家需要他，他的手段，他的疗法，他那自我保存的个人诀窍……本能到处陷于混乱；人们距离纵欲仅有咫尺之遥：心灵的畸形（monstrum in animo）成为普遍的危险。'本能欲望（Triebe）要成为暴君；人们得发明一个更强大的**相反的暴君**（Gegentyrannen）'。"②当相面人说苏格拉底为本能欲望所充满，是邪恶欲念的渊薮时，苏格拉底坦然承认，但他同时告诉大家，他不仅是被欲望充满的病人，更是可以自我掌控、自我治愈的良医，他是自己的主人③：

　　这是真的，他说，可我要成为这一切的主人。

　　他做到了，靠理性，自己的理性，他把理性变成了以暴制暴的良药，他通过理性的自制使自己的生命在本能的疯狂和理性强力之间达成了某种平衡，使生命不至于病入膏肓不可救药。他想推己及人，以同样的方式来医治身边的人、雅典的人、希腊的人。苏格拉底有错吗？似乎很难说有，后人和历史似乎更应该承担责任，因为历史把苏格拉

---

① 〔德〕尼采：《偶像的黄昏》，卫茂平译，华东师范大学出版社，2007，第183页，"我感谢古人什么"。
② 〔德〕尼采：《偶像的黄昏》，卫茂平译，华东师范大学出版社，2007，第51页，"苏格拉底的问题"。
③ 〔德〕尼采：《偶像的黄昏》，卫茂平译，华东师范大学出版社，2007，第51页，"苏格拉底的问题"。

尼采的启示

底一时的药方——通过柏拉图们和基督教们——变成了绝对永恒的药方,从某种一时的极端导向另一种一世的极端,结果良方变成了贻害千年的毒药,理性的选择在漫长的历史中逐渐变成某种信仰和教条[①]:

> 理性当时被作为**女救星**推荐,无论苏格拉底,还是他的"病人们",都不能自由地是理性的,但这是绝对必要的,是他们**最后的手段**。整个希腊思维诉诸理性的狂热,透露出一种困境:人们陷于危险,人们只有一个选择:要么毁灭,要么——**荒谬地理性**……从柏拉图开始,希腊哲学家们的道德主义局限于病态;而他们对辩证法的重视同样如此。理性=德行=幸福,这仅仅意味着:人们必须效仿苏格拉底,制造一种持续的日光,——**理性的日光**,以对抗蒙昧的本能欲望。人们必须不惜任何代价地聪明,清醒,明白:对于本能和无意识的任何让步,都会导致没落……
>
> 苏格拉底靠什么吸引人:他似乎是个医生,是位救世主。有无必要,揭示他那"绝对理性"的信仰中含有的谬误?——以为对颓废宣战,就能摆脱它,这是哲学家和道德家那一方的自我欺骗。摆脱,这是他们力不能及之事:他们作为手段,作为救药所选择的东西,其自身仅仅又是颓废的一种表达——他们**改变**颓废的表达方式,他们没有祛除颓废自身。苏格拉底是个误解;**那整个劝善的道德,基督教的也一样,是个误解**……最刺目的日光,绝对的理性,明亮、清醒、小心、自觉、解决本能、抵抗本能的生活,其自身只是一种疾病,另一种疾病——完全不是通向"德行"、"健康"和幸福的回归之路……必须战胜本能——这是颓废的公式:只要生命在上升,幸福等于本能。——

尼采客观地分析了苏格拉底和雅典人为何、如何要"荒谬地理

[①] 〔德〕尼采:《偶像的黄昏》,卫茂平译,华东师范大学出版社,2007,第52~53页,"苏格拉底的问题"。

性"，同时客观地指出这种选择只不过是颓废的另一种方式，而其根本原因，是缺乏直面现实的勇气（Mut）。这现实不仅是指希腊因欲望本能遍地流淌而来的颓废现实，更是指欲望本能本身这种人的自然本性的现实，苏格拉底们没有勇气和力量面对自然本能，于是只能以"理性"的理想、理念来遮蔽、粉饰、逃避它，从而让自己逃避到了更高形式的颓废之中，最终逃到了虚无主义和禁欲主义之中，而这正是西方哲学、道德、信仰的历史和命运。这本质上是一种谎言，尽管是高贵的谎言。

关于理性和本能的问题，涉及尼采最核心的关切，从此出发，将通向他最幽深的思想。在《善与恶的彼岸》第191节，他详细论述了这个问题。

"信仰"和"知识"，也就是本能和理性之间的关系，作为古老的神学和道德难题，早在基督教之前，在苏格拉底那里就已出现。作为天才的辩证法家，苏格拉底本人最初站在了理性一边。他一直在嘲笑雅典人做事只凭本能，但最后他发现自己和雅典人面临一样的困难：依靠本能？抑或理性？他意识到道德评判中的非理性因素，意识到应该使"本能和理性都获得应有的地位——人们必须听从本能，但同时要辅之以理性"。但"这位伟大而神秘的讽刺家的真正虚伪之处"在于，"他使自己的良心满足于一种自我欺骗"，他隐藏了自己关于本能的思考和洞见，只把对理性的鼓吹和倡导显现给世人，编制出"高贵的谎言"。柏拉图显得纯真一些，他竭尽全力向自己证明，"理性和本能都导向一个目标，即善，即'上帝'。柏拉图以来，所有的神学家和哲学家都遵循着这一路线，即在道德问题上，到目前为止胜者一直是本能，或者基督徒所谓的'信仰'，或者我所谓的'群氓'（Herde）。也许理性主义之父笛卡尔是个例外，他认为理性才是权威：但理性只是一个工具，而笛卡尔很肤浅"[①]。

---

① 〔德〕尼采：《善与恶的彼岸》，梁余晶等译，光明日报出版社，2007，第138~139页，§191。

尼采的启示

从尼采的论述看，最成问题的是苏格拉底，因为他极不诚实，没有把自己的真实洞见和想法告诉世人。柏拉图似乎单纯些，理性和本能都受到他的重视，但接下来他的表现同样不够诚实，具有欺骗性，因为他发明了一个虚伪的、不着边际的"善的理念"，一个上帝，作为理性和本能合力而为的终极目标。不过，按照尼采在其他地方的说法，欺骗一旦出自哲人和圣人之口，就不能叫欺骗，而是"虔诚的欺骗"（pia fraus），具有神圣性和合法性："虔诚的欺骗，是所有'改善'人类的哲学家和教士的遗产。无论是摩奴、柏拉图、孔子，还是犹太和基督教的导师，都从不怀疑他们说谎的**权利**。他们从不怀疑**其他所有的权利**……用概括的话语，人们也许能说：迄今被用来使人类变得道德的**所有**手段，究其根源，是**非道德的**。"① 而按照苏格拉底"理性＝德行＝幸福"的公式，"非道德的"正是"非理性的"，而柏拉图用"善的理念"和"上帝"所引导的，并非他自己所标榜的以及一般所认为的理性主义的方向，而是本能与信仰的方向，正是这个路向成就了其后的神学和哲学，其后的基督教信仰，其后的人民群众的群氓道德。理性的开端，本能的效果与结局。但尼采似乎对柏拉图们双重不满意：既不满其理性的谎言，也不满其本能的愚昧。而近代理性启蒙以来的笛卡尔们的工具理性主义也同样让他不满。

换言之，坚持理性者和坚持本能者似乎都入不了尼采的法眼。尼采意味着全新的理路。他首先是个理性主义者，坚持理性地思维，信奉因果性的理性思维原则，不过，他更是个本能主义者，但是，这本能不是别的，而是强力意志②：

> 最后，假设我们把我们全部的本能生命都成功地解释为意志的一种基本形式的提高和分化——这种基本形式即我所说的**强力**

---

① 〔德〕尼采：《偶像的黄昏》，卫茂平译，华东师范大学出版社，2007，第96页，"人类的'改善者'"。
② 〔德〕尼采：《善与恶的彼岸》，梁余晶等译，光明日报出版社，2007，第55页，§36。

卷二 | 二 "整体"哲学

意志……从内部看，这个依据"可理智理解的特征"（intelligiblen Charakter）来定义和确定的世界——它只能是"强力意志"，不可能是其他——

强力意志，不是世界或自然的文本本身，而仅仅是尼采的假设，是尼采对世界的总体阐释、判定或虚构，但尼采努力使这种假设和解释更近于、更符合自然。强力意志作为本能的、自然的力量，是世界的创造本源，或者说，是我们创造世界的本源，是新哲学和新道德的基础，而且是具有理知特征的生命原创之无尽强力。总之，尼采要本能，也要理性，但此乃真正的本能，和真正本能的理性，这双重本性集中体现于强力意志中，强力意志是尼采的思想归宿。为了更好地理解强力意志，我们有必要再次回到尼采关于意识和本能关系的论述，去发现其中容易被忽略的洞见①：

> 在长时间地研读哲学家的著作以及思考他们那些言外之意以后，我对自己说：到目前为止大部分有意识的思维还是属于本能活动（Instinkt-Thätigkeiten），甚至哲学思维也是如此。这里我们必须进行再认识，就像人们曾被迫再认识遗传和什么是"天生"（Angeborenen）。人的分娩这一行为在整个遗传过程中并无特别之处，同样的道理，在任何决定意义上"有意识"（Bewusstsein）都不会是本能的反义词：一个哲学家绝大部分有意识的思维都被他的本能暗中操纵着，并被强迫着遵循某种思维模式。

分娩出生，是人整个生命的真正开始，是生命从"无"到有的质的飞跃，是一个人个己独特性的绝对起点，是生命遗传过程中划时代的大事，这是毋庸置疑的基本常识，但尼采否认了这一常识观念。他宣告，分娩出生在整个遗传过程中并无值得特别关注之处，也就是说，

---

① 〔德〕尼采：《善与恶的彼岸》，梁余晶等译，光明日报出版社，2007，第5~6页，§3。

出生这一重大事件,并没有将生命遗传的无尽绵延的链条斩断或更改,而只不过是又一次的印证、显现、继续这一自然本能的链条而已。分娩并没有造成出生前后的本质差异,没有本质的差异,更没有对立,没有对立的事物,更没有对立的价值,有与无之间,不是对立,而是"隐－显"关系,是事物本身的一次呈现、闪现、现身(Schein),是显象、现象,但现象并不意味着在现象之后还有另一个作为本质、本身的事物存在,没有!没有两个事物,只有一个事物,一个唯一的事物,一个自然无尽但无限自我澄显的事物。是一,不是二,更非对立的二,永远是一的自我澄显、表达、闪现的自我差异。当然,这一是内在、自在、自然的一,而非外在、超越、理念的一。那么,"意识"本质上并不与此前甚至此后的"潜意识"或"无意识"等似乎沉浸在黑暗虚无中的本能与自然的东西对立,而仅仅是度与量与样式的差异而已。真正的生命力量、源泉乃至于"幕后"统治者操纵者,正是那无法被浅显的意识和理性所照亮的本能本源的自然本身。那么,如此一来,一个独特生命的独特之处何在?当然在于它的个己的意识和理性,但更在于他得自于本能自然的属于他自己的自然、本性,这是他的天赋(Angeborenen),是大自然母亲送给他的独一无二的礼物。换言之,自然,不是僵硬死固之一,而是永恒流动、生成、变易、丰饶之一,她时刻不同,永远不停,永远在自我生成、自我创化的生命之河中涌流,她每一瞬间的创造都是独一无二的,她创造的每一瞬间都是独一无二的辉煌闪现,因此,每一个被她分娩的生命都是个神圣的奇迹,都具有不可取代的价值。一个生命的意义,乃在于能意识到自己生命的根源,自己理性和意识的根源,意识到自己与自然息息不止的生命关系,意识到自然的永恒之流是绝对不可以被人为截断、改变、对抗和取代的,这样他才能真正获得其本性,其人性,其道德,其信仰,其幸福。这种"意识到"意味着人的自身回归、回复于自然,回复其根、其本、其自身、其自然,这种回归并不抹煞其个性、其自由,恰恰是要在这种回归中更深刻地成就其个性、其自由;而恰恰是这种个己的创造性回归，成就了一种**整体性**。

关于"整体"或"总体"，尼采使用过不同的词汇来表达，Ganzen、Totalität、Gesamt、Universalität 等等，这显然不像"超人"、"强力意志"、"永恒轮回"等被尼采明确界定过的经典概念，但整体性思想却是从《悲剧的诞生》起一直到他理智清醒的最后时刻都在被深入地思考着，关涉到他最幽深的思想，其基本考量最初充分体现在日神阿波罗和酒神狄俄尼索斯的关系中，并最终定格在狄俄尼索斯信仰中。代表个体性原则的日神艺术，终将挣扎沉浸回复于代表生命本源的渊深、整全的酒神母体中。他寻求的悲剧效果，是"作为整体被感受到但没有否定个体的存在"[①]，是个体在回复整体性本源中的自我毁灭与更高生命的新生[②]：

> 如果我们分析的结果是，悲剧中的日神倾向通过它的幻觉（Täuschung）完全取得了对音乐的原始酒神因素的胜利，利用音乐来达到它的目的，即把戏剧解释得一清二楚，那么当然应该加上一个非常重要的限定：日神幻觉在最关键时刻遭到突破和摧毁。戏剧在音乐帮助之下，以全部动作和形象如此透彻明亮的清晰度展现在我们面前，就好像我们看见织物在织布机的上下颤动中成型一样——达到了一种处于所有日神艺术效果彼岸的整体效果（erreicht als Ganzes eine Wirkung）。在悲剧的总体效果中（Gesammtwirkung），酒神倾向再次获得优势；悲剧以一种绝不可能从日神艺术王国传来的声音宣告结束。于是，日神幻觉露出真相，表明它在整个悲剧演出期间一直在给真正的酒神效果蒙上面纱。然而酒神效果如此强大，最后把日神戏剧本身逼到开始用酒神智慧说话、否定自己、否定自己的可见性的地步。所以，悲剧中日

[①] 〔德〕尼采：《悲剧的诞生》，杨恒达译，凤凰出版传媒集团/译林出版社，2007，第127页，§21。
[②] 〔德〕尼采：《悲剧的诞生》，杨恒达译，凤凰出版传媒集团/译林出版社，2007，第130页，§21。

尼采的启示

神倾向和酒神倾向之间难以名状的关系真的应该用日神和酒神的兄弟结盟来象征：酒神说着日神的语言，而日神则最终说起酒神的语言，从而悲剧以及一般意义上的艺术的最高目标就达到了。

这是一种艺术的考察，但艺术在尼采思想中始终意味着世界和生命的本质及其最高、最深邃的表达。"只有作为审美现象，生存和世界才显得有充分理由"①，"艺术是生命最伟大的兴奋剂"②。在日神和酒神的互补结盟中，尼采说出了他最深邃的思想。个体和理性，在回复作为无限深邃和整全的自然中，与自己最原始、最强健的本能生命连接、交融，那意味着生命终极的自然，和生命真正的自由③：

我也谈论"回复自然"（Rückkehr zur Natur），尽管它其实不是一种倒退（Zurückgehn），而是一种上升——上升到崇高、自由甚至可怕的自然和天性中，一种游戏和允许游戏伟大使命的天性……

在尼采最后的作品中，他展示了这种上升到了整体性的个己生命、可以与命运游戏的光辉的现实范例，这就是让尼采"肃然起敬的最后一个德国人"歌德。

歌德——不是一个德国事件（Ereigniss），而是一个欧洲事件：一个了不起的尝试（Versuch），想通过回复自然，通过上升到文艺复兴的质朴，来克服18世纪……他想要的，那是整体性

---

① 〔德〕尼采：《悲剧的诞生》，杨恒达译，凤凰出版传媒集团/译林出版社，2007，第143页，§24。
② 〔德〕尼采：《偶像的黄昏》，卫茂平译，华东师范大学出版社，2007，第139页，"一个不合时宜者的漫游"。
③ 〔德〕尼采：《偶像的黄昏》，卫茂平译，华东师范大学出版社，2007，第175页，"一个不合时宜者的漫游"。

卷二 | 二 "整体"哲学

(Totalität);他抵制理性、感性、情感和意志的互相隔离……他训练自己成为完整性(Ganzheit)的,他创造自身……他塑造了一个坚强、有高度修养、所有体态动作灵巧轻盈、具自制力、敬畏自身的人,他可以把自然品质的全部领域和财富,大胆地给予自己,他强大得足以使用这个自由;他塑造了宽容的人,不是出于软弱,而是出于强大,因为他懂得把那导致平庸者毁灭的东西,为自己的利益所用;他塑造了无所顾忌的人,除了软弱,不管它现在叫罪孽或者德行……这样一个实现了的自由的精神,带着快乐和信赖的宿命论站在宇宙万物之中,在信仰之中,唯独个体是当斥责的,而在整体(Ganzen)中一切得到拯救和肯定——他不再否定……,这样一种信仰在所有可能的信仰中层次最高:我用狄俄尼索斯的名字为它举行洗礼。——①

这是一个回复自然的人,是一个充分体现出生命的深度、强度、广度,且内在生命和外在生命都达到完整和整体性的人,是狄俄尼索斯悲剧精神的现实可能性,是强力意志的一次具体呈现和尝试,是超越善恶道德和价值对立者。歌德是自然的天赋,更是自由的精神和理性的努力,这是天才的两层内涵。天才在内在和外在两个向度都无比地深邃、广阔、强力。基于本能和自然的理性精神,自然本能的精神呈现,这是尼采对自然和生命的深刻洞见,是尼采哲学的根本诉求。哲学是最本源和最强力的本能欲望的体现,是自然之强力意志本身的体现,但,却是最精神化的体现②:

　　哲学就是这种强横的本能欲望本身,是最精神化的强力意志、"创造世界"的意志以及追求第一因的意志。(Philosophie ist

---

① 〔德〕尼采:《偶像的黄昏》,卫茂平译,华东师范大学出版社,2007,第177~178页,"一个不合时宜者的漫游"。
② 〔德〕尼采:《善与恶的彼岸》,梁余晶等译,光明日报出版社,2007,第12页,§9。

· 239 ·

dieser tyrannische Trieb selbst, der geistigste Wille zur Macht, zur "Schaffung der Welt", zur causa prima.）

在这个定义中，尼采涵盖了关于本原、创造、上帝、信仰以及知识的崭新诉求，界定了哲学和信仰的基本问题。这是一种彻底摆脱了传统哲学和宗教偏见的新的哲学和信仰，是哲学家狄俄尼索斯所宣教的哲学和信仰。

狄俄尼索斯几乎就是无限包容性的整体性思想的代名词，这不是大杂烩式的包容总合，而是具有全新含义的哲学理念。这整体是强力意志的整体，是只有强力意志才能胜任的整体，而且这种整体性还是永恒轮回学说的基本内涵，因为永恒轮回恰恰是整体的永恒轮回。整体的意义在于，只有整体，自然与本能与精神的整体，才能涵养一切，才是一切；只有整体，才能成就每一个生命存在，个体的意义必须存在于个体与整体的生命关联中，这种最本然的关联，是一个个己与强力意志与永恒轮回息息相关的脉动，同时，这种最本然的关联也必然是一个个己与所有个己息息相关的脉动：这种神秘的关联，隐藏得太深，几乎很少有人能感觉到！在无尽的宇宙自然中的一切，时空中的一切，一切的一，一的一切，都息息相关，一个都不能少，一个都不曾少，无论是过去的、现在的、未来的！一切都曾经发生，一切都正在发生，一切都将要发生，这就是强力意志的整体，是永恒轮回的旋律，是自然无尽的奥秘，是生命的真理、命运和宿命！"人是必然的，人是一段厄运（Verhängniss），人属于整体（Ganzen），**人身处整体中……整体之外什么也没有！**"① 这是狄俄尼索斯哲学的基本启示。而这一启示的另一层含义是，无论是谁，无论何时，都不要奢望中断、改变、对抗、取代自然那无尽涌动、自强不息、自我超越的永恒之流。

在整体中，一切对立的道德价值观皆同归于尽，因为善恶相连、

---

① 〔德〕尼采：《偶像的黄昏》，卫茂平译，华东师范大学出版社，2007，第87页，"四种大谬误"。

相接、相生于同一个全新的价值视野中①:

>   与真、真实、无私所拥有的一切价值相对应,人生中依然有可能存在着一种更高、更基本的价值,这种价值属于欺诈、自私与贪欲。甚至有可能,这些令人尊敬的善的事物之间所以具有价值,正是因为他们与那些邪恶的、看似与其相反的东西之间的隐秘联系,两者结合在一起,纠缠在一起——也许甚至他们本质上就是一样。也许。

这样,一种真正的超善恶,一种善与恶的彼岸,在狄俄尼索斯的整体性视野中成为可能。

另外需要特别指出的是,对个己与整体关系的强调,对一切个己存在价值的尊重,与一般政治社会层面的平等观念没有直接关系。强调个体自身内在灵魂或本能欲望的差异与等级秩序,以及个体之间外在社会的差异与等级秩序,是尼采思想的基本之意。但强调差异和等级秩序,并不意味着是对每一个或某一个或某一些个体贬抑、不尊重和不公正,而是要展示生命之强力意志本性。强力意志对一切生命都是公正的,因为一切生命都是强力意志的呈现,而强力意志这一公正的本原力量所要求的,乃是个体通过自己来绽显、释放这种生命之源始力量,"一个生物首先想要做的是**释放**自己的力量——生命本身即强力意志"②。个体的差异是必然的、自然的,这种差异来自其是否要释放、绽显自己的强力意志,以及以什么样的方式和程度来释放这种力量,这种个己的意志、选择、方式和强弱,决定了一切生命之间的差异,这是由其自然禀赋、意志、理性共同塑造的个性差异。真正强力意志的生命,就是要体现自然本源(本能)那生生不息、永恒涌动的变易和自我超越的精神,不断地自我超越、自我创造。这是一种自

---

① 〔德〕尼采:《善与恶的彼岸》,梁余晶等译,光明日报出版社,2007,第5页,§2。
② 〔德〕尼采:《善与恶的彼岸》,梁余晶等译,光明日报出版社,2007,第19页,§13。

由，但不是康德们和基督教士们以惩罚、责任、罪和救赎为目的和内涵的自由意志，而是纯粹自由的精神，这种自由远在柏拉图和基督教的善恶对立道德的彼岸，纯粹是生命自然所自我评价、自我创造出来的自我超越的新道德。新的道德以强力、以统治和命令的强力为本质，通过这种强力，体现出个体自己的理性、自由、自制和个性，体现出差异和等级中的独特生命："在哲学家身上没有任何东西与其个性无关，尤其是他的道德，明确而又决定性地见证了他是谁——即，他本性最深处的各种本能冲动之间的等级秩序。"① 显然，道德，不是苏格拉底们以理性和知识所能界定的，而本性上是内在不平等的本能差异的体现，所有伟大的哲学，都是哲学家不自觉的、无意识的本能生命的自传和备忘录，"每种哲学中的道德的（或不道德的）意图组成了生命的真实胚芽，然后又从这里发展出了整株植物"②，"道德就是作为诸统治关系的原则来理解的，在其之下，'生命'这一现象得以形成（Moral nämlich als Lehre von den Herrschafts-Verhältnissen verstanden, unter denen das Phänomen "Leben" entsteht）"③。

新道德注定了对卢梭和社会主义者的平等思想的强烈拒斥。在尼采看来，卢梭的平等主义，乃是真正的不道德，因为它基于虚幻的理想主义和抽象绝对的真理观，貌似回归自然，实是违背生命的本性，不是对个体生命的尊重和保护，而是扼杀其本能与自由的个性，也就是说扼杀其生命，而且是以革命和革命道德的名义扼杀生命④：

> 我所憎恨的，是卢梭式的*道德性*——那所谓革命的"真理"，而革命携带着这些所谓的真理一直还在发挥作用，并说服所有的浅薄者和平庸者相信它。这个平等（Gleichheit）的学

---

① 〔德〕尼采：《善与恶的彼岸》，梁余晶等译，光明日报出版社，2007，第9页，§6。
② 〔德〕尼采：《善与恶的彼岸》，梁余晶等译，光明日报出版社，2007，第8页，§6。
③ 〔德〕尼采：《善与恶的彼岸》，梁余晶等译，光明日报出版社，2007，第27页，§19。
④ 〔德〕尼采：《偶像的黄昏》，卫茂平译，华东师范大学出版社，2007，第176~177页，"一个不合时宜者的漫游"。

说!……不过没有更毒的毒药了：因为这个学说看上去宣扬公正（Gerechtigkeit）自身，其实是公正的终结……

以平等对平等，以不平等对不平等——这大概是公正的真话：不过，其结论是，决不让不平等变得平等。

——围绕着平等学说发生了如此可怕和血腥的事件……

尼采以差异秩序的整体取代平等主义的整体。经常有人会从公平正义的立场抨击尼采的等级思想和贵族精英意识，显然，这些看似正义的批评者并没有或不愿意站在尼采的立场上看问题，不愿意超越一般的政治意识形态，也不愿意超越传统的哲学思维方式和价值观，更难以站在未来哲学或新哲学的立场来考虑问题，因为这种立场真正是一场革命，不仅仅是一种思想革命，更是生命存在自身的革命，它的要求太高！它要求你从一切观念、价值、生存的外在依赖中挣脱出来，**回到你自己**，回到你自身的生命、本能、自然、本性中去，建立真正属于你自己的观念、价值和生存的方式，这是重估一切价值、颠覆一切价值和"真理"，是要你通过自己的强力意志去重新创造自己的评价方式和生命道德，这是你的**自由**。

不过，这自由与其说是一种个己主义、个体主义、个人主义的自由，不如说是一种**自然主义的自由**，不是**主观意志的自由**，而是**自然意志或强力意志的自由**，这"自然"只能在尼采的意义上来理解，在强力意志的意义上来理解。强力意志作为本能自然的力量，是世界的创造本原。寻求本原，本是尼采所批判的传统形而上学的痼疾和原罪，但尼采根本改变了对本原的理解。在尼采哲学中，如果有本原，这本原是内在的，而非彼岸的；是生成的，不是存在的；是自然的，不是抽象的；是永恒涌动的整体，不是永恒确定的一。这本原不在我之外，而在我自身，它是我的生命每一瞬间的脉动，在每一个脉动中，自然的整体性鲜活地呈现出来。

作为本原的自然的文本本身？哪是"文本"（Text）？哪是"解

释"（Interpretation）？这是一种按照常规说出的话语。也许我们应该换个说法，或者干脆不这样说，或者干脆不说，可能更近于**现实**而非近于所谓的**真理**和**理性**们。什么叫文本？文本是……这些都不会是尼采的说辞。我们已经了解尼采的说辞，这些说辞表明，虽然他似乎也在运用传统形而上学家们关于本原和本体主义的逻辑，但那只是似乎，是个假象，是个比喻，由此，你不能像海德格尔那样把尼采看成最后一个形而上学家，而应该看成未来的哲学家。未来哲学家区别于传统偏见哲学家的根本标志，是勇气（Mut），什么样的勇气？**面对现实的勇气**(Der Muth vor der Realität)！敢于直面现实、真实、事实、自然，这就是一切，这种勇气根本区分了两类哲学家，区分为虚伪的理想（念）主义哲学家和现实的自然哲学家①：

> 让我从一切柏拉图主义那里获得恢复、爱好和疗养的，在任何时候是修昔底德。修昔底德，也许还有马基雅维利的《君主论》，由于它们的绝对意志，即毫不自欺，在现实中而非"理性"中、更非在"道德"中看待理性，它们与我自身最为相近……面对现实的勇气最后区分了修昔底德和柏拉图这样的天性：柏拉图是现实面前的懦夫，——所以他遁入理想；修昔底德能掌握自己（sich），所以他也能掌握事物（die Dinge）……

掌握自己与掌握事物是一回事，这"自己"与"（事）物"就是"现实"的内涵所在。面对现实的勇气，就是面对自己，就是面对事物，就是回归自己和回归事物，这正是1784年康德对启蒙的著名定义的基本逻辑②，只是康德要的是回到自己的理智、理性，并由此界定自由，而尼采回到的不是康德意义上的理智、理性，而是回到生命的

---

① 〔德〕尼采：《偶像的黄昏》，卫茂平译，华东师范大学出版社，2007，第184~185页，"我感谢古人什么"。
② 〔德〕康德：《回答这个问题：什么是启蒙？》，见《康德著作全集》第8卷，李秋零主编，中国人民大学出版社，2010，第40页。

本能，回到本能的理性，回到作为生命整体的自然，并通过这种"回到"来体现生命的自制、理性、自由。这是尼采的启蒙，他以此颠覆了苏格拉底－康德们的启蒙，从而把启蒙根植于真正现实的泥土上，成为生命的思想。**现实**（Realität）由此根本颠覆了传统哲学的**真实**（wahre）和**真理**（Wahrheit），成为生命和未来哲学可以茁壮成长的大地。现在，我们可以回到本节开头提到的"一个谬误的历史"一节中，在那里尼采以简凝之笔，描绘了西方哲学和信仰从"真实"到"现实"的演化历史①：

  1. 真实的世界，哲人、虔诚者和有德行者是可以达到的，——他生活于其中，他就是它。

  （理念最古老的形式，比较明智、简单、令人信服。对这个句子的改写："我，柏拉图，就是真理。"）

  2. 真实的世界，现在是不可达到的，但许诺给哲人、虔诚者和有德行者（"给悔过的罪人"）。

  （理念的进步：它变得精巧，棘手，不可把握，——**它成了女人，它成了基督教的**……）

  3. 真实的世界，不可达到，无法证明，不可许诺，但已经被想好，是一个安慰，一项义务，一个命令。

  4. 真实的世界——无法达到？无论如何未达到。未达到也就是未知的。所以也无法安慰，拯救，赋予义务：某种未知的东西能让我们承担什么义务？……

  5. "真实的世界"——是一个不再有任何用处的理念，甚至不再让人承担义务，——一个无用的，一个成为多余的理念，因此是一个被驳斥的理念：让我们废除它！

  6. 我们已经废除了真正的世界：剩下的是什么世界？也许那

---

① 〔德〕尼采：《偶像的黄昏》，卫茂平译，华东师范大学出版社，2007，第62～64页，"'真实的世界'如何最终成了寓言——一个谬误的历史"。

个虚假的（scheinbare，表面的）世界？……但是不！连同那真正的世界，我们也把那虚假的世界废除了！

（中午；阴影最短的时刻；最长久的谬误的终结；人类的顶峰；扎拉图斯特拉开始。）

哲学何以没落？一则是因为脱离了生命和现实，二则是因为被知识绑架，也就是说毁于求真理的意志，

因为求真理、求知识的意志如同吸血魔鬼，必然吞噬一切事物和存在的价值，穿越一切，践踏一切，永不满足，永无止境地为自己创造发明虚幻的理念，同时永无止境地毁灭自己所发明的这些彼岸理念。求真意志即虚无意志，不仅是理念的虚无，更是生命的虚无。

总之，西方哲学的历史变成了或者说助产了西方基督教的历史，苏格拉底-柏拉图开创的形而上学传统终究沦落为宗教，二者共同造就了西方虚无主义的命运："真实"世界和"上帝"露出虚幻本质并终将消失，原本与之相对的"虚假"或"表面"世界也随之消亡，人于是得以超越对立的价值观，得以面对并回归自己和事物本身，于是，一种被尼采称为未来哲学的新哲学找到了自己的"现实"根基。尼采将彻底改变、扭转西方哲学和信仰的命运，从此，不再是哲学沦落为宗教，而是宗教来自哲学，因哲学而宗教，新的哲学意味着新的信仰，狄俄尼索斯的哲学与狄俄尼索斯的信仰[①]：

这样一种信仰在所有可能的信仰中层次最高：我用**狄俄尼索斯**的名字为它举行洗礼。——
……
我，这个哲学家狄俄尼索斯最后的信徒……

[①]〔德〕尼采：《偶像的黄昏》，第178页，"一个不合时宜者的漫游"；第190页，"我感谢古人什么"。

三
从精神的自然哲学到爱的宗教

关于"哲学"这个概念，尼采会因文本、章节、话题、视角、语境和修辞的具体需要，给出不同甚至看似矛盾的说辞，这是尼采思想丰富、复杂和深刻性的生动表现，无碍于他精确表达自己的思考，无碍于其思想的可理解性。如果有能力穿越让人眼花缭乱的缤纷景色，我们就可以从任何一处蹊径上路，走进那藏在季节深处的无限风景。在尼采最具"哲学"风格，且以"一种未来哲学序言"为副题的《善与恶的彼岸》中，尼采给出了他对哲学的 N 种看法，这些几乎分布于全书各个章节中的表述尽管各异，但显然都关乎他关于哲学的基本考量，这些考量集中体现在该书第 9、第 36、第 56 三节，分属前三章，也是全书最重要的三章，分别论述哲学家的偏见、自由精神以及宗教性的本质。

这三节涉及强力意志（第 9 节、第 36 节）和永恒回复思想（第 56 节）。强力意志和永恒回复，是尼采哲学思考的基本成果，要真正理解这种思想，就需要从这种思想的思想起点着眼，也就是从心灵或精神问题着眼。纯粹精神或心灵，是柏拉图哲学的起点和基点，也是尼采批判柏拉图哲学和柏拉图所开创所代表的西方哲学传统的起点和基点，同样是尼采思考未来哲学的起点和基点。

在序言中，尼采把所有哲学家都定性为教条独断论者，而"从古到今人类犯下的最严重、最持久和最危险的错误就是教条主义者所犯的错误——即，柏拉图所发明的纯粹精神和善本身"①。尼采对苏格拉底柏拉图的批判常常带有夸张的修辞成分，但他无疑抓住了柏拉图哲学的要害。正是柏拉图的伟大发明，开启出一个相对独立自主的主体精神世界，塑造了西方哲学和宗教的品格风范，使欧洲的文明和生活世界获得一个具有不朽意味的精神根基。尼采作为这种纯粹精神传统的最大受益者，他所抨击的，与其说是柏拉图所发明的纯粹精神本身，不如说是柏拉图对这种精神的理解和阐释。"可以肯定，当一个人像柏拉图一样地谈论精神与善时，那就意味着真理的颠倒，意味着作为一切生命基本条件的**视角性**被否定。"② 柏拉图是怎样谈论精神和善的呢？独断地谈论，教条主义地讨论。所谓独断和教条，就是脱离作为生命存在基本条件的视角，就是脱离生命的切身性，就是脱离、违背生命本身去理解看待精神和善，精神将游离出真实具体的生命之外、之上，逐渐蜕变为抽象、普遍、绝对、具有客观性的不朽精神，而这种纯粹精神所欲求所追求的善的理念，也相应具有这些禀赋，成为一种彼岸性超验存在。尼采所要做的，是把被柏拉图们引向彼岸的视野、视角重新拉回生命本身。真理不在于灵魂不朽，不在天国，而在真实的生命之中，在自然之中，纯粹精神应该从生命和自然的视角来理解，应该存在于自然的生命视野之中，而非之外、之上。

在对柏拉图纯粹精神的批判和扭转中，尼采展现出他对精神新的理解，把纯粹精神带回他的"自然"之中，从而把精神从关于心灵、灵魂、意志、思、自我等的哲学偏见和独断论中解救出来，为未来哲学做准备。

尼采把矛头指向了灵魂原子论（der Seelen-Atomistik），这是柏拉图主义的基本理念，也是作为民众柏拉图主义的基督教教唆时间最长、灌输最深的灵魂信仰，认为灵魂就像单子或原子一样是不灭的、永恒的、不可分割的，"这种信仰应当被排斥在科学之外！同时，在

---

① 〔德〕尼采：《善与恶的彼岸》，梁余晶等译，光明日报出版社，2007，第2页，序言。
② 〔德〕尼采：《善与恶的彼岸》，梁余晶等译，光明日报出版社，2007，第2页，序言。

卷二 | 三 从精神的自然哲学到爱的宗教

我们中间却完全没必要丢弃'灵魂',从而丢弃一个最古老、最可敬的假设",就像呆头呆脑的自然主义者,他们经常是一触及就会丢掉"灵魂"这个高贵的假设。尼采拒绝以柏拉图主义或基督教的方式理解灵魂或精神,但也反对以笨拙的自然主义方式来面对它,因为他们根本否定灵魂本身。尼采要以科学的方式拯救灵魂,开启理解灵魂假设新的可能性,比如理解为"有死的灵魂"、"主观多样性的灵魂"、"作为本能与冲动的社会结构的灵魂"等等①,换言之,尼采是以某种心理学的方式来重新塑造灵魂或精神。新的心理学是一种探险或尝试,它虽然使灵魂摆脱了迷信,但同时也把自己置身于新的荒漠和怀疑之中,因为灵魂需要新的切实的着落,新的心理学家,或者说新的哲学家,有责任给灵魂找到一个新的名分,而且,他要么像当初的柏拉图那样去"发明"(erfinden),要么像个科学家那样去"发现"(finden)这个新的名分。

正是由于这个原因,尼采把心理学视为各类科学之女王,正是由于它为其他科学服务并为它们做好准备,它们才得以存在。② 心理学成为通向各类基本问题的途径。心理学即灵魂学、精神学,即深入到生命的无限苍茫中去,探求"人类灵魂与它的界限,人类内心经验迄今所能达到的范围,这些经验的高度、深度和距离,灵魂到目前为止的全部历史及其尚未穷尽的可能性"③,人的一切都发生在这里,或者说都通过这里发生、进行,而这种精神探险,关乎哲学和宗教的本质。

尼采在批判了柏拉图和基督教之后,又把他的矛头指向了现代哲学。"整个现代哲学到底在干些什么?自从笛卡尔以来所有的哲学家都表面上以批判主谓概念(Subjekt- und Prädikat-Begriffs)为伪装,暗地里却试图谋杀那古老的灵魂概念——这就意味着试图谋杀基督教教义的基本前提。现代哲学作为一种认识论上的怀疑主义,总是或明或

---

① 〔德〕尼采:《善与恶的彼岸》,梁余晶等译,光明日报出版社,2007,第18页,§12。
② 〔德〕尼采:《善与恶的彼岸》,梁余晶等译,光明日报出版社,2007,第33页,§23。
③ 〔德〕尼采:《善与恶的彼岸》,梁余晶等译,光明日报出版社,2007,第69页,§45。

尼采的启示

暗地**反对基督教**——虽然在更敏锐的耳朵听来，这绝非反宗教的。因为，过去人们相信'灵魂'，就如同人们相信语法和语法上的主语。"[1]

把哲学宗教问题和语言、语法问题联系起来，是尼采的特色，是他化解哲学偏见，寻求对精神等基本哲学宗教问题之"自然"解决的重要尝试。在第 20 节，尼采详细论述了他的洞见[2]：

个别的哲学观念并非是任意形成或者独立发展的东西，而是在彼此之间的联系与关系中成长起来的；无论它们看似在思想史上出现得多么突然，多么偶然，它们都正像某块大陆的动物群里所有成员一样，同属于一个系统——并且，以下事实最终暴露了这一点：形形色色的哲学家总是在填写关于各种可能出现的哲学的一张明确的基本表格。在一道看不见的咒语控制下，他们总是反复在同一条轨道内打转；不管他们觉得彼此之间是多么独立地拥有各自不同的批评意志或系统意志，总有某些东西在他们内心之中指引着他们，一些按照确定的顺序相继推动他们的东西，即观念的遗传系统和亲族关系。他们的思想与其说是他们发现了什么，不如说是一种重新认出，一种回忆，一种回返到灵魂那遥远、古老、全体的家园，那些观念原本就发源于此：在这个意义上，哲学探讨是一种最高级的返祖现象。为什么所有印度、希腊与德国的哲学思维具有奇特的家族相似性？这个问题就很容易得到圆满答案了。只要哪里存在着语言之间的亲族关系，由于共同的语法规则——我的意思是，由于被相似的语法功能无意识地控制和引导——的影响，哪里也就必然从一开始就为其哲学体系的相似的进展与顺序做好了准备，就好像其他对世界的解释在这条路上都行不通似的。极有可能乌拉尔－阿尔泰语系地区（这里主语概

---

[1] 〔德〕尼采：《善与恶的彼岸》，梁余晶等译，光明日报出版社，2007，第 79 页，§54。
[2] 〔德〕尼采：《善与恶的彼岸》，梁余晶等译，光明日报出版社，2007，第 27~28 页，§20。

念〈Subjekt-Begriff〉最不发达）的哲学家会以别样的方式观看"世界"，我们会发现他们所走的思维道路与印度－日耳曼地区的人们以及穆斯林都不相同：某种语法功能的符咒从根本上说也是生理学上的价值评估和种族条件的符咒。借此反驳洛克关于观念起源的肤浅看法。

尼采反对柏拉图－基督教主义者对灵魂精神的迷信和教条，也反对自然主义者用纯粹自然科学的方式彻底毁弃灵魂，他要以心理学－生理学－人类学的方式，寻求对人类灵魂－主体的合理解释。人类的主体－主观－精神世界，不（完全）是主体理性的创造，而是作为某种不可消解的力量或因素的自然之效果，人类的灵魂－主体世界有其深藏古远的自然根基，这种自然根基存在于语言中，在语法规则中。换言之，**是自然的理性，而非人的、主体理性决定了哲学的观念和理解；人，不仅是自我决定的，而且是被决定的**。据此，尼采在紧接着的第 21 节彻底抨击了西方思想中尤其是启蒙以来的自因和意志自由观念。人类过度的自主和责任意识，要么来自基督教为了惩罚而创造的罪与罚的道德①，要么是来自人类理性过度的自负狂妄，这种自负实际上是对生命本原的违背和对抗，是对"自然"文本（Text）或原稿（Grundtext）的一种很不成功的解释（Interpretation）。尼采希望提供另外一种解释，而且希望这种解释是发现性的，而非发明性的。

"我思故我在"是现代哲学奠基性的一个命题，其中的"我"和"思"充分体现了现代哲学在精神问题上的偏见，尼采循此继续他的自然回返之旅。

> 逻辑学家……装满迷信的头脑都拒不承认这个事实——即，

---

① 〔德〕尼采：《偶像的黄昏》，卫茂平译，华东师范大学出版社，2007，第 86 页，"四种大谬误"："人被认为是'自由的'，为了能受到判决和惩罚，——为了能变得有罪"。

尼采的启示

一个"思想"到来，是由于"它"想要这样，而不是"我"想要如此，因此如果说主语"我"是谓语"思"的先决条件，那就是在歪曲事实。它在思；但如果要说这个"它"正是那古旧著名的"自我"，委婉地说，那只是一种假定，一种断言，不是"直接确定性"①。

过去人们相信"灵魂"，就如同人们相信语法和语法上的主语：人们说"我"是条件，"思"是谓词，受条件的制约——思是一种活动，必须有一个主体作为它的原因。于是人们便坚持不懈、绞尽脑汁地想要摆脱这张罗网——去探究情况会不会刚好相反："思"是条件，"我"则是被条件限制之物；在这种情况下，"我"只是思**制造**的综合。实际上，康德想要证明的是，如果从主体出发，那么主体不能被证明——客体也不能被证明：他也许终究会认识到主体，换句话说，"灵魂"，可能仅仅是一种**表面存在**(Scheinexistenz)——这种观念作为吠檀多哲学曾经以非同寻常的强力存在于世。②

西方哲学在古远内隐的语法魔咒控制下，一直纠结在主体灵魂和思之中，而古老的吠檀多哲学在这个问题上很早就展现出惊人的智慧。欧洲哲学需要再一次地"返祖"，回到古代印度的哲学智慧中去。在《道德的谱系》中尼采对此有所补充，在那里，尼采把禁欲主义、求真意志和无神论内在等同起来③：

同样的发展进程也发生在印度，因为是完全独立的，故能够证明某些东西；相同的理想导致相同的结果；早在欧洲纪元前五百年，佛陀就达到了决定性的时刻，更准确地说，是数论派哲学(Sankhyam-Philosophie)，佛陀后来把这种哲学普及并使之成为一

---

① 〔德〕尼采：《善与恶的彼岸》，梁余晶等译，光明日报出版社，2007，第23页，§17。
② 〔德〕尼采：《善与恶的彼岸》，梁余晶等译，光明日报出版社，2007，第80页，§54。
③ 〔德〕尼采：《道德的谱系》，§3.27，KSA 5，第409页。

种宗教。

数论派哲学乃以对灵魂自我（atman，purusa）的存在形式以及自性（prakrti，原初物质）的结构和动力进行严格分析为主题。[1] 对灵魂问题的关注和卓越贡献，使吠檀多等印度哲学能够很早就开启并成就人类精神和文明的辉煌时代，而其核心思想，可以归结为梵我（atman-Brahman）一如的洞见。[2] 宇宙世界根本上来自或者说就是永恒、普遍、绝对的精神，即梵。梵既内在（于"这个世界"）又超越（于"这个世界"），而且，像自我（atman）一样，它也居于人之中，这意味着真实的"自我"与宇宙存在，与梵是同一的，这种同一——如瓶子内外的虚空一样，其分别乃是自性具体或现实形式所致。重要的是认识到自我与更高的精神生命之间的本然关系，觉悟到差异分别中的本性一也。无论是《梵经》的不一不异论，还是乔奈波陀《蛙氏奥义颂》及商羯罗的无差别不二论，还是罗摩奴阇的差别不二论，都强调了梵我一如的智慧。这一智慧的要义在于，并未取消否定自我，而是要通过回复、把握自我以自我穿越，使自我成为通向、回归梵（我）之无限精神本原、本性的契机、入口、通道，而非屏障和鸿沟。在这个意义上，自我、主体、灵魂，可以说是一种表象、表面的存在（Scheinexistenz），是精神本身的显现。吠檀多思想的这一逻辑思路是尼采能够认同的，即梵我关系不是一般的现象-本质关系，更非此岸-彼岸之两个世界的关系，而是一个事物、一个世界自我表达、自我呈现、自我显隐的关系。但吠檀多哲学对纯粹精神，对梵的理解又是尼采所反对的，在《善与恶的彼岸》序言中，尼采就把亚洲的吠檀多教义和欧洲的柏拉图主义定性为同样的教条主义，并在第20节揭示它们为共同的雅利安印欧语系的语法规则所支配，归属同一种哲

---

[1] 〔美〕米尔恰·伊利亚德：《宗教思想史》，晏可佳等译，上海社会科学院出版社，2004，第208页。
[2] 〔美〕米尔恰·伊利亚德：《宗教思想史》，晏可佳等译，上海社会科学院出版社，2004，第205页，§81。有关梵我一如及数论派思想，参见该书§82、§138、§139。

学。也就是说，它们都认定纯粹的精神，但都独断教条地把自我精神导向一种抽象的善的理念、秩序，一种道德上的禁欲主义和意志虚无主义，从而最终背离了生命精神和生命意志本身。这是尼采的理解，是一个以反教条主义、非道德主义和超善恶自居者的理解。尼采想说的是，灵魂，自我确实是一种表面存在，但这种"表面"所呈现的、所应该回复的，不是什么理想的、道德的、彼岸的理念秩序，而是**自然，真实的自然**。在第 54 节，当尼采把批判的矛头对准西方哲学的现代代表时，我们看到他是从笛卡尔下手，最后以西方现代哲学中最重要、最深刻的康德做结的[①]：

> 实际上，康德想要证明的是，如果从主体出发，那么主体不能被证明——客体也不能被证明：他也许终究会认识到主体，换句话说，"灵魂"，*可能仅仅是一种表面存在*。

从这段话看，尼采在某种意义上肯定了康德的努力，因为康德表明，主体作为出发点的局限性，也就是说主体的界限。这确是康德的洞见，康德意识到了主体理性，或者说思辨理性的认知界限，它不是绝对的起点、根据或存在，无法通过理性主体通达事物自身、存在自身，假如有这事物自身（Ding an sich）的话。没有一个堪称绝对的主体、自我、灵魂，能够绝对地支撑、证明自身，同时为客体、为一切其他存在提供支撑和证明。在尼采看来，康德没有再往前走，否则，他就能**首先**像吠檀多那样超越灵魂主体，**然后**也许能像尼采自己那样洞察生命更为深邃的真理，关于自然和生命的真理。在我看来，尼采并未真正深入地体察康德批判哲学的思想，尤其是没能认真辨析康德在《判断力批判》中的卓越思考，正是在那里，通过审美的判断力批判和目的论的判断力批判，康德把主体性思考引向了对自然的思考，把现代理性哲学引向了自然的哲学，我把康德的这个努力定义为"自

---

① 〔德〕尼采：《善与恶的彼岸》，梁余晶等译，光明日报出版社，2007，第 80 页，§54。

卷二 | 三 从精神的自然哲学到爱的宗教

然为人立法"①。

---

① 参看赵广明《论康德批判哲学的根基与归宿》,《哲学研究》2009 年第 9 期。对自然的态度,关涉启蒙和反思启蒙的核心问题。"启蒙的本质就是一种选择,并且不可避免地要对统治进行抉择。人们总是要在臣服自然与支配自然这两者之间做出抉择"(马克斯·霍克海默、西奥多·阿道尔诺:《启蒙辩证法:哲学断片》,渠敬东、曹卫东译,上海世纪出版集团,2006,第 25 页)。霍克海默和阿道尔诺给出的定义,只是对启蒙思想一般性的描述,并不能全面准确涵盖康德和尼采的启蒙考量。就纯粹思辨理性而言,康德坚持知性对自然显象的主导原则,坚持知性为自然立法,并将之贯彻于其关于启蒙的明确说辞。"**启蒙就是人从他咎由自取的受监护状态走出。受监护状态**就是没有他人的指导就不能使用自己的理智的状态……因此,Sapere aude [要敢于认识]! 要有勇气使用你自己的理智!这就是启蒙的格言。"(康德:《回答这个问题:什么是启蒙?》,见《康德著作全集》第 8 卷,李秋零主编,中国人民大学出版社,2010,第 40 页)。在 1784 年对启蒙所做出的这个经典定义中,康德把回到自己的理智自由和自主看成启蒙的核心诉求,康德这里所用的表示"理智"的术语 Verstand,正是"知性"一词。坚持知性的自主权、主导权和立法权,以此统治改造自然,实现对自然的祛魅,从而根除因想象力所引起的对自然的迷信,根除宗教崇拜的心灵与自然根基,这是近代理性启蒙思想的核心考量,是主要基于理性认知维度的考量,并泛滥于科学主义、唯物主义和无神论中。不过,康德对知性与自然关系的思考不止于此,他的启蒙思考也不止于此。康德的进一步思考通过实践理性批判的至善学说,特别是通过审美判断力批判充分体现出来。至善之德福关系,根本上乃是要建立理性自由与自然之间的协调关系,由此康德把批判哲学导向对人的存在论的考量。"人是什么"的问题,本质上乃是人如何通过自己的理性自由实现与自己的自然以及与外在的自然乃至于整个自然之间的和谐,而这种和谐,乃是上帝降临的唯一条件,是自由理性宗教的全部根基。对这个问题的深入思考,始于审美判断力批判,在那里,康德开始考虑**情感的启蒙**,并把**想象力与知性的关系**视为情感启蒙的核心。在西方形而上学和理智主义传统中,情感作为人的感性与自然特质,始终是个消极性的因素,是要被限定、被统治、被克服甚至被消除的因素。在启蒙思想家中,卢梭特立独行,表现出对情感特别是对想象力与众不同的重视。卢梭是康德的精神导师,导师的影响是根本性的,也是多方面的,在情感和想象力方面的影响值得深察。我们看到,在批判哲学中,康德对待想象力的态度有些犹豫不定,这种犹豫明显体现在《纯粹理性批判》第一版和第二版的差异中。海德格尔想替康德克服这种犹豫,他把先验想象力变成先验演绎的中心论题,并视之为根基,"存在论知识的内在可能性以及随之而来的一般形而上学的可能性都建基在它之上"(海德格尔:《康德与形而上学疑难》,王庆节译,上海译文出版社,2011,第 121 页)。海德格尔的做法虽有争议,但方向正确,他把关键性的哲学话题再次带入我们的视野。不过,海德格尔基本是在《纯粹理性批判》的范围内考察想象力的,他只在一个注解中提到《判断力批判》,但没有论及,而康德关于想象力问题的创造性思考恰恰就蕴含在《判断力批判》中,特别是在鉴赏判断中。

鉴赏判断,关乎的是主体各种心灵能力之间的反思性关系,是通过想象力(也许与知性结合)把表象与主体及其愉快或不快的情感相联系。作为审美判断的鉴赏判断也像一切判断那样需要知性,需要知性与想象力之间的某种独特的关系,需要知性的合法则性以限定自由的想象力过度的自由和胡闹,甚至"宁可允许损害想象力的自(转下页注)

尼采的启示

在自由理性与自然之间运思和尝试,向自然回归,把人纳入更本原、更广阔的生命存在境域,使启蒙自我克服和超越,正是尼采的方向,尽管尼采是以完全不同的方式和内涵来界定他的自然哲学。

假如除了我们这个欲望与激情的世界之外,再没有其他真实"给定的东西",假如除了我们的本能冲动的真实性以外,我们再也不能够上升或下降至任何其他的"真实性"(Realität)——因为思(Denken)仅仅是这些本能冲动之间的关系——:那么,我们可不可以尝试去询问:这些"给定的东西"是否足以以之为基础来理解所谓的机械的(或物质的)世界?①

(接上页注①)由和丰富,也不允许损害知性"(康德:《判断力批判》,见《康德著作全集》第 5 卷,李秋零主编,中国人民大学出版社,2007,第 333 页)。但鉴赏判断中的知性,已非思辨理性中规定性的作为概念能力的知性,而是被消解、被悬置了其概念权力,成了被自由的想象力所唤醒、所观照的反思性的、仅仅具有主观的普遍必然性(而非思辨理性意义上的客观普遍必然性)的合法则性能力,这种合法则性,来自自由的想象力的自由的唤醒、观照、赋予、创造。在此,想象力成为主体能力的本源性力量,成为人的本性力量的象征,是自由的想象力自由、自觉地观照并创造了知性的反思性的合法则性,换言之,鉴赏判断中想象力与知性之间无概念的合法则性、无目的的合目的性关系,体现了人性存在的至高境界:一方面是人的本性自然,一方面是这种本性自然自由地创造适合自己的法则,而这种法则**俨然就是**合乎、出乎知性概念的。在鉴赏判断中,在想象力与知性的关系中,想象力是统治者和立法者,是想象力自由、具体地创造了知性所要求的法则,这正是从特殊到特殊之规律性的反思性判断力的含义。人在此达致自然与自由的和谐,自己的自由与自己的自然以及一切自然的和谐。这种和谐,不是一己之不可传达,而是主观普遍必然,即从自己自由之必(自)然,而有一切自己自由之必(自)然,美的愉悦情感,对一切个己都是共同、共通的,在这种美的共同情感中,一切自由者之间的和谐也成为可能。这就是康德关于美的存在论的思想,美成为一个契机、入口、路径,使得人(人)在美的情感中达致存在的最高或本然状态。在审美的情感中,人获得情感的自由、自主、自律、自在、自然,实现的是**情感的启蒙**。人从知识和理智中自由、自主、自律,即**理智的启蒙**也许不难,难的是如何获取情感的自由、自主、自律、自在、自然,这情感的启蒙标志着人真正的自由、成熟、强大、自然,因为人本质上乃是情感的动物。情感启蒙,使人真正回到自己,回到自己自由而自然的本性,使人与己、与人、与自然真正实现和解与和谐。情感的启蒙,使至善成为可能,使以实践理性的自由与自律为本的**道德启蒙**获得根基,使传统形而上学和理智主义所追求的绝对形式主义的理智启蒙得到限定和保障。没有情感的启蒙,单纯理智的启蒙将导致人与自然、与自己的分裂,启蒙理性终将沦为工具理性或虚无理性,成为生命和自然的敌人。

① 〔德〕尼采:《善与恶的彼岸》,梁余晶等译,光明日报出版社,2007,第 54 页,§36。

卷二 | 三 从精神的自然哲学到爱的宗教

至此，作为灵魂、主体之精髓的"思"终于要走出了主谓关系的万年语法魔咒，西方哲学绵延数千年的主观性灵魂将被尼采引至其真正的根基之中，一种生理学-物理学-自然学的根基，一种生命中唯一给定的真正的现实、真实、事实。这是一种可以支撑灵魂之思，也可以支撑整个机械的、物质的、有机的乃至于意志的世界的原初、统一、有机的本能的生命力量，一种唯一真实且绝对真实的意志力量①：

> 最后，假设我们把我们全部的本能生命都成功地解释为意志的一种基本形式的提高和分化——这种基本形式即我所说的**强力意志**；假设一切有机功能都能被追溯到这种强力意志，并且人们从其中找到了解决生殖和养育问题——这的确是一个问题——的方法，那么人们就有权把一切作用力都明确认定为：**强力意志**。从内部看，这个依据"可理智理解的特征"（intelligiblen Charakter）来定义和确定的世界——它只能是"强力意志"，不可能是其他——

这是尼采的结论，不仅是关于灵魂、主体、思的，而且是关于整个生命和世界的。那么尼采提供的是一种最后的"真实"，还是真正的"自然"？这是一个问题，而且是哲学的一个核心问题，施特劳斯充分意识到了这个问题②：

> 因此他③不再是"自然"或"自然的"；他可能仅仅是"真实的"（genuine）或"本然可靠的"（authentic）。起初，可以略带夸张地说，自然和本然是一回事（参见柏拉图《法律篇》

---

① 〔德〕尼采：《善与恶的彼岸》，梁余晶等译，光明日报出版社，2007，第55页。
② Strauss, Leo. *Studies in Platonic Political Philosophy*, p. 186. The University of Chicago Press, 1983.
③ 指"客观性的人"，参看尼采《善与恶的彼岸》§207。

尼采的启示

642c8 – d1，777d5 – 6；卢梭《社会契约论》I.9 结尾和 II.7，第三段）；尼采为本然取代自然做了决定性的准备。

施特劳斯是对的，因为尼采要求的是 Realität，是某种对于生命来说堪称终极或根底的给定的事实性、现实性的真实，这种真实足以支撑生命。如果有纯粹的、作为原稿（Text）的"自然"的话，这本然的"真实"与纯粹"自然"的关系似乎难以确定，也似乎并不重要，重要的是这真实的"本然"对生命，对我们已经足够，已经是可靠的根基，据此，生命也就有了自己的、真实可靠的、本然的、新的**本性**、新的**自然**。这自然即**强力意志**，强力意志即生命的**自然**、**本然**、**自身**。

一方面，尼采不断地发出对纯粹自然的渴求，呼唤"自然之人"（homo natura）可怕的"原本"（Grundtext），期望消除五花八门的人性解释对人的涂抹、遮蔽、误解、篡改、背离，把人重新**译回**其自然、其底本、其原著（zurückübersetzen in die Natur）、其"永恒原本"①，以颠覆和根本扭转人性的、太人性的这个道德化的世界②：

我们何时才能不再遮蔽于上帝的阴影中？我们何时才能去除自然中所有的神性呢！我们何时才可以开始通过重新发现、重新解救出纯粹的自然，从而使人合于自然（vernatürlichen）呢！

而另一方面，尼采又拒绝承认有什么自然的"文本、原本"（Text），一切哲学，一切文化，都是"解释"（Interpretation），都是人性化的"尝试"（Versuch）。在 1887 年的一段手稿中他这样写道："——没有'回归自然'——因为从来没有一种自然的人性。"③

尼采纠结于自然和真实之间，也就是运思于关于人的自然性和本

---

① 〔德〕尼采：《善与恶的彼岸》，梁余晶等译，光明日报出版社，2007，第 203 页，§230。
② 〔德〕尼采：《快乐的科学》§109，KSA 3，第 469 页。
③ Friedrich Nietzsche. *The Will to Power*, §120, trans. By W. Kaufmann and R. J. Hollingdale. New York: Vintage, 1968. p. 73.

然性之间。他呼唤回归自然，但意识到这只能是一种**人的**自然，是人通过努力可以朝向、接近的自然，这种"接近"根本上不是"回归"、"回复"，而是创造，是上升：

> 人只有在长期的努力之后才能达到自然——他绝不是"回归"——自然：即，敢于像自然那样是非道德的。①
>
> 我也谈论"回复自然"（Rückkehr zur Natur），尽管它其实不是一种倒退（Zurückgehn），而是一种上升——上升到崇高、自由甚至可怕的自然和天性中，一种游戏和允许游戏伟大使命的天性……②

在这个语境下，可以说，**强力意志**，同样是一种解释，一种发明，像摩奴、柏拉图、孔子、犹太和基督教的导师们的"虔诚的欺骗 pia fraus"一样的"发明"③，而不是"发现"。因为，根本就没有一个可以"发现"的"自然"（Natur），只有一个**可以创造的**"本性"（Natur）。

不过，正是在创造的意义上，尼采倾向于自己的"发明"、"假设"就是"发现"，因为只有他有足够的勇气可以"像自然那样是非道德的"，可以直面自然的"真实"、"真相"，直面这个变易、混沌、暴虐、强力的本原的本能生命，在这种直面中，强力意志成为创造性本原。换言之，施特劳斯没有重视尼采更深邃的思想，即，把"自然"和"真实"截然区分依旧是对尼采的一种表面性理解。因为，如果有纯粹的自然，那自然也只能是"无"，是"混沌"，是个纯粹的理

---

① Friedrich Nietzsche. *The Will to Power*, §120, trans. By W. Kaufmann and R. J. Hollingdale. New York：Vintage, 1968. p. 72.
② 〔德〕尼采：《偶像的黄昏》，卫茂平译，华东师范大学出版社，2007，第175页，"一个不合时宜者的漫游"。
③ 〔德〕尼采：《偶像的黄昏》，卫茂平译，华东师范大学出版社，2007，第96页，"人类的'改善者'"。

念，是非存在，是"非自然"；换言之，自然作为自然本然就是"有"，而这"有"就是强力意志这一创造性生命力量本身。关于"**自然**"，**强力意志**就是我们所能言说的全部。强力意志同时意味着两层内在纠结、永远无法分开的含义：强力意志，以及强力意志自我表达的形式、方式，这是个二而一的概念。

强力意志及其自我表达，就是自然，就是生命，就是世界；而其最集中、最高、最经典的表达或显现或象征或化身，就是**哲学**。

> 哲学就是这种强横的本能欲望本身，是最精神化的强力意志、"创造世界"的意志以及追求第一因的意志。[①]

这是尼采最经典的哲学定义，哲学所占据的位置，所扮演的角色，其含义不言自明：它已经不止于"为天地立心，为生民立命，为往圣继绝学，为万世开太平"的圣人担当，而是以上帝，以造物主，以世界的主宰自命。这其实是尼采对哲学的真实诉求。也正是在这个意义上，教条主义哲学主宰了西方的历史，造就了道德主义的历史，悲观主义与虚无主义的历史，否定生命的历史；而尼采的或尼采所呼唤、所要创造的未来哲学，将根本改变西方的历史命运，将开启强健生命的、超越善恶的、非道德的、强力意志的新的历史和命运。

哲学是如何担当这种主宰历史和世界命运之责任的呢？通过创造价值和立法。哲学"这种工作自身要求某种不同的东西，即**创造价值**"，"**真正的（eigentlich）哲学家是命令者和立法者**，他们说：'它就**应该**这样！'他们首先确定人类的去向和为何……他们用创造性的手把握未来，而一切现在和曾在的，都成为其手段、工具和锤子。他们的'认知'是**创造**，他们的创造是一种立法，他们的真理意志是——**强力意志**"[②]。

[①]〔德〕尼采：《善与恶的彼岸》，梁余晶等译，光明日报出版社，2007，第12页，§9。
[②]〔德〕尼采：《善与恶的彼岸》，梁余晶等译，光明日报出版社，2007，第176页，§211。

卷二 | 三 从精神的自然哲学到爱的宗教

在别的地方尼采还给出了哲学的另一层含义。在《善与恶的彼岸》第252节，尼采把根本不是哲学种族的英国和本然是哲学种族的德意志相比较。"这些英国人：培根意味着对哲学精神的攻击；霍布斯、休谟和洛克则意味着在一个多世纪以来'哲学'概念价值的贬抑和降低。正是在对休谟的反对中，康德出现、上升"，从此开始了德国精神哲学对抗英国机械论和经验论的长期而伟大的斗争。相比而言，英国思想真正缺少什么？缺少——

一种真正的精神**强力**，一种精神视野真正的**深度**，简言之，即哲学（an eigentlicher *Macht* der Geistigkeit, an eigentlicher *Tiefe* des geistigen Blicks, kurz, an Philosophie）。[①]

尼采用 eigentlich 一词所表达的，应该是施特劳斯用 genuine 和 authentic 所要表达的，意味着"真正的"，"真实的"，"本来的"，"可靠的"，"本然的"。真实本然的，只能是 Geist，是精神；精神即我们观察、思考、解释、创造生命世界的根底、起点和全部；精神即精神自身的力量和深度，即精神自身的强力和深度，这强力和深度即强力意志；精神即强力意志，即哲学。"最精神化的强力意志"这一表达的真实含义是：强力意志的**精神**、的**灵魂**，或者说作为强力意志的**精神**、的**灵魂**，也就是**世界的**精神、**世界的**灵魂。

换言之，或者说，总之，**哲学即精神；精神即强力意志；强力意志即创造意志，即创造价值的意志**。真实本然的精神或强力意志，作为创造者，就是人、生命、世界的自然，**本然**即**自然**。由此可见，尼采的哲学，乃是**精神的自然哲学**，或者说**自然的精神哲学**。

关于精神，尼采有进一步的区分，在这种区分中，可以看到他对西方哲学中至关重要的真理意志问题的深澈考量。

---

① 〔德〕尼采：《善与恶的彼岸》，梁余晶等译，光明日报出版社，2007，第240~241页，§252。

尼采的启示

　　我把尼采对精神的区分概括为三种，即精神的基本意志（Grundwillen des Geistes），精神的求真意志，精神的强力意志。精神的基本意志，或者说客观精神①，可以看成追求一般知识的意志，一如一般学者和科学家们对客观性的追求，实际上那是外在于精神本身的一种追求，意欲的仅仅是表面的东西，而非精神内在的东西，它追求"纯粹的外表、简化、面具、外衣"。与之相对的，是真正的求知识、求真相、求真理的意志，这种知识意志"坚持深刻地、全面地、彻底地对待事物，这意志几近某种理智良知和趣味的残忍"②。残忍（grausam）、诚实（redlich）、非道德（immoralisch），是尼采对这种真正的知识意志的定性。这是真正的勇气（Mut），真正启蒙者的勇气，是高贵的强者，用俄狄浦斯无畏的眼睛、奥德修斯不惧诱惑的耳朵，穿透一切表面，直达最可怕的真相。此刻，他站在被撕破外衣、被涤除了涂抹的、**不同了的**、**另一个**自然面前（vor der *anderen* Natur steht），站在"自然之人的可怕原本"面前，与真相、与真理、与自然**同在**。

　　但最要紧的是，这时"相对"的双方不是"对立"的双方，而是"相应"和"同在"的双方。不是客观、静观、旁观的双方，不是一般知识和理论中的双方，而是**精神中的**双方！精神是活的，超越了一般知识的客观性，以及一般知识的主观性，是有气息、有生气、有生命的精神存在者。精神何以是活的？回到了**自己**，回到了自己的精神，回到了精神的精神就是活的③，就是生命！活的、有生命的精神作为求真意志，就是行动，就是尝试、诱惑、冒险，就是创造：

　　　　他们的"认知"是**创造**，他们的创造是一种立法，他们的真

---

① 〔德〕尼采：《善与恶的彼岸》，梁余晶等译，光明日报出版社，2007，第167页，§208。
② 〔德〕尼采：《善与恶的彼岸》，梁余晶等译，光明日报出版社，2007，第202页，§230。
③ Strauss, Leo. *Studies in Platonic Political Philosophy*, p. 186. The University of Chicago Press, 1983.

卷二 | 三 从精神的自然哲学到爱的宗教

理意志是——**强力意志**。①

知识变成了活动、行动,认知变成了创造者、命令者、立法者。换言之,求真意志的极致,最纯粹最彻底的求真意志,就是意识到知识本身的界限;求真(知)意志必须是绝对的、无条件的,而绝对的求真意志就是要认识到认知本身是有界限的,"自知无知",这种界限意识的伟大意义,在于求真意志意识到求真意志必须融入、回复到强力意志。没有一个给定的纯粹自然作为客观性对象等着被绝对的真理意志**也许有一天**会"发现",因为求真者和真本身都是活的,都是创造性的精神,都是被创造出来的。真正需要被"发现"的,就是这作为创造的精神生命本身。

而哲学,就是这种精神的最经典表达。作为价值创造者、命令者、立法者的未来哲学家,以最强力意志的方式澄显着、代言着自然,并以这种方式创造着价值和自然,这种创造可以看成自然、看成作为创造和生命原初力量和母体的自然本身自我澄显、自我创造的化身或象征。在哲学家的创造和立法中,他成为一切其他存在者(Dasein)之存在的辩护者,成为**互补性的人**(complementärer Mensch)。②"互补性的人"是理解尼采哲学的难点和重点,因为这个看似不甚清晰的概念,乃是通向尼采宗教思想的要津。

哲学家凭什么创造?据何而创造?这个问题的答案恰好就藏在"互补性的人"中。

何谓"互补性的人"?"互补性的人"来自与科学家和学者这些客观之人的对比和超越。那么,什么是客观的人?

> 他最本质的特征是:他是一件工具,类似奴隶,当然是那种最高等的奴隶;而他自身什么也没有——几乎没有!客观之人是

---

① 〔德〕尼采:《善与恶的彼岸》,梁余晶等译,光明日报出版社,2007,第176页,§211。
② 〔德〕尼采:《善与恶的彼岸》,梁余晶等译,光明日报出版社,2007,第167页,§207。

一件工具，一件珍贵的、易损的、易失光泽的度量模具和镜子艺术品，值得呵护和尊重。但是，他不是目的，不是出口和上升，不是其他存在借以为自身辩护、借以证明自身正当性的互补性的人，不是终结——更不是起始，不是生殖和第一因，不是粗壮、强力、自立、意欲做主人的人——而只是形式，是一个精致的、排空的、美丽的、可移动的罐形模具（Formen-Topf），等着内容实质以"塑造"自己——他通常只是一个没有实质内容的人，一个"没有自己"（selbstloser）的人。顺便说一句，因此也是对女人毫无用处的人。——

尼采用对比的修辞，使作为不同于且更高于客观之人的互补性人的含义昭然若揭。互补性人不是工具，而是目的，是人的起点，也是人的终点、完成、高峰，他是强力意志的化身，是命令者、立法者，是使一切空泛的形式获得内容和实质的塑造者，是使荒芜的大地得到耕种的主人，是大地的意义，或者说是大地意义的体现者、实现者，也就是说他是个有权力且有能力播种并使之诞生、成长、成熟的主人和主宰者，而且是男性的主宰者，是一个有足够的性欲和性能去深耕、播种、喷射、生殖的真正的男人，是一个能够引起并满足女人性欲并使之生儿育女的男人，而绝非是"对女人毫无用处"的无性、无爱、无能之空洞、形式、客观之人。

"互补性的"精当的含义，蕴含于 Eros 之中，在性爱之中，在男女两性的性爱之中，两性之间的"互补性"是一切生殖、生产、生命的本原，是一切爱的精义。生命之爱，不是镜子式的映照，不是形式、理念式的空洞，而是真实的灵与肉的相互插入、深入、渗入和融入，从来是二，但永远合一。

爱的互补性的思路和逻辑，在尼采思想和著述中极其内在且普遍，令人禁不住与阴阳这一中国古代哲学的核心概念相联系。这种互补相生逻辑，早在《悲剧的诞生》中就已成为思想主线，酒神和日神的关系是其经典表达；在《查拉图斯特拉如是说》中，查拉图斯特拉与永恒的生命女神之间构成了这种爱的互补；在《善与恶的彼岸》中，这种互补性被广泛涉及，阿里斯托芬与柏拉图之间（§28），民族国家之间（§248），狄俄尼索斯与阿里阿德涅之间（§295），天才与天才之间（§206，§248），哲人与人类之间（§295），等等。这些相互之间的互补关系，要么直接是两性之爱的，是播种、受孕和生殖的，要么是两性之爱的隐喻表达，而狄俄尼索斯与阿里阿德涅之间的互补性爱欲关系，可以看成尼采关于互补性的最后选择，尼采的哲学和宗教思想最终隐喻其中。

爱欲是人类（文明）最初始、最古老、最本原也是最持久的能力，是哲学最为源远流长的主题，而且理所当然地是最内在、最核心、最崇高、最美好、最具诱惑力的主题。哲学家尼采再次重拾、尝试、探险这个主题，企图以新的内容和实质来塑造她，来播种、受孕、再生她。

"爱欲，自柏拉图以降，一直是哲人的特质。"[1] 爱欲是柏拉图主要对话《会饮篇》的主题。对话一开始，费德罗就提议会饮的主题是赞颂爱神 Eros，他先是引用了诗人赫西俄德的诗句[2]：

最先是混沌，随后

---

[1] 〔美〕朗佩特：《尼采的使命——〈善恶的彼岸〉绎读》，李致远等译，华夏出版社，2009，第252页。性欲、爱欲是尼采思想中极为重要的概念，是尼采哲学宗教的根本性隐喻，也是往往被忽略的隐喻。一方面，应该把尼采关于性的思想与稍后的弗洛伊德的学说联系起来，甚至可以与国家社会主义对身体文化的宣扬联系起来，而且可以在乔治·巴塔耶和福柯们那里发现其直接影响；另一方面，更应该做上溯的对照，与伟大的启蒙反思者和宗教思想家哈曼联系起来，与基督教的有关思想联系起来，与柏拉图《会饮篇》所宣扬、所代表、所开创的爱欲哲学传统联系起来，与尼采对整个西方形而上学和理智主义哲学传统的深刻反思和批判联系起来，而尼采在上述联系、反思、批判中的洞见，可以与哈曼的一句惊世骇俗的话对观："要是没有生殖器，我的粗糙的想象绝无可能描绘一个创造性的精神"（出自哈曼1768年5月23日的一封信，见〔美〕加雷特·格林《现代文化的成熟：哈曼和康德对启蒙的根本隐喻的对立看法》，引自〔美〕詹姆斯·斯密特编《启蒙运动与现代性》，徐向东、卢华萍译，上海人民出版社，2005，第310页）。

[2] 参看《柏拉图的〈会饮〉》，刘小枫等译，华夏出版社，2003，第20、21页。

> 大地以宽阔的胸怀，铺展出安稳的处所，
> 然后是 Eros。

然后引用哲人巴门尼德的说法：

> 一切神灵中最先出现的是 Eros。（178B）

亚里士多德在其《形而上学》（984B26）中提到，有人把爱当作万物的本原，接着他原封不动地引用了费德罗所引用的这两段诗文。

先贤所论，道出了爱欲的至关重要，作为最初、最本原的东西，爱欲是开端，是起点，这开启之功就是生命的"第一因"或本原性动力。是一种强健不息的永恒力量，而且，不仅仅是力量，还同时是秩序。一方面是本原如混沌的、渊深巨庞的、宜生宜毁的、狄俄尼索斯般的永恒力量，一方面是承纳、受孕这力量，并赋形、赋性、生产、养育出新生命的秩序，一如阿里阿德涅的线团所象征的那种线索、路径和秩序，她以此引导作为强力意志、野性混沌、本原性生命力量化身的狄俄尼索斯走出自身的迷宫，使生命不至于被自身所迷乱所毁灭。生命或自然的本原性力量必然表达于某种与其本然结合的生命秩序中；疯狂、混沌的自然，在爱中找到归宿和秩序；爱就是生命本身，就是生命本身的秩序，爱就是秩序，就是自然的存在方式。换言之，爱，乃是自洽性的、自我互补、自我弥补、自我滋补、自我孕育、自我生成的**整体性**，这是生命之爱，是生命最隐匿和最本原的奥秘；爱作为生命的本原或生命自身，是自因，自生、自成、自在；惟其自生，是以自然；自然而然，是以永恒。爱，意味着整体之爱，一切生命，一切存在皆因爱而生，皆在爱中，因此生命整体中的一切都因爱而得到最本质的肯定；而且这种肯定，将在两性的不断互补、爱合、生殖、诞生中循环往复，子子孙孙，在永远的新生中永恒回复无穷尽也！这是尼采永恒回复思想的要义。强力意志哲学终究需要并归于永恒回复

的信仰，一如生命需要精神为其灵魂和秩序。强力意志本然要求永恒回复，强力意志与永恒回复构成了最深邃、最本原、最神圣的爱的互补。

> da capo!
> 再来一次！①

再来一次！从头再来！而且是不断地、一次又一次地、永不满足地"再来一次"！而且是让这现在和曾在的一切如其所是地再来一次！除了一个充满爱欲，被爱的无穷烈焰所灼痛的爱者，孰能如此情不自禁高喊？而且，除了一个能天行健，能自强不息，能在尽情喷播清空后再次自我恢复自我充盈自我勃发的强力意志，孰能如此狂呼！**无尽的爱，无尽的力量，这就是尼采关于生命的哲学，同时也是他的宗教，他的信仰。**

爱是情爱和性爱的互补与完美结合。爱情是肯定的本原，真正的爱情意味着真正的肯定，这肯定是一种感激，一如古希腊人所表现出的宗教感情和生命态度。

> 古希腊宗教生活的一个令人惊奇之处就是它所洋溢着的广阔而丰富的感激（Dankbarkeit）之情：只有极其高贵的（vornehme）那一类人才会以这样的方式来面对自然和生命。
> 后来，当群氓在希腊占据了优势的时候，恐惧之心也就在宗教中蔓延开来——这便为基督教的出现准备好了条件——②

认定世界的等级秩序，是尼采的一个基本思想。我们应该把握住这种思想的本质。等级的划分，根本上依据的是生命和精神的力量和

---

① 〔德〕尼采：《善与恶的彼岸》，梁余晶等译，光明日报出版社，2007，第82页，§56。
② 〔德〕尼采：《善与恶的彼岸》，梁余晶等译，光明日报出版社，2007，第76页，§49。

尼采的启示

高度。高贵与否，关键就在于其精神和生命的素质，在于其对待自然和生命的态度，是否懂得爱，是否是个爱者。在爱中，在爱欲中，在性爱中，生命的力量和品格无与伦比，高贵无比，希腊人正是在这一点上展现出他们的强力意志和高贵：

> 对希腊人来讲，**性爱的象征**，是庄严的象征自身，是整个古代虔敬内含的真正深意……这一切意味着狄俄尼索斯这个词：除了这个希腊的、即这个狄俄尼索斯的象征表达，我不知道还有比这更高级的象征表达。在此之中，可以宗教地感受到生命那直指生命之将来、生命之永恒的最深邃本能，通往生命自身的路，生殖作为神圣的道路……只有基督教，带着它那从根本上反对生命的怨恨，把性爱当作某种肮脏的东西：它把污秽之物泼洒到开端上，即我们生命的前提上……①

> 我，这个哲学家狄俄尼索斯最后的信徒，——我，这个永恒回复的导师……②

对待生命的态度，对待爱的态度，把尼采的哲学宗教与基督教根本上区分并对立。尼采最后把自己的哲学和信仰定格在**狄俄尼索斯**这个隐喻中。尼采的哲学，是强力意志的哲学，强力意志意味着对世界存在的肯定与创造，意味着爱，意味着对永恒回复的呼唤和信仰；爱的哲学必然导致爱的宗教，或者说爱的哲学就是爱的宗教。爱，既是生命的自然力量，更是生命的情感和态度，一种虔敬的、肯定性的、充满感激的、神圣的生命情感和态度。这种信仰不会朝向生命之外，而只存在于生命之中，只存在于找到了**自己**的精神灵魂之中；无论是爱的哲学，还是爱的宗教，最终取决于**精神**：取决于能否回归本真、

---

① 〔德〕尼采：《偶像的黄昏》，卫茂平译，华东师范大学出版社，2007，第189页，"我感谢古人什么"。
② 〔德〕尼采：《偶像的黄昏》，卫茂平译，华东师范大学出版社，2007，第190页。

自然的自己，回归自己高贵的精神。这也是尼采在论述永恒回复思想的第 56 节后，接着就在第 57 节论述精神自我超越的无限可能性和超道德性的原因。一切哲学，一切信仰，一切生命，皆在这精神中，皆因这高贵的灵魂而可能。

——何谓高贵？
……并不是其行为证明了其高贵……也不是"作品"……在这里起决定作用的不是作品，而是信仰，它确定了等级秩序——为了在一种新的、更加深远的意义上重新使用一套古老的宗教术语：一个高贵的灵魂对于自身的根本肯定，某种无从追寻、无从寻找，也许还无从遗失的东西。
高贵的灵魂敬畏其自身。①

最高贵的灵魂或精神，就是哲学，就是哲学家的精神，因为哲学乃是最精神化的强力意志。身居生命之巅，哲学，先天赋有生命自我"救赎"和自我立法的使命，担负着生命自我超越和自我创生的重任。"在这一片即将由群氓统治的阴沉而忧郁的天空之下"②，无论何其孤独和危险，哲学家作为互补性的人，作为强力意志的代言人或化身，作为新价值、新宗教的创造者，都应该下山，并以其高贵的生命精神与世界结合、联姻，用爱化度世界，以爱的宗教使人类能够回归人之**自身**，回归其爱的能力和情感。不管这种化度和回归是否可能，以及在多大程度、多大范围内可能。知其不可而为之，是圣人的天命；知其不可而爱之，是哲人的天命，是未来哲学家尼采－查拉图斯特拉－狄俄尼索斯的天命。这种未来的、爱的哲学最基本的教义，是使被爱者成为爱者。只有爱者，才是他自己，才是创造性力量和肯定性情感

---

① 〔德〕尼采：《善与恶的彼岸》，梁余晶等译，光明日报出版社，2007，第 293～294 页，§287。
② 〔德〕尼采：《善与恶的彼岸》，梁余晶等译，光明日报出版社，2007，第 293～294 页，§287。

的主人①，才是**高贵的自然**。

所有创造者都是坚硬的。你们必须以为那是极乐，若把你们的手压在千年之上，犹如压在蜡上，——

以为那是极乐，若在千年的意志上书写，犹如在青铜上，——比青铜更坚硬，比青铜更高贵。十分坚硬，这才是最高贵者。

这块新的标牌，哦，我的兄弟，我把它放在你们之上：**请变得坚硬！**②

这是能够书写，能够播种，能够生产，能够创造，能够爱的**坚硬**。

---

① **情感启蒙**乃至于整个启蒙的精神在这爱中澄显出来。
② 〔德〕尼采：《偶像的黄昏》，卫茂平译，华东师范大学出版社，2007，第191页，"锤子说话"。原出《扎拉图斯特拉如是说》卷三之"论新旧标牌"，见尼采《扎拉图斯特拉如是说》，黄明嘉、娄林译，华东师范大学出版社，2009，第354页。《偶像的黄昏》是尼采理智清醒的最后时刻整理并交付出版的作品，而该书的最后一章"锤子说话"重复了他写于5年前的最重要作品，再次回复到他的查拉图斯特拉教诲，完成了一次思想的自我回复。尼采总是在不断地重复他的思想话题，这不是一般的重复，而是在不断反思、超越、深化中的回复。

结　　语

（一）

作为概念，哲学于我们不过百多年的历史；作为人生智慧，哲学于我们却有着比古希腊更悠远的历史。作为生命的最高智慧，哲学不是任何一种学科、知识、方法所能盛纳的，它根本上不是章句之学，不是辞章训诂之学，不是举子之学，而是身心之学，是对宇宙生命和人类命运最本真的领悟。这种领悟出乎精神，创造精神，又回复精神。精神是哲学的旨趣与本性。哲学精神是宇宙生命的根基，是自然生生不息之洪流，是自然之自我绽放与言说。

哲学的语言有其生命和气象。哲学的话语把自己抛进自然的无尽洪流，溅起有与无之间最奇罕的浪花。

以此，哲学把存在与流变，把理念与时间，融会为自然，生生切实的自然，以及对生生自然的信仰。

但数百年来，中国文明无缘于此。先是政制、国际、战乱之祸，后是专制之灾，接着是体制性权力腐败与市场利益之间的空前苟合导致的社会不公，以及对传统生活秩序与道德价值的空前绞杀，使一切人等被无情卷入混浊的滔天漩涡中。根基不再，精神无存。

但灵魂的嘶喊并未死寂。那渊底的挣扎与呼唤尽管微弱，却从不曾消失。哲学将重塑文明之根基，复生命之精神，拾天地之秩序。哲学将收容已然不堪的中国"思想界"与中国"哲学界"，使其告别对五花八门的学派画地为牢的门户之见，告别对各种主义和教派的膜拜，告别对意识形态、准意识形态、潜意识形态的奴性幻想，使其从对工具、技术、方法与学科的痴迷中解脱，回到哲学的智慧，回到生命的信仰。

（二）

不过，尼采可能不这样想。他很可能不情愿这种历史的使命与担当。因为他是自由的精神。自由就是精神，自由只是精神，自由只在精神中。庙堂太高，江湖太远，只有自由最切身，只有自由才是自己的，谁也拿不走。

尼采凭借他的语言与修辞，为自己筑起可以安身立命的终极自由之所。尼采的话语，是从历史的如鲸巨尸中最后逸出的气泡，带着生命最后的一丝绝望和绝望中不尽的期望。尼采逸出了历史，成为漂浮在精神的天空之上那雪白或乌黑的寓言。尼采不再是尼采，而是一个隐喻，一个自由精神的隐喻，一个仅仅朝向自由精神的隐喻闪电。除了自由精神，他不关心别的。

尼采的自由精神，是一切启蒙的掘墓人，因为他看穿了一切所谓启蒙者的虚伪与不自由。尼采的自由精神，是其自己的掘墓人，因为真正自由的精神要自我克服和超越。在自由的身后，在自由隐喻的巅峰，闪现出一个更为曼妙的身影，那是作为生命至爱的自然隐喻，矗立在深渊之中。

你需要足够的强力意志。你可以超越一切启蒙，但你难以超越自由；你可以超越自由，但你难以超越自己；你可以超越自己，但你难以超越自然；你可以超越自然，因为你即自然。

（三）

尼采是文学的，因为他有太多粉丝，太多自以为是尼采知音的读者，由此可以说尼采是易于理解的。尼采是政治的，因为政治与历史的原因，尼采一直在遭遇着猛烈的抨击，由此又可以说尼采是易于歧解和误解的。尼采又是隐晦的，在他直接的字面后面，又包含、隐藏着很多极其深邃幽冥的东西，也许是他真正想说的东西。

如何理解尼采是尼采留给我们的首要问题。尼采在他的文字中安置着些许路标。"超越"乃是最醒目的标识，超越善恶，超越尼采，超越阅读，超越阅读者自己。在超越中使自己置身于那尼采成就并成就了尼采的气息与洪流中去，那永恒流贯、从不曾止息的精神中去。尼采为勇敢和智慧者布好了阿里阿德涅的线团，引领他们走出万年时间与千年道德的迷宫，回到自己，回到精神。一切哲学的理解，仅仅因这精神而可能，仅仅在这精神中得成。

（四）

什么是精神？

精神即自然。

什么是自然？

自然是因其过于丰盈的生命和爱而自己燃烧的永恒火焰。

太阳的火焰。

（五）

哲学是上帝最钟爱的魔鬼。

哲学以真理之名无限求索，以无情的怀疑和批判为本，以理智的清醒、思辨的清晰而解构、超越一切，并以推倒上帝的偶像为其最经典的快乐。但哲学的虚无不是仇恨的虚无主义，而是基于价值重估的爱的虚无主义，它指望自己的超越仅仅是克服而非否定，是穿越而非毁灭。哲学之思，犹如绝对之灵，行走于天地之间，它以虚无之身，使世间万物得以澄显，得以自然。

在哲学的身后，是上帝永恒的微笑。

参考文献

尼采原著

Friedrich Nietzsche. *Sämtliche Werke*, Kritische Studienausgabe（KSA）in 15 Bänden, Herausgegeben von Giorgio Colli und Mazzino Montinari, Deutscher Taschenbuch Verlag GmbH & Co. KG, München: De Gruyter, 1999.

Friedrich Nietzsche. *The Will to Power*, translated by Walter Kaufmann and R. J. Hollingdale. New York: Vintage, 1968.

Basic Writings of Nietzsche, introduction by Peter Gay, translated by Walter Kaufmann. New York: The Modern Library, 2000.

Nietzsche. *Writings from the Late Notebooks*, edited by Rüdiger Bittner, translated by Kate Sturge. New York: Cambridge University Press, 2003.

Selected Letters of Friedrich Nietzsche, edited and translated by Christopher Middleton. Chicago: University of Chicago Press, 1969.

The Portable Nietzsche, edited and translated by Walter Kaufmann. New York: Viking, 1982.

《希腊悲剧时代的哲学》，周国平译，商务印书馆，1994。

《悲剧的诞生》，周国平译，北岳文艺出版社，2004；杨恒达译，凤凰出版传媒集团/译林出版社，2007。

《不合时宜的沉思》，李秋零译，华东师范大学出版社，2007。

《人性的，太人性的》，魏育青译，华东师范大学出版社，2008。

《朝霞》，田立年译，华东师范大学出版社，2007。

《快乐的科学》，黄明嘉译，华东师范大学出版社，2007。

《苏鲁支语录》，徐梵澄译，商务印书馆，1997。

《扎拉图斯特拉如是说》，黄明嘉、娄林译，华东师范大学出版社，2009；孙周兴译，上海人民出版社，2009；杨恒达译，凤凰出版传媒集团/译林出版社，2007；钱春绮译，三联书店，2007。

《善与恶的彼岸》，梁余晶等译，光明日报出版社，2007。

《论道德的谱系》，周红译，三联书店，1992；谢地坤译，漓江出版社，2000。

《偶像的黄昏》，卫茂平译，华东师范大学出版社，2007；李超杰译，商务印书馆，2009。

《瓦格纳事件/尼采反瓦格纳》，卫茂平译，华东师范大学出版社，2007。

《反基督》，陈君华译，河北教育出版社，2003。

《权力意志》，孙周兴译，商务印书馆，2007。

《尼采遗稿选》，虞龙发译，上海译文出版社，2005。

《哲学与真理》，田立年译，上海社会科学院出版社，1993。

其他著作

Ansell-Pearson, Keith. *Nietzsche and Modern German Thought*. New York: Routledge, 1991.

The Cambridge Companion to Nietzsche, edited by Bernd Magnus and Kathleen M. Higgins. Cambridge University Press/三联书店，2006.

Clark, Maudemarie. *Nietzsche on Truth and Philosophy*. Cambridge: Cambridge University Press, 1990.

Deleuze, Gilles. *Nietzsche and Philosophy*, translated by Hugh Tomlinson. New York: Columbia University Press, 1983.

de Man, Paul. *Allegories of Reading*: *Figural Language in Rousseau*, *Nietzsche*, *Rilke*, *and Proust*. New Haven: Yale University Press, 1979.

Geffré, Claude and Jean-Pierre Jossua, eds. *Nietzsche and Christianity*. Edinburgh and New York, 1981.

Jaspers, Karl. *Nietzsche and Christianity*, trans. E. B. Ashton. Chicago: Regnery, 1961.

Kaufmann, Walter. *Nietzsche*: *Philosopher*, *Psychologist*, *Antichrist*. 4th ed., rev. and enlarged. New York: Vintage, 1974.

Klossowski, Pierre. *Nietzsche and the Vicious Circle*. London: Athlone, 1993.

Lampert, Laurence. *Nietzsche's Task*: *An Interpretation of Beyond Good and Evil*. New Haven: Yale University Press, 2001.

Lampert, Laurence. *Nietzsche's Teaching*: *An Interpretation of "Thus Spoke Zarathustra"*. New Haven: Yale University Press, 1987.

Löwith, Karl. *Nietzsche's Philosophy of the Eternal Recurrence of the Same*, translated by J. Harvey Lomax; foreword by Bernd Magnus, Berkeley and Los Angeles, California: University of California Press, 1997.

Mistry, Frenry. *Nietzsche and Buddhism*. New York and Berlin: Walter de Gruyter, 1981.

Moles, Alistair. *Nietzsche's Philosophy of Nature and Cosmology*. New York: Peter Lang, 1990.

Pfeffer, Rose. *Nietzsche*: *Disciple of Dionysus*. Lewisburg: Bucknell University Press, 1972.

Pippin, Robert. *Modernism as a Philosophical Problem*. Blackwell Publishers, 1999.

Rosen, Stanley. *The Question of Being*: *A Reversal of Heidegger*. New haven: Yale University Press, 1993.

Stambaugh, Joan. *Nietzsche's Thought of Eternal Return*. Baltimore:

Johns Hopkins University Press, 1972.

Stambaugh, Joan. *The Problem of Time in Nietzsche*. Philadelphia: Bucknell University Press, 1987.

Strauss, Leo. *Studies in Platonic Political Philosophy*. Chicago: The University of Chicago Press, 1983.

〔古希腊〕柏拉图:《柏拉图对话集》,王太庆译,商务印书馆,2004。

〔古希腊〕柏拉图:《柏拉图的会饮》,刘小枫译,华夏出版社,2003。

〔古希腊〕赫拉克利特:《赫拉克利特著作残篇》,希、英、汉对照评注本,楚荷译,广西师范大学出版社,2007。

〔德〕康德:《回答这个问题:什么是启蒙?》,见《康德著作全集》第8卷,李秋零主编,中国人民大学出版社,2010。

〔德〕康德:《纯粹理性批判》,李秋零译,中国人民大学出版社,2004。

〔德〕康德:《实践理性批判》,李秋零主编,《康德著作全集》第5卷,中国人民大学出版社,2007。

〔德〕康德:《判断力批判》,李秋零主编,《康德著作全集》第5卷,中国人民大学出版社,2007。

〔德〕黑格尔:《精神现象学》,贺麟、王玖兴译,商务印书馆,1987。

〔德〕叔本华:《作为意志和表象的世界》,石冲白译,商务印书馆,1994。

〔德〕谢林:《对人类自由的本质及与之相关联的对象的哲学探讨》,见海德格尔《谢林论人类自由的本质》,薛华译,辽宁教育出版社,1999。

〔德〕海德格尔:《尼采》,孙周兴译,商务印书馆,2002。

〔德〕海德格尔:《林中路》,上海译文出版社,1997。

尼采的启示

〔法〕吉尔·都鲁兹（又译吉尔·德勒兹）：《解读尼采》，张唤民译，百花文艺出版社，2000。

〔法〕吉尔·德勒兹：《尼采与哲学》，周颖、刘玉宇译，社会科学文献出版社，2001。

〔美〕列奥·施特劳斯：《自然权利与历史》，彭刚译，三联书店，2001。

〔德〕卡尔·洛维特：《从黑格尔到尼采》，李秋零译，三联书店，2006。

〔德〕卡尔·洛维特：《世界历史与救赎历史——历史哲学的神学前提》，李秋零、田薇译，三联书店，2002。

〔德〕霍克海默、〔德〕阿道尔诺：《启蒙辩证法——哲学断片》，渠敬东、曹卫东译，世界出版集团、上海人民出版社，2006。

〔美〕保尔·德·曼：《阅读的寓言——卢梭、尼采、里尔克和普鲁斯特的比喻语言》，沈勇译，天津人民出版社，2008。

〔美〕斯坦利·罗森：《启蒙的面具——尼采的〈查拉图斯特拉如是说〉》，吴松江、陈卫斌译，辽宁教育出版社，2003。

〔丹麦〕约尔根·哈斯：《幻觉的哲学》，京不特译，东方出版社，2011。

〔德〕安内马丽·彼珀：《动物与超人之维》，李洁译，华夏出版社，2001。

〔英〕戴维·罗宾逊：《尼采与后现代主义》，程炼译，北京大学出版社，2005。

〔美〕普拉特纳等：《卢梭的自然状态——〈论不平等的起源〉释义》，尚新建、余灵灵译，华夏出版社，2008。

〔美〕C.巴姆巴赫：《海德格尔的根——尼采，国家社会主义和希腊人》，张志和译，上海书店出版社，2007。

〔美〕A.麦金太尔：《三种对立的道德探究观》，万俊人等译，中国社会科学出版社，1999。

参考文献

〔美〕A.麦金太尔:《追寻美德》,宋继杰译,凤凰出版传媒集团、译林出版社,2008。

〔美〕米尔恰·伊利亚德:《宗教思想史》,晏可佳等译,上海社会科学院出版社,2004。

〔德〕萨弗兰斯基:《尼采思想传记》,卫茂平译,华东师范大学出版社,2007。

〔美〕奥弗洛赫蒂等编《尼采与古典传统》,田立年译,华东师范大学出版社,2007。

刘小枫选编《尼采与古典传统续编》,田立年译,华东师范大学出版社,2008。

〔英〕彼肖普主编《尼采与古代——尼采对古典传统的反应和回答》,田立年译,华东师范大学出版社,2011。

刘小枫、倪为国选编《尼采在西方——解读尼采》,上海三联书店,2002。

〔德〕洛维特等著,刘小枫编《墙上的书写——尼采与基督教》,田立年、吴增定等译,华夏出版社,2004。

〔美〕朗佩特:《施特劳斯与尼采》,田立年、贺志刚译,上海三联书店、华东师范大学出版社,2005。

〔美〕朗佩特:《尼采与现时代——解读培根、笛卡尔与尼采》,李致远、彭磊、李春长译,华夏出版社,2009。

〔美〕朗佩特:《尼采的使命——〈善恶的彼岸〉绎读》,李致远、李小均译,华夏出版社,2009。

〔英〕凯斯·安塞尔-皮尔逊:《尼采反卢梭——尼采的道德-政治思想研究》,宗成河等译,华夏出版社,2005。

汪民安、陈永国编《尼采的幽灵》,社会科学文献出版社,2001。

〔德〕恩斯特·贝勒尔:《尼采、海德格尔与德里达》,李朝晖译,社会科学文献出版社,2001。

〔德〕卡尔·雅斯贝尔斯:《尼采其人其说》,鲁路译,社会科学文献出版社，2001。

〔俄〕露·莎乐美：《情遇尼采》，王书祥、杨祖群译，社会科学文献出版社，2002。

汪民安主编《新尼采主义》，广西师范大学出版社，2007。

叶秀山：《哲学作为创造性的智慧——叶秀山西方哲学论集（1998-2002）》，江苏人民出版社，2003。

叶秀山：《尼采》，见叶秀山、王树人总主编《西方哲学史（学术版）》第七卷（上）第二章，凤凰出版社、江苏人民出版社，2005。

刘小枫：《刺猬的温顺》，上海文艺出版社，2002。

墨哲兰：《尼采的真相》，见萌萌主编《"古今之争"背后的"诸神之争"》，上海三联书店、华东师范大学出版社，2006。

周国平：《尼采：在世纪的转折点上》，新世界出版社，2008。

周国平：《尼采与形而上学》，新世界出版社，2008。

戴晖：《尼采的"查拉图斯特拉"》，商务印书馆，2006。

陈家琪：《我们自己是谁？——尼采及其现代性问题》，见萌萌主编《启示与理性：从苏格拉底、尼采到施特劳斯》，中国社会科学出版社，2001。

李洁：《尼采》，浙江教育出版社，2003。

吴增定：《尼采与柏拉图主义》，世纪出版集团、上海人民出版社，2005。

陈君华：《深渊与巅峰——论尼采的永恒轮回学说》，世纪出版集团、上海人民出版社，2004。

贺照田主编《西方现代性的曲折与展开》，吉林人民出版社，2002。

后　　记

　　尼采，是个极隐微、同时又极显白的符号。这是理解尼采的最大障碍。在显微之间，"尼采"如何安身？

　　伊川释易，秉持"体用一源，显微无间"，讲究"因象以明理"。实际上，伊川骨子里是"允执厥中"、"执两用中"，通俗讲叫"极高明而道中庸"。"中庸"之妙，在"中间"，"中间"之妙，在于"正"，"中间"而"正"，才能"无间"，才能"惟一"，才能"中庸"。这是水平，惟高人能之，吾辈庸庸，弄不好就两头都没了，中庸更谈不上了。

　　尼采不然，尼采不讲体、用之分，也就免去了象、理之别。尼采讲"整全"、"全体"，"整全"中的一切都"在"，无论过去的、现在的、将来的一切，都"该""在"，都"会""在"，而且"永""在"。就此而言，一切平等，一个一个、一切的一、一的一切都息息相关，都很重要，都弥足珍贵，一个都不能少，谁也代替不了谁（尼采真是慈悲为怀！）。一切个体、个己都有其"位置"，并靠其所置身的"位置"相区别，同时也因其有"位置"而"在"。在苍茫宇宙中，是层层级级的"位置"；在层层级级的"位置"中，有了苍茫宇宙。"整全"不是"惟精惟一"的"一"，是"多"，是"每一个"的"整全"。

　　显然，尼采不是"无间"，而是"有间"。"存在"就是"有间"，就是"位置"；"存在"就是"在""之间"。

尼采的启示

那么，是"在"决定"位置"，还是"位置"决定"在"？

是"精神"，"可以"且"应当""变形"的"精神"。尼采如是说。

"位置"和"在"都"在""精神"中。

在"自由"与"自然""之间"、"之中"的"精神"，作为"自然"、"生命"及其"价值"的"精神"。

"精神"及其"变形"，标识出一切"存在"及其"在""整全"中的"位置"。

这也是尼采的"位置"。"尼采"端坐于"精神"中，期待着另一个"精神"。

"尼采"的"精神""在""显白""隐微""之间"。这"显""微"之别，仅仅意味着"位置"的相对与不同，即"精神"的"变形"与"身位"与"位格"差异。"位置"澄显的是因生命视角、觉悟和力量不同而来的精神之自然亮度。一个"精神"应该且总是和另外的"精神"相映成趣，相映"同在"；"自足"且"同在"，是以有"整全"。

"在""显""微""之间"的"尼采"，创造着读者和他"之间"的各种理解版本。木心是其中一种。

木心把尼采看得很重，捧得很高。为了尼采，他不惜得罪东土的众多圣贤：

> 那是一片出不了尼采至多出个张采的老大瘠土。借禅门俗语来说，金圣叹、徐文长，允是出格凡人。李、庄二子，某几位魏晋高士，堪称"尼采哲学存在于尼采之前"的东方史证，所以没有意思得颇有意思，就中国言，尼采哲学死于尼采诞生之前。

这话说得深刻，但太狠，太不"中庸"，好在说这话时他已定居

后　记

美国，且黄土高坡上还几乎没人知道他的名字，他也就失去了被国人贻笑大方的绝好机会。

关于尼采，类似的话，木心说了不少，但最重要的话他似乎没说。这是他的艺术吧。

诗人木心还用别的话来强化他之深刻决绝的不"中庸"，强化他和尼采"之间"的关联。比如：

> 不时瞥见中国的画家作家，提着大大小小的竹篮，到欧洲打水去了。

这话说得好，精彩之极！忍不住要仿木心惯用的手法以"演"之：

> 不时瞥见中国的专家学者们，提着大大小小的竹篮，到欧美打水去了。

或者更"深刻全面"地"演"之为：

> 不时瞥见中国的读书人，提着大大小小的竹篮，到外国打水去了。

虽是戏演，但木心能说的话，若出自庸庸吾辈口中，肯定要贻笑大方了。原因很多，主要如下：

不中庸，不高明，不厚道，不划算。黄土高坡上不兴这个。心里想想可以，但不要说出来。多年前，在哲学所听保罗·利科讲尼采，他强调了尼采思想的三个主要特征：批判性，寓言性，审美性。批判性排在第一位，那是什么样的批判？深彻的、颠覆性的批判。

但问题可能主要不在于此，而在于中国人的另外一个祖传习俗：

总是把自己摘出去，总想把自己当例外。批判可以，自我批判呢？

木心"不时瞥见的"人里包括自己吗？

不过问题可能主要也不在于此，不在这些话里是否有反躬自省的意思和气度，而在于资格。尼采当然有批判的资格，现在的木心当然也有批判的资格，别人嘛，还是到一边儿歇着去为好。

关于资格，木心有这么个题为"这小子"的片段：

> 米兰·昆德拉反"媚俗"，某小子听人谈起，便叫道："昆德拉，他有什么资格反媚俗？"——这小子哪儿来的资格不让昆德拉反媚俗。

尼采不讲资格。尼采只讲"精神"。木心讲"资格"，但他的"资格"恰恰来自他已把自己安置在"精神"之中。这一点他清楚。

在对中西文化都有深刻独到理解的木心心目中，尼采们的西域是"精神"圣地，去朝圣是必需的。问题是，篮子能够盛放面包、鲜花和资料，但盛不来"精神"之水。

渺小吾辈，面对圣贤与学问，惟当谦恭勤勉！

北京　西山　2012-6-4

图书在版编目（CIP）数据

尼采的启示：尼采哲学宗教研究/赵广明著. —北京：社会科学文献出版社，2012.10（2013.12 重印）
（宗教学理论研究丛书）
ISBN 978 - 7 - 5097 - 3647 - 0

Ⅰ.①尼… Ⅱ.①赵… Ⅲ.①尼采，F.W.（1844～1900）-宗教哲学-哲学思想-研究 Ⅳ.①B516.47②B920

中国版本图书馆 CIP 数据核字（2012）第 176614 号

・宗教学理论研究丛书・

尼采的启示
——尼采哲学宗教研究

著　　者 / 赵广明

出 版 人 / 谢寿光
出 版 者 / 社会科学文献出版社
地　　址 / 北京市西城区北三环中路甲29号院3号楼华龙大厦
邮政编码 / 100029

责任部门 / 人文分社 （010）59367215　　责任编辑 / 袁卫华
电子信箱 / renwen@ ssap. cn　　　　　　 责任校对 / 牛立明
项目统筹 / 宋月华　范　迎　　　　　　　 责任印制 / 岳　阳
经　　销 / 社会科学文献出版社市场营销中心 （010）59367081　59367089
读者服务 / 读者服务中心 （010）59367028

印　　装 / 北京季蜂印刷有限公司
开　　本 / 787mm×1092mm　1/16　　　　印　张 / 18.25
版　　次 / 2012 年 10 月第 1 版　　　　　 字　数 / 355 千字
印　　次 / 2013 年 12 月第 2 次印刷
书　　号 / ISBN 978 - 7 - 5097 - 3647 - 0
定　　价 / 59.00 元

本书如有破损、缺页、装订错误，请与本社读者服务中心联系更换
版权所有　翻印必究